La Deuxième Campagne d'Italie

(1800)

PARIS. — IMPRIMERIE FERD. IMBERT, 7, RUE DES CANETTES.

EDOUARD GACHOT

La Deuxième Campagne d'Italie

(1800)

PARIS
LIBRAIRIE ACADÉMIQUE DIDIER
PERRIN ET Cie, LIBRAIRES-ÉDITEURS
35, QUAI DES GRANDS-AUGUSTINS, 35
1899

AVERTISSEMENT

Deux événements bién distincts se présentent dans la seconde campagne d'Italie : le passage des Alpes, qu'avait précédé une mobilisation très laborieuse, et les opérations de la guerre si brusquement terminées par la victoire de Marengo.

La plupart des historiens ont enregistré en dix lignes la formation de l'armée dite de réserve et le défilé des troupes dans le col du Grand Saint-Bernard. Par exemple, chacun s'est étendu à loisir sur les succès que remportèrent les lieutenants de Bonaparte aux bords du Tessin, du Pô et de la Scrivia. Les notes de Berthier, alors commandant de l'armée, et deux bulletins de victoire — où les exagérations sont nombreuses — donnent tous les renseignements publiés jusqu'ici.

Il importait donc, pour éclairer de grands faits restés trop longtemps ignorés du public, de reconstituer fidèlement l'œuvre ardue qu'entreprit l'armée de réserve. On ne le pouvait faire, à notre avis, qu'en suivant les troupes heure par heure, en écrivant en quelque sorte un journal de campagne, lequel enregistrerait impartialement et les actes de courage et l'abnégation d'une troupe insuffisamment préparée à assurer l'œuvre colossale qu'on exigeait d'elle.

Cette campagne doit compter entre les plus belles de Napoléon. Le théâtre des opérations où eurent lieu marches et combats s'étend de Dijon jusqu'à Alexandrie ; il traverse l'une des plus hautes murailles des Alpes, et les généraux avaient compté, dans cette entreprise, sans la neige et la glace qui devaient les arrêter à chaque pas ; et les nombreux fleuves à franchir dans le Milanais formaient de grands obstacles. Pourtant, toutes les difficultés furent surmontées, sans retard.

Quand le chemin de 1796 restait ouvert à Bonaparte, pourquoi allait-il choisir la route de Bard? pourquoi exposait-il ses troupes à subir les plus épouvantables catastrophes? L'audacieux capitaine savait, il n'en faut pas douter, qu'Annibal avait perdu un grand nombre de légions en forçant le passage du Mont-Jovis.

Je vais, certes, m'exposer aux critiques en abordant ce sujet complexe. Puis-je dire qu'Annibal a franchi les Alpes au même lieu que Barberousse à la tête des Lorrains, en 1160, et où Napoléon passa? Tite-Live et Polybe indiquent un autre passage; et, récemment, un ingénieur a cru trouver le vrai chemin; or, d'après ses calculs et ses déductions, Annibal aurait passé à Largentière, voulant suivre le cours de la Durance afin d'échapper sûrement aux troupes de Cornélius Scipion qui remontaient le Rhône. Cependant, il passe à Mont-Joux et marque son arrivée à Aouste ou Augusta. (Il s'agit certainement de la ville de César-Auguste, aujourd'hui Aoste, conquise sur les Salasses).

Logiquement, il n'y pouvait aller en suivant le cours de la Durance, puisque sa première bataille fut livrée au bord du Tessin. La fuite du célèbre guerrier, devant Scipion débarqué à Marseille, ne l'a-t-elle pas porté sur le cours du Rhône, jusqu'à Genève? Il passe au mont Genèvre, dit Polybe. (Ce nom a pu être altéré).

Arrivé au pied de Mont-Joux, maintenant la gorge de Proz, ses mercenaires décidés à suivre le cours de la Dranse élargissent la fissure de Minouée en faisant sur les rocs une aspersion de vinaigre, ce qui désagrège les plus dures pierres; et une fois engagées dans le défilé, les troupes sont exposées aux ouragans de neige; elles s'éparpillent et marchent au hasard. Pendant qu'une partie s'avance imprudemment dans le col de Barasson, l'autre franchit la gorge du Mont-Joux, à droite ; elle arriva seule en Italie. Trente-cinq mille hommes et six mille chevaux avaient péri.

Dans le col de Barasson, on a retrouvé des armes de l'antiquité et des ossements. De plus, les chanoines du Grand Saint-Bernard ont recueilli, dans les ruines du temple de Jupiter, ruines amoncelées près de leur maison, au bord de la frontière italienne, plusieurs objets d'origine carthaginoise. D'eux, le savant M. Frossard, prieur de la communauté, a bien voulu me fournir une nomenclature ; et je lis aux monnaies :

1° Tête de Didon ceinte d'un diadème ; sur la pile, un cheval qui se tient librement près d'un palmier ;

2° Tête de Didon ; au revers, tête de cheval portant crinière, avec ces lettres L. O.

3° Tête de femme aux cheveux épars, peut-être Didon, avec cette légende : *Equus libera Stamad palmon*.

Il y a des tablettes votives portant ces mots : *Jovi Pvomno*, dont l'orthographe semble dériver de Pœni, carthaginois. Pœni était le nom donné à la divinité du temple élevé deux siècles avant l'ère chrétienne. Alors, Annibal aurait consacré, à son passage, le temple du Mont-Joux à la gloire de ses dieux. Il a pu vraisemblablement le faire bâtir, car ses troupes restèrent pendant deux jours au point culminant du col. Plus tard, les Romains jetèrent Pœni bas pour mettre Jupiter à sa place. Donc, la découverte des armes, des médailles et des tablettes donne raison, pensons-nous, aux écrivains ayant affirmé que le grand capitaine avait traversé la gorge du Saint-Bernard pour aller de Gaule en Italie.

Bien que les Français n'en fussent pas réduits à la pénible tâche de faire fondre les pierres sous un arrosage de vinaigre, suivant l'usage antique, pour s'ouvrir un chemin à travers les Alpes, ils éprouvèrent néanmoins les plus grandes difficultés. Tous les rapports enregistrent des coups de force extraordinaires ; et le ciel semait des neiges ; et le verglas rendait parfois les sentiers impraticables ; et les avalanches roulaient.

Du 15 au 20 mai, j'ai suivi le vieux chemin dans la montagne, voulant donner exactement, autant que possible, l'aspect des lieux en cette saison. Ensuite, pour établir l'histoire de la formation de l'armée de réserve, de son passage, de sa marche en Italie, j'ai dû consulter les ouvrages publiés sur cette époque, lire aux archives de la guerre les documents enregistrant jusqu'aux moindres faits de la campagne de 1800, plusieurs manuscrits des bibliothèques, demander communication de papiers de familles, compulser à Dijon, à Genève, à Lausanne, à Sion, à Aoste, à Ivrée, à Milan, à Pavie, à Tortone, à Voghera et à Alexandrie. Mais les plus précieux renseignements m'ont été fournis par les bibliothécaires des Bernardins de Martigny et du Grand Saint-Bernard. Dans quelques presbytères suisses et italiens, j'ai recueilli les notes des livres d'heures. Puis, j'ai vu les champs de bataille de Montebello et de Marengo, après avoir parcouru la même route que celle suivie par l'armée de réserve.

Dans ce travail laborieux, je n'ai voulu que montrer une fois de plus jusqu'où atteignit l'héroïsme français ; élever enfin un nouveau monument à la gloire des soldats qui, pendant vingt ans, promenèrent le drapeau de la France au delà de nos frontières.

Chardonneret-Septeuil, 17 juin 1898.

LA
DEUXIÈME CAMPAGNE D'ITALIE

CHAPITRE PREMIER

ORGANISATION D'UNE ARMÉE

Situation des belligérants au mois de mars 1800. — Levée extraordinaire de conscrits. — Préparatifs ordonnés par Bonaparte. — Le dénûment de la division Chabran. — Arrêté des Consuls ordonnant la création d'une armée de réserve. — Le camp de Dijon. — Nos frontières sont menacées.

Bonaparte, devenu le chef du gouvernement de la République, à la suite des événements du 18 brumaire, apprenait, dans les premiers jours de l'année 1800, — an VIII du nouveau calendrier — que la deuxième coalition armait de nouveau contre la France ; nation épuisée d'hommes et d'argent, publiaient les agents de l'étranger.

Mais, des Etats monarchiques qui préparaient l'invasion, la Russie se séparait brusquement. C'est que Paul Ier avait perdu en Suisse l'armée de Souvarow, cet homme réputé invincible. Or, l'Allemagne et l'Angleterre, toujours belliqueuses, restaient seules à vouloir nous arracher, à quelque prix que ce fût, les conquêtes de la Révolution.

L'Angleterre, formidablement armée sur l'Océan et dans la Méditerranée, poursuivait nos dernières escadres, faisait croisière devant nos grands ports de commerce; elle allait enfin parvenir à nous arracher l'Egypte. Pitt triomphait.

D'autre part, François II, empereur d'Allemagne, fier Habsbourg qui se plaisait à répéter devant son entourage la devise de ses aïeux : *Austriæ Est Imperare Orbi Universo*, mettait sur pied, au mois de février, deux armées comptant trois cents bataillons parfaitement organisés et bien commandés.

Le plan établi par l'état-major autrichien était très simple.

Pendant que, au nord, de Kray placé à la tête de 120.000 hommes, tiendrait en respect le général Moreau cantonné au bord du Rhin, le feld-maréchal de Mélas, un brave soldat doublé d'un habile manœuvrier, nous harcèlerait dans la partie de l'Italie que nous gardions encore, la Ligurie; et, Masséna battu, il porterait ses corps d'armée en Provence et dans le Dauphiné, quand les Anglais feraient une descente sur nos côtes afin de seconder à temps opportun l'action des troupes de terre de leur allié.

Le premier Consul, un moment alarmé par l'état que présentait la situation extérieure, situation due aux fautes du Directoire, recevait des rapports détaillés qui lui indiquaient chaque jour les formations et la marche de l'ennemi. Il n'abandonnait ses vétérans à un triste sort : la reculade jusqu'au Var, que pour faire éclater, lorsque l'ennemi croirait sa victoire complète, un nouveau coup de foudre au delà des Alpes.

Une levée extraordinaire, prescrite par les Consuls, allait permettre d'enrôler 140.000 conscrits. Leur équipement complété, ces jeunes gens apprendraient l'exercice en marchant; et les cadres rendus par l'Egypte serviraient à hâter l'organisation des compagnies. Avec les bataillons réunis à Châlon-sur-Saône sous le commandement du général Chabran, ces recrues formeraient une armée de réserve.

Ses plans une fois établis, Bonaparte demandait à Berthier, alors ministre de la guerre, des renseignements détaillés quant à la valeur et à l'effectif des troupes qui se trouvaient aux ordres de Chabran. Le ministre ne possédait sur elles qu'un rapport incomplet. Immédiatement, le Consul ordonna au général Clarke de se rendre en poste à Châlon, d'y passer une inspection sévère et d'écrire, sans perdre une minute, le résultat de son enquête.

Chabran se trouvait dans la plus triste situation. Sa troupe, complètement démoralisée, refusait d'aller aux manœuvres ; et le payeur demandait sans cesse de l'argent au ministre ; mais ses pressantes réclamations restaient sans réponse.

Si les soldats ne désertaient point, c'est qu'ils espéraient encore que Bonaparte aurait pitié de leur sort au premier jour. Ces malheureux s'étonnèrent, un matin, d'entendre battre le rassemblement. Et Chabran arrivait à cheval, au camp; il était entouré d'officiers étrangers à la division; il priait la 9e légère de former ses rangs.

D'abord, des murmures s'élevèrent; puis les grenadiers s'équipèrent lentement. Plusieurs, ayant engagé leurs fusils, parurent sans armes. Après deux heures d'attente, le général Clarke put passer la revue du régiment. L'inspecteur entendit les lieutenants crier :

— C'est du pain qu'il nous faut (1).

Un vieux soldat restait obstinément l'arme au pied, répétant :

— Pas de revue! Conduisez-nous à la guerre, n'importe où, avec Bonaparte. Sans ça, nous mourrons tous ici, de misère. Je parle au nom des camarades (2).

Les fournisseurs présentaient des notes très élevées. Des paysans se plaignaient d'être souvent pillés. Clarke fit taire tous les mécontents en promettant de l'argent.

On annonçait la guerre aux soldats; la guerre devait leur procurer l'abondance; ils demandaient dans quel pays on se battrait; l'idée de descendre en Italie les enchantait. Ils promettaient de suivre partout le général Bonaparte.

(1) Lettre de Chabran.
(2) Notes du duc de Feltre.

Le 26 février, Bonaparte obtenait de ses collègues : Cambacérès et Lebrun, l'autorisation d'ouvrir une nouvelle campagne contre l'Autriche. Présentement, on dédaignait de répondre à l'Angleterre qui avait refusé d'écouter toutes les propositions de paix. Et, à partir de ce jour, le vainqueur d'Arcole travailla sans trêve, tantôt à la Malmaison, tantôt aux Tuileries, avec Duroc, Lauriston et Bourrienne, son premier secrétaire, à préparer l'exécution d'une marche audacieuse à travers le Piémont.

De son côté, le ministre de la guerre activait les mouvements des corps de troupes qui devaient former une seule masse ; ces troupes étaient disséminées, pour vivre ou pour assurer l'ordre, depuis Bruxelles jusqu'à Bordeaux, ou éparpillées dans la Vendée enfin soumise, ou placées en observation du côté de l'Alsace, cela en vue de soutenir, le cas échéant, la retraite de l'armée du Rhin.

La confusion et la pénurie régnaient partout.

A la date du 10 ventôse (1er mars), Berthier était invité à réunir à Genève des provisions et des régiments (1). Il travailla pour que les ordres par-

(1) « Vous donnerez les ordres pour faire réunir le plus tôt possible, à Genève, 1.500.000 rations de biscuit et 100.000 pintes d'eau-de-vie, 100.000 boisseaux d'avoine. Un parc de 1.000 bœufs sera réuni à Bourg pour le 1er germinal et vous préviendrez le général Moreau que ce biscuit ne sera livré que sur un ordre particulier de vous, indiquant une destination particulière.

» Enfin, vous prendrez les mesures nécessaires : 1° Pour faire dans le Dauphiné et les autres pays de montagne de France, l'achat de 1.000 mulets de bât, lesquels devront être rendus à.....

tissent dans la nuit même; cet habile organisateur avait habitué ses secrétaires et officiers à la plus passive obéissance.

Le premier Consul se montrait, dans son entourage, ravi de l'occasion qu'on lui donnait de tirer l'épée, car les hommes qui, à l'intérieur, voyaient d'un mauvais œil son élévation à la première magistrature du pays, désarmeraient peut-être, ou du moins feraient silence, à la nouvelle des victoires qu'il ne pouvait manquer de remporter sur les vaincus de 1796.

Toutefois, au milieu des espérances qu'il concevait, le rapport que lui adressait le général Clarke, chargé de l'inspection du corps de Chabran, vint l'assombrir. (*a*) Un pareil dénûment chez des hommes qu'il

au 1er germinal. 2° Pour faire louer, par réquisition si cela est nécessaire, 1.000 mulets des départements de la France où il y en a et les organiser en brigades (chaque mulet aura son bât). 3° Pour faire réunir à Grenoble le plus tôt possible, 20 traîneaux pour des pièces de 8 et 10 pour des pièces de 4.

» Vous ferez connaître au général Moreau que je désire que son chef d'état-major se rende en toute diligence à Paris, avec l'organisation de l'armée.

» Vous activerez l'organisation des légions italiennes de manière à ce qu'elles puissent entrer en campagne en germinal.

» Vous donnerez l'ordre pour qu'au premier germinal il y ait à Genève 2.000.000 de cartouches et 5.000 cartouches à balle et à mitraille des calibres de 4, 8 et d'obusiers.

» Vous enverrez le citoyen Guériot commander l'artillerie à Genève. Vous enverrez le général Sauret commander à Genève. Vous donnerez l'ordre aux généraux : Bernadotte, Macdonald, Chambarlhac, Lannes, Broussier, Marescot et Saint-Rémy de former leurs équipages pour entrer incessamment en campagne, ainsi qu'aux adjudants-généraux : Hulin, Herbin et Noguès.

Salut et fraternité.
BONAPARTE. »

(*a*) **Pour toutes les lettres, voir les pièces à l'appendice.**

croyait prêts à entrer en campagne? Berthier fut accusé d'avoir manqué à tous ses devoirs. Il s'ensuivit une certaine froideur, pendant quelques jours, entre le Consul et le ministre.

Le ministre ordonnait au général Chambarlhac, résidant à Paris, de rassembler des troupes qui devaient former la première division de l'armée de réserve (1). Le corps de Chabran, organisé et augmenté, deviendrait quatrième division. Les 3e et 4e légions romaines, parties de Nîmes à marches forcées pour Dijon, ainsi que les troupes qui, dans l'ouest, obéissaient au général Brune, devaient constituer les deuxième et troisième divisions. La cinquième division compterait 14 bataillons retirés à l'armée d'Orient. Et si le besoin s'en faisait sentir, on organiserait une sixième division où entreraient la légion italique comptant surtout des Piémontais et des recrues.

Pour que l'exécution de son plan ne subisse

(1) « Le ministre de la guerre au général Chambarlhac.

» Paris le 15 ventôse an VIII.

» Je vous préviens, citoyen général, que le premier Consul vous a nommé pour commander la 1re division de l'armée de réserve lorsqu'elle se mettra en marche pour le suivre à la destination qui vous sera prescrite.

» Cette division sera composée des corps ci-après :

» La 21e demi-brigade d'infanterie légère; les 43e et 96e brigades d'infanterie de bataille; le 8e régiment de dragons; le 12e régiment de hussards; deux escadrons des 5e, 7e et 9e régiments de dragons; deux escadrons du 15e régiment de chasseurs; deux escadrons du 11e régiment de hussards; une compagnie d'artillerie à pied; une compagnie d'artillerie à cheval. Je me propose de passer ces troupes en revue le 18 de ce mois au Champ-de-Mars, vers dix heures du matin.

» Vous recevrez les ordres ultérieurs sur leur mouvement. »

aucun retard, Bonaparte devait trouver, au mois d'avril, à Dijon, une armée de 50.000 hommes, laquelle serait, entre ses mains, un redoutable instrument de destruction et de conquête.

Berthier travaillait, sans relâche, à l'exécution des instructions du premier Consul. On savait, dans les bureaux de la guerre, que les armées de l'ennemi prenaient leurs dispositions afin de franchir nos frontières au mois de mai.

Le 10 mars, les détachements destinés à compléter la division Chabran arrivaient à Châlon. 30.000 hommes d'infanterie et 6.000 cavaliers se rassemblaient autour de Dijon. L'artillerie s'organisait à Auxonne, sous la direction de Sénarmont. Là, on construisait des traîneaux qui devaient, croyait-on, servir à charrier les canons dans la montagne.

L'armée de réserve devait compter six divisions d'infanterie, chacune à trois demi-brigades; la cavalerie serait composée de 15 régiments déjà placés sous les ordres de Kellermann et de Rivaud.

Un arrêté parut au *Moniteur* :

« Paris, le 17 ventôse an VIII.

» Les Consuls de la République arrêtent :

» Article premier. — Il sera formé une armée de » réserve forte de 60.000 hommes;

» Art. 2. — Elle sera commandée par le » premier Consul;

» Art. 3. — L'artillerie sera commandée par le

» général Saint-Rémy; le parc, par le chef de » brigade Gassendi; le génie, par le premier ins- » pecteur du génie Marescot;

» Art. 4. — L'ordonnateur Dubreton remplira » les fonctions d'ordonnateur en chef;

» Art. 5. — Les différents corps et les conscrits » qui doivent composer cette armée se mettront » sur-le-champ en marche pour Dijon; ils seront » cantonnés dans les villes, à vingt lieues à la » ronde;

» Art. 6. — Le ministre de la guerre est chargé » de l'exécution du présent arrêté. Il prendra toutes » les mesures pour faire réunir à Dijon tous les » objets nécessaires pour l'armement, l'habillement » et l'équipement de l'armée de réserve. »

Cette publication laissait le public indifférent. D'ailleurs, on ignorait à Paris notre défection en Ligurie.

Le 11 mars, Berthier passait en revue la première division. Aux officiers peu instruits et aux soldats mal disciplinés, à qui l'enthousiasme manquait complètement à la veille d'entreprendre une pénible campagne, le ministre prêcha des devoirs. Quelques conscrits murmurèrent. On les menaça de rudes punitions (1).

Dès le lendemain, Chambarlhac formait sa division en colonnes et prenait la route de Dijon. La marche était pénible sous des pluies torrentielles;

(1) Rapport au premier Consul.

et les plaintes du troupier dominaient souvent les commandements des chefs. Dans Avallon, on portait à l'ordre que 298 soldats avaient déserté, sur un effectif de 8.000 hommes (1). Chambarlhac stigmatisait ces lâches, bons tout au plus à marauder, qui refusaient de prendre part à une guerre nécessaire pour assurer l'intégrité du sol national de nouveau menacé.

Enfin, une partie des troupes obéissant au général Brune se dirigeait vers le sud-est, si bien que dans les derniers jours de ventôse, le camp de Dijon se trouvait rempli d'hommes et de chevaux, mais les demi-brigades attendaient des uniformes et des fusils, car les commissaires des guerres chargés de pourvoir à tous les besoins s'occupaient tout particulièrement de leurs plaisirs, sans négliger pourtant de s'enrichir au moyen de louches spéculations. Quelques généraux, hommes d'un caractère élevé, les menaçaient de la colère du premier Consul; et les soldats les chansonnaient; cela en pure perte.

A la date du 7 avril, Chabran se plaignait de nouveau à Bonaparte (2) qui, inquiet des retards

(1) Lettre de Chambarlhac.

(2) « Citoyen Consul,

» Je croirais manquer à la partie la plus essentielle de mes devoirs si je vous laissais ignorer plus longtemps la situation de la division que je commande.

» Les troupes sont sans solde. Les officiers, infiniment arriérés à cet égard, n'ont plus de moyens de subsister. Les fournitures de campagne doivent être données depuis le 10 germinal (1er avril). Aucune distribution n'a été faite encore, et, par ce défaut, ils sont privés d'un léger secours qu'ils regardaient comme très

apportés tant à l'habillement qu'à l'armement des troupes pressait Berthier chaque jour.

Le 1er avril, le général Dupont avait été nommé chef d'état-major de l'armée de réserve. Vignolle, un homme remarquable par sa bravoure, devait lui servir d'adjudant. Macdonald recevait le titre de lieutenant-général en chef avec Berruyer comme aide de camp. Et l'on inscrivait à la suite de ces hommes de guerre : Victor, D'Hueur, Watrin, Gobert, Houdetot, Malher, Musnier, Gilli jeune, Gency, Duvigneau, Simon, et les adjudants-généraux : Delon, Colin et Merriage.

L'article 2 de l'arrêté des Consuls publié le 17 ventôse était rapporté. On plaçait Berthier à la tête des troupes. Ainsi, Bonaparte, tout en dirigeant la campagne de 1800, n'engagerait pas, si de graves échecs survenaient, sa responsabilité de chef du gouvernement.

De Mélas, ayant rejeté Masséna derrière les remparts de Gênes et poussé le général Suchet qui disposait de faibles contingents dans la direction de Nice, et croyant pouvoir facilement franchir la frontière française au delà du col de Tende, ou par

conséquent dans les circonstances présentes. Les citoyens desquels ils sont débiteurs se plaignent et ne cessent de réclamer. Il est impossible aux militaires de faire face à leurs engagements. Les suites de cette pénurie peuvent être funestes. L'insubordination en serait le résultat si les officiers, en proie eux-mêmes à toutes sortes de privations, ne déployaient le zèle et la fermeté des plus louables. C'est après avoir instruit le ministre de ces faits que je me décide à vous en faire l'exposition péniblement vraie.

» Je recommande la division à votre sollicitude paternelle, en laquelle j'ai pleine et entière confiance ».

Monaco, fait porter en Suisse, au parti protestataire contre la République établie, l'ordre d'exterminer les soldats enrôlés sous le drapeau tricolore ; il promet la protection de l'empereur d'Allemagne, qui agira promptement et cruellement (1). Mais ses ordres et ses proclamations affichés ne produisirent pas l'effet attendu à Vienne.

L'ennemi s'avançait à grands pas et en force vers le département du Mont-Blanc, mal gardé. Le 9 avril, des Italiens enrôlés par les Autrichiens battirent les troupes du général Valette et forcèrent le passage du Mont-Cenis ; ayant commis la faute d'attendre des renforts avant de marcher sur Chambéry, le général Turreau, commandant l'aile gauche de l'armée d'Italie, les surprit le 14 et les écrasa.

Une forte colonne autrichienne gravissait les pentes du Grand Saint-Bernard, du côté du Piémont, et subissait un grave échec à quelques cents mètres de l'hospice ; on tentait également de s'approcher du Petit Saint-Bernard. Était-ce pour empêcher la complète formation de l'armée de réserve ?

Ces attaques alarmèrent un moment les membres du pouvoir exécutif. Carnot prit la direction du ministère de la guerre. Les journaux demandèrent des nouvelles. Au lieu d'avouer la défection de Masséna, on publia que le général Moreau allait reprendre l'offensive sur le haut Rhin, contre les Autrichiens.

(1) Lettre du préfet du Léman.

Bonaparte faisait partir Berthier pour Bâle. La garde consulaire, composée de 300 grenadiers à pied, de 100 grenadiers à cheval, d'une demi-compagnie d'artillerie attelant six pièces, des chevaux et des équipages du Consul, quittait Paris le 11 avril ; et, de son premier gîte, qui fut fait à Corbeil, elle cheminait vers Dijon, où elle arrivait le 20.

Le trésor versa, pour activer la mobilisation de l'armée : 2 millions, le 3 floréal (23 avril), et 1 million le 12 (1).

(1) Correspondance de Napoléon.

CHAPITRE II

DEUX PLANS DE CAMPAGNE

Plans de campagne des armées de réserve et du Rhin. — Rôle que Moreau doit jouer. — Les approvisionnements réunis en Suisse. — Premier ordre du jour adressé aux troupes. — Indécision sur le parti à prendre pour passer les Alpes au Gothard ou au Saint-Bernard.

Nécessairement, on devait lier les opérations de l'armée de réserve à celles qu'entreprendrait l'armée du Rhin, afin de couvrir la Suisse allemande. Bonaparte, qui voulait stimuler le zèle de Moreau, lui écrivit une lettre très flatteuse le 15 mars (1).

Le 20 mars, grâce aux indications fournies par le chef d'état-major de Moreau, on élaborait dans

(1) « Le général Dessole vous fera part, citoyen général, de mes vues pour la campagne qui va s'ouvrir. Il vous dira que personne ne s'intéresse plus que moi à votre gloire personnelle et à votre bonheur.

» Les Anglais embarquent à force ! Que veulent-ils ? Je suis, aujourd'hui, une espèce de mannequin qui a perdu sa liberté et son bonheur.

» Les grandeurs sont belles, mais en souvenirs et en imaginations.

» J'envie votre heureux sort ; vous allez, avec des braves, faire de belles choses. Je troquerais volontiers ma pourpre consulaire pour une épaulette de chef de brigade sous vos ordres.

» Je souhaite que les circonstances me permettent de venir vous donner un coup de main. Dans tous les cas, ma confiance en vous est entière. »

les bureaux de la guerre un premier plan de campagne :

« L'armée du Rhin sera divisée en quatre grands corps d'armée : les 1er et 3e à 3 divisions ; les 2e et 4e à 4 divisions (1).

» Les trois premiers corps porteraient le nom d'armée du Rhin ; le quatrième, de corps de réserve. La cavalerie serait partagée en divisions composées chacune de 2 à 3.000 chevaux. La division de cavalerie attachée au corps de réserve serait de 3.000 hommes, les deux tiers composés de chasseurs ou d'hussards, le troisième tiers de dragons et cavalerie.

» Six pièces d'artillerie pour chaque petite division ; douze pièces pour chaque grande division.

» L'artillerie de réserve aura six pièces de 4 sur affûts de traîneaux et le nombre de traîneaux nécessaire pour charrier les restes de son équipage.

» Le corps d'armée du Rhin passera ce fleuve du 20 au 30 germinal, se portera sur Stokach et repoussera l'ennemi au delà du Lech.

» La 3e division du corps de réserve passera le Rhin pour servir de réserve au corps d'armée et restera en arrière pour maintenir la communication avec Schaffouse lorsque l'armée entrera en Souabe.

» La 4e division du corps de réserve restera pour couvrir le passage de Reineck.

(1) Archives de la guerre.

» La 1re division du corps de réserve prendra position au Saint-Gothard et en arrière avec les six pièces sur affûts de traîneaux..

» La 2e division restera à Zurich pour suivre le mouvement de la 1re par Brumen, ou marchera au secours de la 4e, ou passera le Rhin pour se ployer sur la 3e, selon que cela serait nécessaire.

» Dès l'instant que le corps de l'armée du Rhin aurait poussé l'ennemi au delà d'Ulm, qu'il aurait remporté des avantages tels que l'ennemi évitât d'en venir aux mains, la 2e division de la réserve passerait le lac de Lucerne à Brumen, suivrait le mouvement de la 1re pour passer le Saint-Gothard et entrer en Italie.

» La 4e passerait par le plus court chemin pour suivre la 2e.

» La 3e repasserait le Rhin, ce qui complèterait le détachement du corps de réserve en Italie.

» Le jour où le corps d'armée du Rhin passerait ce fleuve, les trois premières divisions de l'armée de réserve de Dijon, que l'on peut évaluer à 24.000 hommes d'infanterie et à 2.000 chevaux, se porteraient sur Genève, d'où elles passeraient le Saint-Gothard, soit en passant par Berne ou Lucerne ou en suivant la vallée du Rhône; dans ce dernier cas, les bagages et leur artillerie, hormis huit pièces de 4 et leurs obusiers qu'elles ont sur affûts-traîneaux, passeraient par Lucerne.

» Si des événements différents en Souabe changeaient les circonstances, cette division de Genève serait à même de se porter rapidement sur Schaffouse.

» Les trois dernières divisions de l'armée de réserve partiront de Dijon dans les premiers jours de floréal et se porteront à Zurich; on peut évaluer leur force égale à la première; elles représenteront à l'armée du Rhin à peu près le détachement qu'elle aurait été obligée de faire en Italie.

» Le dépôt de Genève sera sous les ordres immédiats du général commandant l'armée de réserve. Il faudra que l'armée approvisionne Lucerne d'au moins 10.0000 boisseaux d'avoine, 500.000 rations de biscuit, 2.000.000 de cartouches, 500.000 rations d'eau-de-vie, qu'elle se procure 2 à 300 mulets pour faire le service d'Altdorf à l'Hôpital (1), afin de former dans ce dernier poste un dépôt d'eau-de-vie, de biscuit et de cartouches.

» Il faudrait faire raccommoder les chemins de Lucerne à Altdorf, pour les rendre praticables, au moins pour la cavalerie et l'infanterie. »

Tout cela était arrêté du consentement de Bonaparte; mais à peine communiqué à Moreau, on apprenait à Paris que M. de Kray manœuvrait pour se rapprocher du Tyrol, avec le but, sans doute, de fatiguer l'armée du Rhin et de fondre, au besoin, sur le Milanais que nous voulions occuper.

Puis, la ville de Gênes, notre dernier rempart

(1) Hospental, dans le passage du Gothard.

en Italie, où Masséna et les débris d'une armée subissant toutes les misères avaient dû s'enfermer, tenait le siège contre Ott, un lieutenant de Mélas. Elle ne pourrait pas résister longtemps à des attaques quotidiennes et furieuses. Or, pour dégager Masséna et permettre à Suchet posté à Nice de reprendre une vigoureuse offensive, il fallait opérer une diversion vers Turin.

Berthier courut à Bâle porter de nouvelles instructions à Moreau. De cette ville, il écrit à Bonaparte qu'il se rend à Dijon (1) et lui envoie le nouveau plan de campagne, qui modifiait sensiblement le premier.

« 1° Le général Moreau ayant formé un corps de 40 bataillons et de 6 régiments de cavalerie aux ordres du général Lecourbe, 11 bataillons sont destinés à garder la Suisse, pendant que l'armée du Rhin agira sur la rive droite ; les 29 autres formeront la droite du général Moreau.

2° Lorsque le général Moreau aura obtenu sur le

(1) « Ce 27 germinal,

» J'ai reçu cette nuit, citoyen Consul, la dépêche du Ministre de la guerre qui m'annonce que votre intention est que je dirige les opérations dans la partie des Alpes qui tient au département du Mont-Blanc. (Après une nouvelle attaque du Mont-Cenis par les Italiens).

» Je me rends en toute diligence à Dijon où j'aurai des nouvelles.

» J'ai expédié un courrier pour faire partir de Dijon pour Genève le général Duhesme avec deux demi-brigades, un régiment de troupes à cheval et huit pièces d'artillerie ; je compte y établir mon quartier général sous peu de jours.

» L'armée du Rhin est superbe ; elle est animée du plus ardent désir de combattre. »

général Kray un avantage assez considérable pour lui donner la supériorité sur l'ennemi, il détachera le général Lecourbe avec un corps composé du quart de l'infanterie et du cinquième de la cavalerie de l'armée du Rhin; ce corps se réunira aux troupes de l'armée de réserve aux ordres du général Berthier.

3° Le général Berthier portera de suite une partie de ses troupes à Genève et fera appuyer les corps qui gardent le Valais sous les ordres du général Moncey, auquel le général en chef Moreau se propose de confier cette défense.

4° Le général Moreau agira de manière à écarter l'armée ennemie du Tyrol, afin de faciliter les opérations du général Berthier.

5° Le général Moreau va signifier au général Kray que s'il ne reçoit pas sous vingt-quatre heures réponse à la proposition d'armistice qui lui a été faite d'après l'intention des Consuls, il regardera cette proposition comme non avenue; si le général Kray n'accepte pas l'armistice, le général Moreau passera le Rhin sur-le-champ. »

Les deux armées allaient prendre une vigoureuse offensive. Berthier avait le désir d'égaler Moreau; mais, en arrivant à Dijon, il constata que plusieurs des bataillons réunis manquaient d'armes; pourtant, les fabriques de fusils de Saint-Etienne, Maubeuge, Liège et Charleville avaient expédié un grand nombre de caisses; les conscrits se servaient de bâtons pour apprendre l'exercice.

Berthier donna, le 20 avril, un ordre du jour.

« Officiers et soldats (1),

» Une nouvelle campagne va s'ouvrir ; il faut conquérir la paix.

» Votre valeur, votre patience à supporter les privations inséparables d'une guerre active, une discipline sévère, première vertu du soldat, vous assureront la victoire avec la paix et le bonheur de la République. »

Carnot, ayant reçu, à trois jours d'intervalle, deux courriers de Masséna qui représentait la situation de l'armée d'Italie comme étant désespérée, il envoyait l'ordre à Berthier d'opérer immédiatement une descente en Piémont, quelles que fussent les difficultés à surmonter dans les Alpes, sans pourtant désigner un passage.

Dupont, le chef d'état-major, répondit à cet ordre, le 6 floréal :

« Citoyen ministre (2),

» Nous avons reconnu d'ici la nécessité de ne pas abandonner le général Masséna à lui-même aussitôt que nous avons appris l'attaque de l'ennemi dans la rivière de Gênes.

» La division Watrin passera le Saint-Bernard du 12 au 15 (3) de ce mois, se portera dans la vallée

(1) Bulletin de l'armée de réserve.
(2) Archives de la Guerre.
(3) Du 12 au 15 mai.

d'Aoste et menacera l'ennemi sans s'engager trop avant ni de manière à se compromettre ; il est probable que cette diversion, faite de concert avec les troupes qui se trouvent en ce moment sur les Alpes, dégagera en partie le général Masséna.

» Le général Watrin fera toutes les démonstrations nécessaires pour persuader à l'ennemi que l'armée entière de réserve pénètre par ce débouché.

» Les trois autres divisions de l'armée marcheront sur Lucerne pour se réunir au corps que le général Lecourbe amènera de l'armée du Rhin et qui doit être au moins de 15.000 hommes ; nous nous porterons ensuite rapidement au Gothard et nous nous jetterons avec impétuosité dans la Lombardie. La division Watrin nous rejoindra alors par le Valais ou par le Piémont, selon les circonstances. Ce mouvement peut être exécuté du 15 au 25 ; il est à espérer que Masséna se soutiendra jusqu'à cette époque dans ses principales positions. En calculant les distances et la nature du terrain que nous avons à traverser, vous vous convaincrez que notre marche ne peut être plus rapide.

» Cette disposition remplit l'objet du Gouvernement. Nous faisons par là une diversion en faveur de Masséna ; nous nous tenons en mesure de couvrir la Suisse et d'appuyer le général Moreau et nous nous portons en même temps vers le débouché qui doit nous ouvrir l'Italie.

» Si les corps que nous attendons étaient arrivés (1) et si nos opérations n'étaient pas subordonnées à celles de l'armée du Rhin, nous aurions pu marcher sur le Piémont avec toute l'armée et chercher l'ennemi pour l'y combattre ; mais dans notre situation actuelle le parti que prend le général en chef est le plus conforme à vos instructions et le moins sujet aux inconvénients que nous avons à éviter.

» Il est indispensable, comme vous le voyez, que le général Moreau nous donne sur-le-champ 15.000 hommes avec l'artillerie nécessaire à ce corps (2) ; il ne l'est pas moins qu'il nous fournisse des munitions de guerre qui nous manquent, et vos ordres à cet égard doivent être précis, afin que nous puissions agir d'après des données certaines. Si le général Lecourbe arrive à temps, quel que soit le sort de la rivière de Gênes, nous franchirons avec confiance les Alpes et nous pourrons nous maintenir dans la Lombardie.

» Le général en chef insiste sur la nécessité d'ordonner au général Lecourbe de se réunir à lui. Sans ce secours, nous ne pouvons rien tenter avec succès. Moreau sera encore supérieur à son ennemi. Si ce secours nous était refusé, nous serions forcés de déboucher par la vallée d'Aoste pour tenter de secourir Masséna, mais nous serions inférieurs à

(1) Les dernières troupes qui devaient évacuer la Vendée.

(2) Moreau voulait s'en tenir à l'article 2 de la nouvelle convention, c'est-à-dire ne donner un corps d'armée à Berthier qu'après avoir battu le général de Kray.

l'ennemi qui se porterait avec toutes ses forces sur nous et le sort d'une bataille dans le Piémont serait très douteux. L'opération par le Gothard, avec le corps de Lecourbe, est la plus grande et la plus sûre.

» Je vous salue, citoyen ministre, avec le plus vif attachement. »

A Paris, on choisissait une route à l'armée de réserve. Lorsque Cambacérès et Lebrun manifestaient le désir de voir Berthier franchir le Gothard, le premier Consul mûrissait un autre plan.

Son plan devait, dévoilé au dernier moment, frapper ses adversaires de stupeur, montrer à l'Europe tout son génie, et préparer un grand triomphe aux troupes républicaines.

Or, l'armée de réserve formée à quatre divisions complètes réunies autour de Dijon, devait se porter au plus vite entre Lausanne et Lucerne. Là, des instructions complémentaires lui indiqueraient le passage à forcer.

Le général Saint-Rémy étant malade, on confiait la direction de l'artillerie au général Marmont. Le parc comptait, le 28 avril : 24 pièces de 4 attelées, 12 pièces de 8, des traîneaux et des caisses à munitions renfermant 7.000 fusils, 2 obusiers, 10 moules à balles, 6.000 boulets, 400.000 cartouches d'infanterie et un train complet d'équipages. Sous Marmont, Sénarmont allait commander les 1er et 2e régiments d'artillerie à cheval.

Berthier, qui ne veut point marcher aveuglément, se renseigne auprès d'un officier appartenant à la légion italique, le citoyen Pavetti, chef de bataillon, qui connaît bien les chemins du Valais ; et il apprend que le passage du Grand Saint-Bernard est encore impraticable à cette époque de l'année (1). Donc, il ne faut pas exposer la division Watrin à être balayée par les avalanches ou jetée dans les précipices. Alors, le général en chef ordonne d'arrêter les démonstrations commandées sur Aoste et de se préparer, en activant les marches autant que possible, à déboucher en Italie par le Mont-Cenis, le Petit Saint-Bernard et le Gothard.

Quand le premier détachement formé à l'armée de réserve se dirige vers Genève, Berthier informe le premier Consul de sa décision déjà portée à la connaissance des généraux. Mais Bonaparte, qui veut imposer partout sa volonté, ordonne à l'ancien ministre, et par dépêche, de faire franchir le Grand Saint-Bernard à la division Watrin, dût-il en coûter la moitié de l'effectif engagé. Le même jour, Marescot, chef de l'arme du génie, reçoit l'ordre d'aller explorer le défilé, de se rendre compte des difficultés à surmonter et d'être rendu à Genève le 5 mai au plus tard, afin de pouvoir répondre au Consul (2).

Berthier resta inquiet et se demanda, car il

(1) Lettre de Gassendi.
(2) Archives de la Guerre.

voyait maintenant le plan de Bonaparte, si les 50.000 hommes de sa suite, une nombreuse artillerie et des voitures pourraient arriver au sommet des Alpes couvertes de neige et descendre sans dangers par des sentiers étroits et glissants. On allait trouver de la gloire et de grands périls sur cette route où déjà, imprudemment, Annibal, Barberousse et François Ier s'étaient engagés, au prix de quels sacrifices ?

A l'arrivée des contingents attendus de l'ouest et des pontonniers fournis par l'armée du Rhin, on divisa, le 1er mai, l'armée de réserve en sept divisions d'infanterie, dont trois restaient en formation, et en deux divisions de cavalerie comptant 16 régiments (*b*). L'effectif donnait : 44.763 fantassins, 8.077 cavaliers et 1.315 artilleurs. La garde consulaire n'était pas comptée (1).

Le 2 mai, la division d'avant-garde, suffisamment équipée, mais mal armée, conduite par Watrin, arrivait en Suisse, ou plutôt dans le département du Léman, pour s'échelonner dans l'ordre suivant : la 6e légère d'infanterie, de Bex à Saint-Maurice et Martigny ; la 22e de bataille à Aigle, Villeneuve et Vevey ; la 40e de la même arme à Lausanne et à Saint-Saphorin ; et la 28e de ligne qui gardait les passages des Alpes, sous la direction du général Mainoni, depuis les sources du Rhône, près le

(1) Ce corps était composé de 462 hommes, d'après un état de logement fait à Corbeil le 11 avril.

Simplon, jusqu'au col Ferret de Courmayeur, devait au plus tôt rallier cette division, et, par sa profonde connaissance de la montagne, la guider et l'entraîner vers Aoste.

Les Suisses étaient nos alliés, bien que leur esprit d'indépendance les portât à refuser souvent de nous servir autant que le voulait Bonaparte. Néanmoins, à Morges, ils mettaient, sur la demande faite par Berthier, 40 pièces de canon à notre disposition. Cette artillerie, bien attelée et suffisamment approvisionnée, fut aussitôt distribuée aux quatre principales divisions d'infanterie et à la cavalerie (1).

Carnot avait été remplacé au ministère de la guerre par le général Lacuée, conseiller d'État ; il se rendait à l'armée du Rhin, toujours immobile, pour faire agir Moreau isolément et promptement. Bonaparte n'était pas fâché de faire partir de Paris l'ancien organisateur de la victoire, qui contrariait les projets politiques du Consul (2).

Berthier ordonnait à Dupont de remplir d'approvisionnements les magasins créés le long du chemin qui aboutit au défilé du Grand Saint-Bernard (3).

(1) La division Watrin recevait : 6 pièces de 4, 2 de 8, 2 obusiers, 6 affûts-traîneaux à canon, 2 affûts-traîneaux à obusiers. La division Boudet : 4 pièces de 4 avec affûts-traîneaux, 4 pièces de 8, 2 obusiers. La division Loison : 4 pièces de 4, 4 pièces de 8. La division Chambarlhac : 4 pièces de 4, 4 de 8, 2 obusiers. La garde consulaire gardait les 6 pièces de 4 qu'elle traînait depuis Paris. La cavalerie : 12 pièces légères. En réserve : 20 pièces et des traîneaux. Au total : 76 canons ou obusiers.

(2) Notes de Sieyès.

(3) « Procurez-vous tous les moyens de transport, soit par eau soit par terre pour qu'il y ait à Villeneuve le 18 au soir (8 mai) 4 à 500.000 rations de biscuit, et le double le 20.

Dupont se rendit aux endroits indiqués ; il prépara les étapes. A Martigny, le général Mainoni lui remit un billet pour le général en chef : « Si vous voulez franchir le Grand Saint-Bernard, ce qui n'est pas impossible par le beau temps, il faut monter pendant huit heures (1) pour arriver à l'hospice et deux heures pour descendre à Saint-Rémy. Le chemin du Saint-Bernard est, selon moi, le plus facile et surtout décisif si l'on fait marcher à temps calculé par le Petit Saint-Bernard une colonne avec du canon et des obusiers afin d'attaquer de concert le fort de Bard et de l'écraser, pour sauter à l'instant cet obstacle qui pourrait retarder la jonction et l'ensemble des opérations. Je m'aventure à vous assurer, mon général, que s'il y a effectivement une expédition, qu'elle soit bien secondée par le Gothard et soutenue sur tous les points, elle ne peut que réussir complètement (2) ».

» Il faut louer sur-le-champ 150 ou 200 mulets dans le Valais ou les prendre de réquisition si on ne peut les avoir autrement pour porter 30.000 rations au village de Saint-Pierre. On peut prendre aussi des charabans du pays. Il faudrait que ces 30.000 rations de biscuit soient arrivées à Saint-Pierre le 20.

» Il serait nécessaire d'établir de suite un magasin de biscuit à un village entre Saint-Pierre et le pied du Saint-Bernard. Vous ferez établir dans ce village un hôpital qui évacuera sur celui qui sera à Saint-Maurice et à Villeneuve. Il n'y a pas un instant à perdre pour établir ces trois hôpitaux.

» Mon projet est de réunir 4 divisions à Villeneuve pour le 19. Les troupes y prendront du biscuit pour 4 jours. Elles en prendraient à Saint-Pierre pour 3 jours, ce qui les conduirait à Aoste. »

(1) Depuis Orsières.

(2) Correspondance de l'armée de réserve. Archives de la Guerre.

Cette lettre rassurait Berthier, qui désigna le général Sauret pour commander la place de Genève. Il mit un commandant d'armes à Villeneuve, petite ville située au bord du lac du Léman, non loin de l'endroit où il reçoit les eaux du Rhône. Là, on installait, sous la surveillance de Dubreton, les magasins généraux de l'armée. Puis Dupont plaçait deux autres commandants : à Saint-Pierre, la dernière bourgade qu'on trouve sur la rive droite de la Dranse, à une demi-lieue du défilé du Saint-Bernard, et à Proz, un hameau de bergers élevé dans le cirque qui précède le passage.

Pendant que ces dispositions étaient prises, l'ordonnateur Lambert achetait à Lyon 100.000 pintes d'eau-de-vie. On les transportait à Genève. Chaque jour, des trains de bateaux sillonnaient le Léman. Les troupes, les batteries et un matériel considérable défilaient au long des routes. Et, pour tromper les espions autrichiens, les gazettes publiaient, par ordre, que les bataillons et escadrons de l'armée française allaient tenir garnison à Lucerne.

Enfin, l'arrivée de Bonaparte était annoncée à Dijon (1).

(1) Seulement au général Berthier.

CHAPITRE III

LE PREMIER CONSUL A GENÈVE

Bonaparte rejoint l'armée de réserve. — Les revues de Dijon. — Arrivée à Genève du premier Consul. — Berthier rend compte des difficultés à vaincre. — On franchira le col du Grand Saint-Bernard. — Lannes est nommé chef de l'avant-garde.

Le 15 floréal, Bonaparte écrivait à Suchet qui allait défendre la ligne du Var, de résister aux troupes du général de Mélas, fût-ce au prix des plus grands sacrifices ; et il lui demandait de le tenir au courant des événements, de suivre attentivement les opérations du siège de Gênes.

Le 16, à quatre heures du matin, le premier Consul, enveloppé d'un long manteau gris et précédant Bourrienne, descendait rapidement le grand escalier qui conduisait de ses appartements des Tuileries à la cour intérieure (1). Une berline neuve, à la caisse noire, et attelée en poste, stationnait devant le perron.

Bonaparte, ayant donné l'ordre à son cocher de traverser Paris au galop, se jeta dans le coin

(1) Lettre de Hambart, valet de chambre de Bonaparte, à M. Pfister.

gauche de la voiture. Bourrienne, tenant la portière d'une main, monta avec un sac de voyage qui contenait des papiers. La grille des Tuileries s'ouvrit. Le jour allait poindre. Et, pendant que les chevaux allaient grand train à travers le faubourg Saint-Antoine, le Consul parut sommeiller ; mais, une fois la barrière franchie, il commença de s'entretenir avec son secrétaire des rapports que Lacuée lui avait fait remettre, indiquant la marche des Autrichiens.

Duroc, parti de Paris deux jours avant, avait préparé les relais. Partout, chaque chef de poste tenait prêts, à l'heure qu'avait marquée l'aide de camp, les meilleurs chevaux de son écurie qui, bien reposés, pouvaient fournir une course rapide. On dételait pour réatteler à la hâte, sans changer le postillon (1). Bourrienne demandait le nom du pays et la berline, sans escorte, volait de nouveau sur la route.

A onze heures et quart, la voiture entrée dans Sens s'arrêtait devant la maison qu'habitait la famille Bourrienne (2). Les deux voyageurs déjeunèrent en trente minutes et repartirent à toute vitesse vers le nouveau relais.

Le premier Consul arrivait le soir à Avallon, à sept heures et demie. Il avait franchi une distance de 238 kilomètres en 15 heures.

Un volumineux courrier était déposé à la sous-

(1) Cahier du chef de poste de Corbeil.
(2) Archives municipales de Sens.

préfecture où il descendit. Il voulut qu'on le dépouillât avant de dîner. Jusqu'à onze heures, général et secrétaire travaillèrent ensemble. A minuit, l'aide de camp Merlin partait pour Dijon, chargé d'ordres ; et Bonaparte recevait un envoyé de Masséna, le chef d'escadrons Franceschi, qui lui donnait la situation exacte des assiégés dans Gênes (1). Elle était déjà horrible.

Le lendemain, avant l'aube, Bonaparte remontait en voiture. Des traînards s'échelonnaient le long des fossés. La vue de ces éclopés que les demi-brigades de passage avaient abandonnés, faute de fourgons pour les charger, parut affliger le Consul. Il fit cesser, à un arrêt, les acclamations des hommes qui l'avaient reconnu. A midi, le 17, il trouvait Duroc et plusieurs généraux à la préfecture de Dijon.

Sur un ordre, la division Chambarlhac, enfin disciplinée, avait ajourné le mouvement qu'elle devait commencer à dix heures du matin pour se porter dans la direction de Genève. Avant son départ, prévenu que tout allait mal dans l'armée de réserve, Bonaparte voulait vérifier le fonctionne-

(1) Franceschi, aide de camp du général Soult, avait quitté Gênes le 8 floréal au soir, sur un bateau armé de deux paires de rames. La barque avait pu, à la faveur de la nuit, traverser la croisière anglaise ; mais au point du jour, une corvette lui donna la chasse. Sur le point d'être pris, ayant déchiré et éparpillé ses dépêches, l'officier français mit son sabre entre ses dents, se jeta à la nage et fut assez heureux pour aborder près de Finale, point occupé par les troupes de Suchet ; puis il prit la route de Paris (Rapport de Suchet).

ment des services. Chambarlhac lui présenta ses troupes déployées sur deux rangs, dans les prairies qui bordent l'Ouche.

Revêtu de la légendaire redingote grise, le petit chapeau abaissé sur les yeux, Bonaparte passa devant et entre les lignes; il s'adressait aux hommes (1):

— Es-tu bien nourri?

— Comme ça, répondait le soldat, ayant envie de se plaindre.

A un autre :

— Nous allons à la guerre; j'espère que tu te conduiras bien?

— Oui, général.

Marchant vers un vieux caporal blanchi sous le harnais :

— Tu étais en Italie, avec moi?

— Oui. A Arcole, au pont, à côté de Belliard. Ça chauffait dur, général; et sans toi, y a pas à dire, nous étions flambés comme des poulets.

Le Consul se tourna vers Chambarlhac :

— Que ce brave soit nommé sergent.

L'homme désigné se mit à crier :

— Vive Bonaparte !

L'inspection terminée, Bonaparte réunit les officiers pour les engager à travailler sans relâche au perfectionnement de la troupe. Il ne leur cacha

(1) Lettre de Chambarlhac.

point qu'ils allaient éprouver de grandes difficultés avant d'arriver en Piémont.

Le 18, cette division prenait la route de Genève (1).

Ce fut au tour de la division Boudet à passer la revue. Elle se trouvait massée, à huit heures du matin, sur un terrain détrempé, car le ciel fondait en eau. Arrivé devant le front de la 9e légère, l'inspecteur fronça les sourcils (2).

L'uniforme réglementaire des troupes de cette arme se composait de : l'habit bleu de ciel à revers et à parements chamois boutons blancs; gilet blanc croisé à six pouces avec deux rangées de boutons; pantalon blanc; demi-guêtres en drap; chapeau rond à petits bords à forme haute et un peu évasé, surmonté d'une peau d'ours en cimier, un côté du chapeau un peu retroussé avec un panache bleu ciel terminé par une touffe noire.

Au lieu de porter pareil uniforme, les trois quarts des hommes étaient vêtus d'une sorte de blouse en calicot bleu ou brun cachant le gilet et la chemise en mauvais état, d'un pantalon de coutil rayé et déchiqueté; pas de guêtres, mais des lambeaux de toile pour serrer la jambe; pas de souliers, mais

(1) Ordre de marche de l'armée de réserve.

(2) Au début de la mobilisation, la 9e légère faisait partie de la division Chabran; mais Chabran était parti pour Grenoble afin d'y prendre le commandement d'autres troupes et d'un parc de siège qui devaient traverser le col du Petit Saint-Bernard le 16 mai, pour rejoindre à Aoste la division Watrin.

des sabots ; des vieux bonnets de police remplaçaient les chapeaux.

Dans cette tenue, et sous la pluie diluvienne, les soldats faisaient triste figure.

— Citoyen Ricard, s'écria le premier Consul indigné, vous avez été nommé le 9 germinal en qualité de commissaire de l'habillement. Quarante jours après, le 28 floréal, on me présente des troupes couvertes de haillons. Puis-je demander aux hommes de la 9e de franchir les glaces éternelles des Alpes ?

— Citoyen Consul, les magasins...

Bonaparte agita sa cravache et prit un air terrible.

— Les magasins sont pleins. Vous avez à Lyon 8.000 uniformes et des chariots pour les transporter (1). Ne m'interrompez, citoyen. Le général devrait, après tant de négligence, vous faire fusiller. Partez à l'instant ; et si le 20 la division Boudet n'est pas mieux habillée, ne reparaissez jamais devant moi.

La 30e de bataille était sans souliers ; la 59e manquait de baïonnettes.

Quand la division fut formée en cercle, le Consul voulut lui adresser une harangue.

« Les champs de l'Italie, dit-il, ressemblent à un grenier d'abondance. Je l'ai déjà dit à quel-

(1) Lettre de Boudet à Dubreton.

ques-uns d'entre vous, il y a quatre ans. Dans ces champs, un arrogant ennemi nous donne rendez-vous. Tout comme vos devanciers qui me suivirent à Lodi et à Montenotte, vous êtes mal vêtus, mal nourris, encore sans solde. Dans quinze jours tout cela sera changé. Soldats, je vais vous demander un grand effort avant qu'il vous soit donné de rencontrer les Autrichiens. Suivez-moi avec confiance et vous reviendrez couverts de gloire, ayant sauvé, grâce à votre audace, la patrie que menacent encore les hordes de l'étranger (1). »

On lui promit tout ce qu'il demandait.

Rentré très vite à Dijon, Bonaparte monte dans sa berline attelée de chevaux appartenant à l'artillerie. Emmenant Duroc et Bourrienne, à Auxonne il voulut visiter une chaumière bâtie au bord de la grande chaussée. C'était dans ce lieu que de braves gens l'avaient accueilli au temps où il était lieutenant au régiment d'artillerie de la Fère. Le guerrier devenu célèbre leur apportait son souvenir; chez eux, il dicta une lettre à Bourrienne (2).

A Dôle, le général Gassendi guida Bonaparte dans les ateliers et les forges de canons. A dix kilomètres de cette ville, l'équipage du Consul dépassait la division Chambarlhac marchant en bon ordre ; et, lancé, à fond de train, il entrait à

(1) Cahier d'un officier d'état-major.
(2) Lettre au chef de brigade Lemarois, lui ordonnant d'organiser un service de poste entre Dôle et Genève.

Genève, le chef-lieu du département de Léman, à onze heures et demie du soir.

Des appartements avaient été préparés chez M. de Saussure, le fils du célèbre naturaliste. Bonaparte se fit présenter les gens de la maison. Il se montra gai (1). Ayant pris un repas froid avec ses deux compagnons de voyage, arrivé dans le cabinet de travail agencé par Marroi, voulant connaître ce qui se passait du côté du Rhin, il réclamait une lettre de Carnot. Carnot n'avait pas écrit; mais Berthier, parti à Lausanne le matin, avait laissé un rapport qui indiquait les embarras au milieu desquels le général en chef de l'armée de réserve se débattait (2).

Rentré dans son appartement, Bonaparte déplia sur un guéridon la carte du Valais; il voulait l'étudier de nouveau avant de précipiter la marche

(1) Souvenirs inédits de M. de Saussure.

(2) « Berthier au premier Consul.

» L'infanterie se rassemble, mais je suis arrêté par l'artillerie; les chemins sont affreux, je n'ai pas encore un affût-traineau ni un traineau.

» Je fais l'impossible, mais je ne peux pas attaquer l'ennemi sans artillerie.

» J'éprouve de grandes difficultés; je ferai tout pour les surmonter; si les affûts-traineaux arrivent, je ferai tout pour passer le Saint-Bernard du 10 au 12; il y a beaucoup de neige et des avalanches très dangereuses; on ne peut passer que la nuit et jusqu'à midi sans beaucoup de danger.

» La pluie qui a tombé a mis la moitié de l'armée pieds nus, et pas de souliers dans les fourgons; j'en fais venir en poste de Lyon et de Dijon; j'en ai fait acheter ici; il y en a peu et on les fait payer 5 livres 15 sols.

» Le général Marescot arrive du Saint-Bernard, il a fait une bonne reconnaissance. »

d'une armée, insuffisamment aguerrie sur la route du Saint-Bernard. Pourtant, c'était le chemin le plus court qu'il devait prendre pour arriver avant que quinze jours se fussent écoulés à Turin ou à Milan, ce qui obligerait les Autrichiens de lever le siège de Gênes pour lui faire face, cela sous peine d'être écrasés ou pris.

Le Valais est un canton de vaste territoire, mal peuplé. Il commence à la limite du pays de Vaud, limite orientale, à Saint-Maurice, près du lieu où le Rhône franchit un étroit passage dans la montagne ; il finit au col de la Furka, prenant toute la vallée du Rhône supérieur, des plateaux dans l'Oberland, de nombreux glaciers et de grandes solitudes.

Mille torrents y coulent; on ne compte point ni les sources ni les gorges tant elles sont nombreuses. Et l'habitant jouit, selon les altitudes où il a placé sa demeure, de climats divers. Pendant que, sur la montagne, la rigoureuse température du Groënland sévit d'octobre au mois d'avril, à deux mille mètres plus bas, entre des remparts de roc, une luxuriante végétation rappelle la flore de la Sicile.

Le Valais de 1800, petite république dans la Confédération helvétique, longeait à l'ouest la frontière française ; et il formait au sud la limite de la frontière italienne, depuis le val Ferret jusqu'au Tessin.

Un seul chemin praticable à l'artillerie remontait la vallée du Rhône dans la direction du Gothard. Un autre, plus étroit, presque partout défoncé, reliait Martigny — une bourgade bâtie dans un beau site — à Bourg Saint-Pierre, le dernier pays qui commandait, nous l'avons dit, l'entrée du défilé du Saint-Bernard. Ce chemin traversait des agglomérations : Sembrancher, Orsières et Liddes. Tracé de Martigny à Orsières, le long de la Dranse, et dans un terrain marécageux, il était montueux et très malaisé d'Orsières à Saint-Pierre.

Le Consul jugea que les troupes pouvaient assez facilement traverser ce pays et y vivre. Il savait que les forces de l'ennemi étaient, dans la vallée d'Aoste, de 2.000 hommes environ (1). Elles ne pourraient donc résister que peu de temps à l'élan des troupes françaises qui descendraient rapidement du Saint-Bernard.

Le 9 mai, tandis que Berthier ordonnait à la division Watrin de se masser autour de Villeneuve et de compléter ses approvisionnements, le premier Consul recevait le chef de la république helvétique

(1) Ces troupes étaient ainsi cantonnées le 18 floréal, d'après un rapport exact du général Mainoni : A Saint-Rémy, 200 hommes. Etroubles, 150 hommes et une pièce de canon. Saint-Oyen, 150 hommes. Cité d'Aoste, 500 hommes et 8 pièces de 4. Chatillon, 300 hommes et 4 pièces de 8. Bard, ville et fort, 100 hommes, 26 pièces de 8 et 16 de siège dont 10 en fer. Albard, 100 hommes et 2 pièces de 4. Ivrée, 500 hommes. Environs d'Ivrée, 200 hommes. Au total : 2,200 hommes et 57 pièces d'artillerie; troupes placées sous le commandement du général Briey.

qui le venait complimenter. Ensuite, il obtenait de quelques négociants le versement d'un million dans la caisse de l'armée (1), ce qui portait à quatre millions le numéraire remis, depuis le 15 avril, au payeur général.

A trois heures, le même jour, on tint un conseil de guerre. Berthier y assistait. Bonaparte faisait désigner Lannes, le héros de Lodi, un intrépide sabreur, pour commander l'avant-garde. Watrin manquait d'audace; et il fallait débuter en Italie par un coup de foudre.

Ensuite, Bonaparte reçut le général Marescot.

Le marquis de Marescot, âgé de quarante-deux ans, inspecteur du génie depuis le 18 brumaire, avait eu, étant chef de bataillon et employé au siège de Toulon, de graves démêlés avec Bonaparte. Toutefois, si le Consul haïssait l'homme, il estimait les talents de l'officier. D'ailleurs, Marescot, resté royaliste, lui rendait bien sa haine. Bonaparte le commandait sans brusquerie et le général obéissait toujours à la manière du soldat qui remplit ponctuellement ses devoirs. Seul, il était capable de frayer aux troupes un passage dans les Alpes.

— Citoyen général (2), dit Bonaparte, Berthier vous a transmis, le 7 floréal, l'ordre de vous

(1) Avance consentie par les Genevois pour obtenir le libre passage de leurs marchandises à l'octroi de Paris.
(2) Lettre de Marescot au banquier Haller.

rendre au Grand Saint-Bernard avec des ingénieurs, pour voir le défilé et lever les plans des chemins.

— Citoyen Consul, voici les plans.

Bonaparte les prit et les examina.

— Les sentiers sont difficiles à suivre ? Il y a de la neige ? demanda-t-il.

— Un pied de hauteur sur le plateau de Cherreyre qui domine Bourg Saint-Pierre ; moins dans le vallon de Proz. Deux pieds à la sortie du défilé de Minouée. A la petite morgue de l'hospice, quatre ou cinq pieds ; et sept pieds à 2,500 mètres d'altitude.

Le visage de Bonaparte était devenu sombre.

— Est-ce que vous jugeriez le passage comme étant infranchissable ?

— Seulement difficile et dangereux.

— Mais s'il n'est que difficile, l'armée de la république passera. Oui, il faut qu'elle passe.

— Alors, citoyen Consul, les hommes qui accompliront ce coup d'audace mériteront le titre de premiers soldats du monde.

— Je le leur accorde dès maintenant. Croyez-vous qu'on puisse, sans danger, faire franchir rapidement la montagne à l'artillerie ?

— Oui, citoyen Consul ; mais à la condition de traîner à bras les pièces démontées.

— Les paysans du Valais nous viendront en aide ?

— Il ne faut compter que sur un petit nombre. La marche de l'armée a déjà effrayé les Valaisans. A la hâte, ils se réfugient dans la montagne.

— Nous trouverons des mulets ?

— Par crainte de réquisition, on les a cachés.

— Les montagnards se déroberaient ?

— Ne leur accordez aucune confiance, citoyen Consul.

— Avez-vous vu les religieux à l'hospice du Saint-Bernard ? Avez-vous pu deviner les sentiments dont ils sont animés à notre égard ?

— Ces moines sont prêts à servir l'armée. Vous n'ignorez pas, citoyen Consul, que, depuis un an, ils logent une garnison française.

— Ont-ils un magasin ?

— Leur cave est remplie de vivres et de vin ; et le prieur fait des vœux pour que vos projets réussissent.

Bonaparte demanda encore :

— Citoyen général, la neige qui couvre les chemins est-elle durcie ?

— Non, citoyen Consul, car à mesure que l'eau tombe dans la vallée, la neige tourbillonne dans la montagne. Toute piste péniblement tracée s'efface en un instant.

— Mes soldats enfonceront, peuvent disparaître.

— Nous emploierons des guides ; nous prendrons les dernières précautions enfin.

Bonaparte remercia froidement Marescot avant de le renvoyer à Saint-Pierre ; et il refusa qu'on donnât des fêtes à l'occasion de son passage à Genève (1). Par exemple, il s'étonna fort que M. de Necker, domicilié à Coppet, au bord du Léman, sollicitât de lui une audience (2).

Il le reçut avec beaucoup de courtoisie.

M. de Necker, mis en présence du Consul, resta d'abord interdit en voyant un capitaine si illustre serré dans un habit étriqué. Vraisemblablement, sa visite au jeune Corse avait un but politique bien défini. Toutefois, ni à l'armée, ni aux oreilles de l'indiscret Bourrienne, rien n'a transpiré de leur entretien qui dura deux heures. Mais Mme de Staël a écrit que son père ne parla à Bonaparte que de la vie paisible qu'il menait depuis quelque temps en Suisse. N'était-ce pas là un sujet bien aride pour deux hommes d'État ? L'un, ancien ministre très populaire de la monarchie tombée, et l'autre devenu, par fortune et par audace, le maître des destinées de la République. On a dit que Necker venait proposer une Restauration à ce Consul qui devait répondre, plus tard, aux avances du comte de Provence : « Vous ne devez pas souhaiter votre retour en France. Il vous faudrait marcher sur cinq cent mille cadavres. »

Berthier détachait l'adjudant-général Noguès à

(1) Archives de Genève.
(2) Notes de Berthier.

l'avant-garde. Le premier Consul passait des revues de dragons et désignait Murat pour commander en chef toute la cavalerie. La division Boudet, arrivée à Prégny, était toujours sans souliers; les soldats de la 9e légère, en sabots, avaient fait cinquante kilomètres par jour, sous la pluie et sur des routes défoncées.

Les commissaires des guerres reçurent de formelles instructions.

Le général en chef écrivait à Lannes comment il devait régler sa marche à travers le Valais et opérer sa jonction avec le général Chabran, dans la vallée d'Aoste (1), puis il lui faisait transmettre

(1) « Quartier général, le 20 floréal an VIII.

» Conformément aux ordres du général en chef, citoyen général, vous vous rendrez le 23 à Saint-Maurice avec l'avant-garde que vous commandez; et vous ferez prendre à Villeneuve du biscuit à la troupe pour les 23, 24, 25 et 26. Dans la journée du 24, vous serez rendu à six lieues au delà de Saint-Maurice; vous prendrez du biscuit pour trois jours : 27, 28 et 29 inclus.

» Le général Mainoni devra réunir les trois bataillons de la 28e, le bataillon helvétique et le bataillon italique à l'hospice du Grand Saint-Bernard, le 24, et leur fera distribuer du biscuit pour quatre jours. Donnez-lui les ordres en conséquence.

» Vous prendrez toutes les précautions nécessaires pour accélérer le transport de votre artillerie au Saint-Bernard et vous ferez filer avec la plus grande rapidité les affûts-traineaux qui vous sont destinés de manière à ce qu'ils soient arrivés au pied de la montagne avant la tête de la colonne.

» Vous calculerez votre marche avec assez de précision pour que, le 26, une heure avant le jour, vous ayez passé le Saint-Bernard et que vous vous trouviez sur les postes avancés de l'ennemi que vous culbuterez.

» Vous donnerez l'ordre au 12e régiment de hussards et au 21e régiment de chasseurs d'être rendus le 23 à Vevey.

» Le mouvement de l'armée suivra celui de l'avant-garde et vous recevrez des instructions ultérieures.

» Le général Marmont a ordre d'expédier un officier qui sera chargé de faire monter de suite sur le Saint-Bernard une pièce de 8, les obusiers et les pièces de 4 de la division Watrin. Vous

verbalement l'ordre de s'emparer du fort de Bard, le plus sérieux obstacle qui fermât la route de Turin (1).

Au premier jour, les opérations de la guerre allaient commencer.

donnerez à ce convoi l'escorte que vous jugerez nécessaire et vous déterminerez le point où ces pièces devront s'arrêter pour attendre la colonne d'attaque.

» La division Chabran passera le Petit Saint-Bernard le 26, culbutera l'ennemi qui pourrait occuper ce passage et fera sa jonction avec vous le plus tôt possible.

» Les troupes à cheval devront prendre de l'avoine pour quatre jours. »

(1) Lettre de Dupont.

CHAPITRE IV

MASSÉNA ET MOREAU

Organisation des étapes. — Inspection du corps de Lannes par le premier Consul. — Bonaparte visite les magasins de Villeneuve. — Relation du siège de Gênes. — Deux victoires remportées par Moreau.

Berthier détachait de la masse de l'armée la légion italique. Lechi, son chef, allait la cantonner aux environs de Sion, chef-lieu du Valais, et garder les passages que Mainoni devait abandonner pour rallier l'avant-garde (1). Plus tard, la légion déboucherait sur Aoste, en suivant le val de Viège ou le val Saint-Nicolas, franchirait le mont Ranzola, prendrait position à Gressoney, inquièterait les généraux autrichiens Landon et Wukassowich, démonstration qui permettrait au général Moncey de descendre rapidement du Gothard à Locarno (2).

L'armée de réserve subissait encore des modifications. On y organisait une division d'infanterie

(1) Ordres de marche de l'armée de réserve.

(2) Moncey avait été désigné à la place de Lecourbe pour commander le détachement de l'armée du Rhin qui devait rejoindre Berthier en Italie.

dont le général Monnier prenait le commandement. Cette division entrait dans la composition du 3e corps placé sous les ordres de Victor, et recevait 6 pièces de 4.

Le 10 mai, les corps définitivement constitués obéissaient : le 1er, à Lannes. Le 2e, à Duhesme. Le 4e (la cavalerie), à Murat. Toute l'artillerie à Marmont. Gassendi dirigeait le parc qui comptait 49 affûts-traîneaux et 240 voitures chargées.

De Villeneuve à Aoste, la route fut d'abord divisée en quatre étapes ; les gîtes à Martigny, Bourg Saint-Pierre et Etroubles (1).

La réfection des chemins avait été confiée, le 3 mai, au citoyen Colombini, entrepreneur de routes en Dauphiné, ingénieur recommandé au général en chef par Bonaparte. En quelques jours, Colombini embrigadait 1.700 paysans à Martigny. Il les payait 1 fr. 50 par jour pour travailler du lever au coucher du soleil (2). Des ouvriers d'artillerie surveillaient les équipes. Mais le rude travail

(1) De Villeneuve à Martigny, en remontant la vallée du Rhône, distance : 40 kilomètres. On faisait, à Martigny, obliquer à droite pour longer la Dranse, on traversait Martigny-bourg, Sembrancher, le val d'Entremont, Orsières, Liddes et Saint-Pierre, 33 kilomètres. A Saint-Pierre, il fallait escalader la pente du plateau de Cherreyre et descendre dans le vallon de Proz, 3 kilomètres. Suivre le sentier reliant Proz à l'hospice du Grand Saint-Bernard, 9 kilomètres. De l'hospice à Saint-Rémy, le premier village piémontais, 6 kilomètres. De Saint-Rémy, où commençait un chemin de voitures, à Etroubles, 5 kilomètres. D'Etroubles à Aoste par la vallée du Buttier, 15 kilomètres. Au total : 111 kilomètres, dont 15 à travers la montagne.

(2) Papiers de la Chambre administrative de Sion.

imposé et quelques sévices exercés sur les montagnards, les portèrent à déserter.

Néanmoins, l'entrepreneur en réunissait 1350 qui, le 22 floréal, campaient entre Liddes et Saint-Pierre, sur le plateau de Ravère et se tenaient à la disposition de Marmont (1).

Bonaparte avait demandé 1.000 mulets pour porter les charges à Aoste. Une réquisition n'en fournissait que 217. Les Valaisans avaient caché ou vendu leurs bêtes de somme. Et il ne fallait pas songer aux mulets du Piémont, car l'ennemi allait les pousser devant lui, dans sa retraite.

Quelques bataillons avaient jusqu'à trente officiers subalternes. Pour suivre Bonaparte, tout le monde demandait à marcher. En voyant tant d'épées, Berthier écrit à Dupont : « Vous mettrez à l'ordre que les officiers et sous-officiers de toutes les demi-brigades doivent être armés de fusils, ainsi que les lieutenants et sous-lieutenants des brigades d'infanterie légère. » Il y eut des protestations. Le chef d'état-major les couvrit par une menace d'exclusion (2).

Lannes activait les derniers préparatifs de la division Watrin. Il savait que l'avant-garde aurait à frapper de rudes coups au début de la campagne; il affichait, par calcul, une confiance illimitée dans le succès de l'entreprise. Si, timidement, des chefs

(1) Rapport de Marmont.
(2) Lettre de Dupont à Berthier.

de brigade lui parlaient des difficultés qu'on devait rencontrer à chaque pas dans le défilé, il appelait le mont Saint-Bernard un petit monticule facile à franchir, et au pas de course. D'ailleurs, ajoutait le sabreur, avec Bonaparte, les plus faibles conscrits iraient au bout du monde, malgré l'obstacle des armées ennemies et des Alpes, si hautes fussent-elles (1).

Le 22 floréal, son artillerie, commandée par le chef de bataillon Pernetty, était dirigée de Martigny sur Saint-Pierre. Plusieurs roues s'enfoncèrent dans les ornières. Sénarmont les en fit retirer pour qu'on les chargeât sur des traîneaux. La route avait été mal réparée entre Sembrancher et Orsières. Colombini, prévenu, y envoya une équipe de cent hommes qui achevèrent la réfection.

Une brigade de cavalerie avait été attachée à l'avant-garde. Elle faillit se mutiner à Aigle. Le bruit s'était répandu dans les escadrons que Bonaparte ne passait le Saint-Bernard au milieu d'un pareil cortège militaire que pour se faire couronner à Milan, à l'instar de Charlemagne, empereur d'Occident. Ensuite, le front ceint de la couronne des rois lombards, il ramènerait l'armée à Paris afin d'imposer une dictature habilement préparée depuis le 18 brumaire (2). Des mesures sévères et

(1) Cahier d'un officier d'état-major.
(2) Lettre de Rivaud à Berthier. L'armée de réserve a deux

un ordre du jour arrêtèrent net l'effervescence qui menaçait de gagner les troupes à pied déjà mécontentes du surmenage qui leur était imposé.

Le 23, à cinq heures du matin, l'infanterie de l'avant-garde : les 22e et 40e de bataille, car la 6e légère occupait déjà une partie du cours supérieur de la Dranse et le val Ferret, se massait près de Saint-Maurice du Valais. Au dernier moment, Rivaud, chef de la cavalerie, avait reçu l'ordre d'ajourner son départ, pour éviter un encombrement à Bourg Saint-Pierre.

Il faisait beau temps depuis l'aube ; les fantassins montraient beaucoup d'entrain ; ils se voyaient déjà victorieux, vivant au milieu de l'abondance et secourant leurs frères enfermés dans Gènes, après une marche qui les rendrait glorieux dans la postérité.

Berthier arrivait à six heures sur le terrain. Il allait passer une rapide revue. Mais, lorsque le général Hulin faisait porter les armes au 1er bataillon de la 22e, un groupe de cavaliers apparut sur la route de Lausanne. La redingote grise de Bonaparte flottait au vent. Le Consul voulait se rendre compte et de la discipline et de la tenue des soldats qui allaient frayer un chemin à l'armée.

De Lausanne, où son quartier général avait été porté le 21, il arrivait directement, seulement

généraux portant le nom de Rivaud ; le brigadier de cavalerie, âgé de 45 ans, s'appelait Jean-Baptiste Rivaud. Le second, Olivier Rivaud, était à la tête d'une brigade d'infanterie du corps de Chambarlhac.

escorté de quelques chasseurs. Berthier et Lannes allèrent à sa rencontre.

— Tout est-il prêt et bien ordonné ? fut sa première question.

— Nous emportons peu de vivres, dit Lannes ; et chaque homme n'a reçu que 20 cartouches au lieu de 40. S'il le faut, on se battra à l'arme blanche pour épargner les munitions.

Bonaparte s'étonna que les approvisionnements manquassent, les cartouches surtout. 500.000 avaient été expédiées à Villeneuve. En passant la revue, à pied, son attention se portait d'abord sur les fusils. Il ordonna d'en changer plusieurs ayant des bassinets ébréchés. On ferait ces changements à Martigny où se trouvait un dépôt d'armes. Il fallait avancer un mois de solde à 50 officiers mal vêtus, qui ne pouvaient décemment paraître, étant minables, dans les villes italiennes ; à eux de se pourvoir d'habits, au plus vite. Il y avait encore beaucoup de soldats mal chaussés (1).

Les conscrits exécutaient bien et rapidement la charge ; ils maniaient adroitement la baïonnette ; ils connaissaient leurs devoirs de soldat. Bonaparte rassemblait les hommes autour des drapeaux, sachant qu'une harangue pouvait augmenter leur courage.

« Vous allez suivre vos drapeaux et vos chefs par des chemins difficiles (2). N'oubliez pas que le

(1) Notes de Berthier.
(2) Cahier d'un officier d'état-major.

drapeau est l'emblème de la patrie pour laquelle vous allez combattre au premier jour. Soldats! je vous le confie comme une chose sacrée; et si vous faiblissiez dans la lutte, vous verriez le premier Consul s'en emparer et le porter en signe de ralliement au milieu de la mitraille. Marchez sans peur; rien ne peut vous résister; et n'oubliez pas que vous êtes les propagateurs de la liberté dans le vieux monde. Or, si l'Europe persiste à méconnaître notre droit de vivre libres, je vous conduirai en vainqueurs dans toutes les capitales.

» Soldats! restez toujours disciplinés. Alors, vous vous immortaliserez en Italie; et vous délivrerez du joug allemand un peuple de notre race et qui s'honore de posséder nos aspirations idéales. Songez surtout que les difficultés que vous aurez à surmonter dans l'accomplissement d'une noble tâche ne sont rien quand au bout il y a l'éclatant triomphe des armées de la République. »

Pendant que les chefs de demi-brigade formaient les échelons de la colonne de route, Bonaparte disait à l'état-major de l'avant-garde :

« Le ciel nous est enfin favorable, citoyens (1), et je suis content après l'inspection que j'ai passée. Il y a, c'est vrai, beaucoup de conscrits dans mon armée; mais ces conscrits sont Français.

» En 1796, n'est-ce pas avec une faible armée que j'ai chassé devant moi les hordes de Sardes

(1) Il avait plu continuellement pendant huit jours.

et d'Autrichiens et balayé l'Italie? Nous ferons de même. Le soleil qui nous éclaire est celui qui nous éclairait à Arcole et à Lodi (1). »

Toujours prévoyant, le Consul recommanda tout particulièrement les soldats de la division à la sollicitude de Lannes; la surveillance du matériel d'artillerie à Watrin; il pria les capitaines de prodiguer les égards aux moines du Saint-Bernard qui allaient devenir nos plus utiles auxiliaires dans la montagne.

La troupe partait, acclamant Bonaparte qui, la dernière compagnie passée, fit tourner bride à son cheval et indiqua à sa suite la route de Villeneuve.

Les officiers rencontrèrent plusieurs convois qui devaient approvisionner Saint-Pierre, bien tardivement. La plupart des conducteurs de voitures étaient ivres; ils ne firent point place. Stabeurath, aide de camp de Berthier, fut même insulté par l'un d'eux (2).

D'Aigle à Villeneuve, la cavalerie de Rivaud était cantonnée. Elle gardait rancune au Consul d'une rude répression; voilà pourquoi elle resta silencieuse à son passage. Au contraire, les artilleurs de la division Boudet, en l'apercevant, poussèrent de longs vivats.

Le Consul s'arrêta à l'entrée des magasins de Villeneuve : de grandes bâtisses formant quadrila-

(1) Mémoires de Bourrienne.
(2) Lettre de Berthier à Gassendi.

tère autour d'une vaste cour. La cour, ravinée par les pluies, était encombrée de chariots, de voitures, de caissons, d'obusiers, de sacs à poudre. Le tout présentait un grand désordre. Les auxiliaires allaient, venaient à travers ces choses.

Bonaparte aborda le commissaire Geoffroy.

— Citoyen commissaire, je vois que vos magasins sont mal tenus. La pluie a dû gâter beaucoup de munitions. Ici, il faudrait qu'une main de fer dirige. Et pourquoi n'avez-vous pas mieux pourvu la division Watrin?

— Citoyen Consul, je manquais de tout au moment où elle est passée.

— Je vous avais cependant fait prévenir?

— En effet, citoyen Consul...

— Mais vous manquez d'ordre et de fermeté. Pourtant, le Gouvernement a payé fort cher des approvisionnements considérables et indispensables à l'armée. Ils ne sont pas arrivés, dites-vous? C'est que vous avez dormi avec vos collaborateurs pendant que nous marchions sous la pluie, jour et nuit. Moi, je considère qu'une armée qui entre en campagne sans vivres et sans munitions, cela par votre faute, est bien près d'être vaincue. Il m'est impossible de tolérer vos faiblesses plus longtemps. Désormais, j'agirai avec rigueur envers vous (1). Remettez-moi à l'instant l'état des objets, armes et effets qui sont dans vos magasins...

(1) Notes de Geoffroy.

Il y trouva de nombreuses fournitures (1) et ordonna qu'on portât, le plus rapidement possible, 2.000 coups de canon à Saint-Pierre, 7.000 rations de biscuit, et une grande quantité d'eau-de-vie ; puis il reprit avec ses aides de camp et son secrétaire la route de Lausanne.

Marroi, fourrier de logement, l'avait installé chez Haller, le célèbre banquier, ancien trésorier-général de l'armée d'Italie, ex-ministre de l'intérieur de la République Cisalpine. Sur le passage de Bonaparte, la garde nationale de la ville, mobilisée pour le service d'honneur, formait la haie. Depuis huit jours, Lausanne ressemblait à un camp. Ce n'étaient, par les carrefours et les rues, que bataillons défilant, lourde artillerie barrant les voies, sonneries aiguës de clairons ; et les réquisitions se succédaient (2).

A six heures du soir, la garde consulaire arrivait, l'infanterie conduite par Lauriston, la cavalerie placée sous les ordres de Bessières à qui l'on avait adjoint Eugène de Beauharnais.

Le citoyen Lescuyer, sorti de Gênes le 9 floréal, mais resté auprès de Suchet, à Nice, jusqu'au 12, apportait au Consul le rapport exact des opérations

(1) Les magasins de Villeneuve renfermaient : 20.055 pintes d'eau-de-vie, 326 caisses de biscuit, 966 boulets de 8, 1.721 de 4, 144 sacs de poudre, 317 fusils de Charleville, 18 affûts-traineaux, 29 bœufs, 147 moutons, 20.450 rations d'avoine, 115.000 cartouches d'infanterie restées dans les fourgons. Un bateau chargé de vivres remontait le Rhône.

(2) Archives de Lausanne.

auxquelles l'aile droite de l'armée d'Italie avait pris part (1).

« A la date du 16 germinal, le feld-maréchal Mélas avait définitivement enfermé Masséna dans Gênes. Contre 15.000 Français, le cercle d'investissement était formé au début par 50.000 Autrichiens que le succès avait rendu audacieux. La flotte anglaise, commandée par lord Keith, concourait aux opérations du blocus, empêchant tout ravitaillement par mer.

» Suchet, n'ayant plus sous ses ordres qu'un petit nombre d'hommes très fatigués, ne pouvait pas reprendre l'offensive, dégager Masséna. Masséna résolut, pour donner à Bonaparte le temps d'accourir, et sauver au moins l'honneur, de sacrifier jusqu'à son dernier soldat, de périr lui-même si cela devenait nécessaire ; et il prit, afin de pouvoir résister longtemps, les plus ingénieuses dispositions.

» Mais, au bout de deux semaines, les Génois, menacés par l'ennemi d'un terrible bombardement, voulurent conspirer contre le général en chef. Des arrestations et la vue de quelques canons braqués sur les places firent rentrer les mécontents dans l'ordre. Hors les murs, il ne se passa point un jour sans combat. Les Français, très disciplinés et habilement postés, firent beaucoup de mal aux assaillants. Quelques boulets rouges bien pointés

(1) Lettre de Lescuyer à Suchet.

forcèrent la flotte anglaise à s'éloigner de la rivière.

» Le 30 germinal (20 avril), il fallut se nourrir de pain de seigle et d'avoine. On sacrifia les chevaux de la cavalerie. L'état-major donna ses réserves, en secours, aux malades qui encombraient les hôpitaux; néanmoins, faute de pharmacie, la mortalité devint bientôt effrayante. Au long des rues et des boulevards, on voyait des hommes fléchir à chaque pas; de seuil en seuil, des femmes hagardes se traînaient pour demander du pain; et les cadavres jetés à la voirie faisaient, aux lueurs des flambeaux qu'on allumait le soir, d'indescriptibles spectacles. Cependant, au milieu de cette détresse, de ces misères, dans ce charnier, Masséna, le front toujours haut, ne parlait point de capituler; au contraire, il allait de maison en maison recruter des auxiliaires; il les armait et les conduisait lui-même au feu.

» Pendant que la croisière anglaise se tenait à distance, un petit bâtiment de commerce appartenant au port de Marseille put entrer dans la rivière. Les vivres débarqués durèrent vingt-quatre heures. On se les était disputés à coups de poignard ou de pistolet. Des gens riches offraient un palais pour avoir un pain de six livres.

» A partir du 7 floréal, on fabriqua du pain d'amidon. Des mercenaires arrachaient l'herbe poussée dans les cimetières pour la mettre au pilon avec des ossements blanchis. Quand les citoyens, mornes et décharnés, rassemblaient les dernières provisions, Soult, le chef d'état-major, voyait que les munitions de guerre allaient manquer. Cette dernière extrémité affligeait davantage les soldats que la faim pourtant torturante, car ils voulaient mourir en vendant chèrement leur vie, en tenant le drapeau haut, et toujours placés face à l'ennemi.

» Le 8 floréal, tandis que des gémissements emplissaient la cité, une nouvelle arriva tout à coup, qui donnait l'espérance ; on publiait, au son du tambour : « Bonaparte vient au secours de Gênes ! » D'où venait cette information? Du général Gazan. Bataillant aux avant-postes, il avait fait prisonniers des Autrichiens annonçant que les Français, descendus en masse dans le Piémont, avaient écrasé les troupes du général Haddick entre Suze et Turin. Fausse nouvelle. Rassuré, le peuple qui nous avait été hostile portait en triomphe les soldats de la République. Ce n'étaient plus de hideux Jacobins, mais des frères. Les habitants et les défenseurs de la Ligurie s'embrassaient, pleuraient de joie, ensemble. Ott, chargé du siège, prêta l'oreillle ; il crut entendre le canon sur ses derrières; mais ce fut, chez l'ennemi, une courte frayeur. Et, de nouveau, le silence qui pèse sur les nécropoles régna dans la ville.

» Le 10, les Autrichiens pressés d'obtenir une capitulation, se ruaient sur deux de nos meilleures positions et les enlevaient. Sans tarder, Masséna les faisait reprendre par Soult et Miollis. Une charge à la baïonnette décida la victoire en faveur des Français; quatre mille soldats de Mélas restaient étendus sur le champ de bataille; et combien des nôtres?

» A partir de ce jour, on rationnait le pain de cacao et d'amidon à 200 grammes par individu. Des milliers de citoyens se trouvèrent torturés par une faim cruelle; ils n'avaient plus la force de murmurer contre cet état de choses. Quand Masséna, toujours debout, restait impassible, les assiégés, comme les Arvernes autrefois enfermés dans Alésia, écoutaient, l'oreille collée au sol, si le bruit de la marche d'une armée de secours ne montait pas. »

Bonaparte s'émut au récit de ces souffrances; il dit à Lescuyer :

— Allez porter à Masséna que vous m'avez vu près du Saint-Bernard. Dans peu de temps, l'Italie sera reconquise et Gênes délivrée (1).

Deux heures plus tard, le Consul apprenait que le général Moreau, talonné par Carnot, avait battu de Kray à Stokach et à Mœskirch.

La pluie qui avait cessé de tomber le 23, inonda encore les vallées de la Suisse, le 24, à la suite d'orages d'une extrême violence. Les chemins furent de nouveau transformés en fondrières; et les con-

(1) Rapport de Lescuyer au général Suchet.

vois de subsistance s'avancèrent lentement vers la montagne ; des soldats souffrirent beaucoup, car les souliers pris neufs à Dijon se déchiraient au bout de deux ou trois étapes. On forma, par bataillons, des groupes de *pieds nus*. Ces hommes chantaient quand même en cheminant. Ils se promettaient, après la première bataille, de déchausser les morts.

Bonaparte se plaignit à Berthier, le 25, des négligences commises (1).

(1) « 600 hommes de la 60e, citoyen général, viennent d'arriver. La moitié de leurs armes est en mauvais état ; j'estime qu'il leur en manque trois cents. Je désirerais que vous me fissiez connaître s'il y en a à Villeneuve pour avoir le temps d'en faire venir de Genève où je vais écrire qu'on en envoie.

» Il faut que vous donniez l'ordre au général Sauret de tenir la main à ce qu'il soit passé à Genève et à Villeneuve des revues de tous les conscrits et des troupes qui y passent afin que l'on complète l'armement, les souliers et les quarante cartouches par homme.

» Pour tout corps ou détachement qui partira de Genève, prendre du pain pour quatre jours, et en partant de Villeneuve du biscuit pour cinq jours. Alors il vous suffit d'avoir une seule manutention à Genève et deux fours à Nyon afin de pouvoir fournir le pain aux troupes qui n'iraient pas à Genève.

» Il restera à prendre des mesures pour la cavalerie.

» Il en passe beaucoup et si elle n'est pas mieux nourrie qu'elle ne l'a été jusqu'à cette heure, les chevaux arriveront morts en Italie.

» Je vous recommande de prendre des mesures pour la cavalerie. Il va arriver une grande quantité de chevaux d'artillerie ; tous mourront en montant la montagne, s'ils sont huit jours sans être nourris. »

P. S. « Le général Murat n'organise pas sa cavalerie ; il n'y a ni commissaire des guerres ni chefs d'administrations, de sorte qu'elle ne sait comment vivre ; l'organisation qui serait la meilleure serait de la diviser en quatre brigades.

» Il faut que chaque brigade ait un agent des fourrages, un commissaire des guerres, une escouade d'artillerie légère avec deux pièces de canon. En attendant que l'artillerie légère de l'armée soit arrivée, on pourrait se servir de celle de la garde des Consuls.

» Il est nécessaire que l'ordonnateur prenne des mesures pour avoir à Lausanne deux à trois mille paires de souliers par décade, pendant trois décades, pour les détachements et corps qui passent. »

Lorsque, au Saint-Bernard, Marescot frayait péniblement un chemin à travers la montagne, le général Brune s'employait à Dijon pour organiser, avec des rapatriés d'Egypte et des conscrits, une deuxième armée de réserve qui, en prairial, serait prête à marcher si de nouveaux revers venaient accabler nos armes en Italie.

Bonaparte allait de Lausanne à Saint-Maurice, le 26. La garde consulaire le suivait. Le 27, un samedi, arrivé à Martigny, en berline, il descendait au couvent des Bernardins.

CHAPITRE V

MARCHE DE L'AVANT-GARDE

Marche de la division Watrin. — Hostilité des Valaisans. — Arrivée à Saint-Pierre et cantonnements. — Bivouac dans le vallon de Proz. — Ordre de forcer le passage dans la nuit du 15 au 16 mai. — Les préparatifs du départ.

Launes était parti de Saint-Maurice le 23 floréal, conduisant les 22e et 40e qui avaient un effectif de 3.700 hommes. Il voulait qu'elles arrivassent à Saint-Pierre le même jour. La 22e marchait en tête, précédée par les tambours de ses trois bataillons (1). Ensuite, venaient vingt voitures chargées d'un matériel d'hôpital, des bagages appartenant à l'état-major et aux vivandières ; la 40e suivait. Les officiers généraux marchaient groupés entre les deux régiments.

« Il faisait chaud. Des brouillards s'étaient élevés jusqu'à la hauteur des sommets ; ils ressemblaient, vus d'en bas, à des tissus cotonneux. Le soleil ayant ri blanc dès le matin, ne se montrait plus qu'à de rares intervalles, pour nous accabler ; et de gros nuages se formaient à l'est. La brise les

(1) Ordre de marche de l'armée de réserve.

devait certainement ramener, avant midi, au-dessus des vallées qui pénètrent au sein de l'agreste paysage. Or, nous devions redouter un orage proche.

» Dans la température élevée, la colonne allait vite. Aussi, les conversations des hommes montaient parfois plus haut que les murmures du Rhône. On se communiquait des impressions de voisin à voisin. Le soldat joue au touriste. Et des hymnes patriotiques chantés par des fortes voix s'en allaient éveiller les échos de la montagne; et quelques bergers, couchés au bord des assises, sortaient de leur sommeil, répondaient, quand, plus loin, les voix allaient se perdre au fond des gorges sauvages (1). »

A mesure que la troupe s'avançait, les Alpes s'élevaient à droite et à gauche. Aux altitudes qui restent le domaine inviolé de l'aigle, des carrés de neige remplissaient les sinuosités du terrain; plus haut, les glaciers s'étageaient, masses violacées, entre des colonnes de granit aux formes bizarres. Tout cela semblait être près du ciel ou des nuages; et les hommes, devant ces surnaturelles choses, se sentaient infiniment petits.

Bientôt, la cascade de la Sallanche attire leur attention. C'est une chute d'eau qui tombe, perpendiculairement, d'une paroi de rochers gris et glisse entre des décors de verdure. Au pied, s'ouvre une caverne où vient sourdre le Trient.

(1) Cahier d'un officier d'état-major.

Plusieurs officiers se présentèrent à l'orifice de la grotte. Un montagnard survenu les guida dans un boyau et dissipa l'obscurité qui y régnait en allumant une torche de résine. Les Français purent admirer la bizarre structure d'unevoûte légèrement inclinée, ayant été façonnée sans doute au milieu du bouleversement des révolutions géologiques. Au fond, le torrent jaillit, tout blanc, d'une déchirure de la pierre, pour couler, en bonds furieux, vers le Rhône.

La colonne, continuant d'avancer, trouvait, à droite, une large brèche qui livre passage aux deux Dranses réunies. L'un de ces torrents descend du Saint-Bernard. Son lit varie entre dix et quinze mètres de largeur. Et le chemin de Saint-Pierre le suit sur un long parcours.

Ayant passé un pont en bois, l'avant-garde aperçut les premières maisons de Martigny-ville, maisons groupées au pied de la tour ruinée d'un vieux château. On serra les rangs pour garder une belle contenance. La halte eut lieu sur la grande place. Pendant que les auxiliaires tiraient d'un magasin établit près de l'église, 200 fusils, les habitants offraient du vin à la 22e (1). Mais la 40e qui se trouvait trop loin ne profita point de cette distribution.

Watrin, informé que des avaries avaient immobilisé, précédemment, près d'Orsières, des convois,

(1) Rapport du syndic de Martigny.

demanda le service de 50 ouvriers d'artillerie, qui, munis d'outils, pourraient réparer les ponts, au besoin.

La distance qui sépare Martigny-ville de Martigny-bourg est d'un kilomètre. Elle fut rapidement franchie. Lannes ordonna à la 22e de traverser le pays au pas gymnastique, voulant réserver les secours des habitants aux hommes de la 40e demi-brigade. Là, toutes les portes restèrent closes.

Hors le bourg, la route monte et oblique, s'enfonce dans l'ombre des arbres.

Réparée avec des quartiers de roc, à chaque pas, les soldats mal chaussés se meurtrissaient les pieds ; les roues des voitures faillirent vingt fois se briser. On traversait des flaques d'eau, les gués des petits torrents ; on perdait de vue le Rhône qui se dérobait à gauche entre les hauteurs bordées de sapins ; on s'enfonçait dans un val, la division formant des zigzags le long de la voie.

A onze heures et demie, Lannes commanda la halte principale devant le hameau de Bovernier (1), à six kilomètres de Martigny. Les troupes, remplies d'entrain, s'étant rompues par demi-bataillon, formèrent leurs faisceaux au milieu d'une prairie. Chaque escouade s'assembla pour manger des vivres de réserve. L'état-major fit apporter deux cantines et déjeuna sur le terrain.

(1) Lettre de Lannes à Dupont.

En face, dans les sentiers du mont Catogne, des Valaisans s'éloignaient, poussant devant eux un troupeau de chèvres. Ils désertaient leurs hameaux, par crainte des réquisitions, et regardaient souvent en arrière; ils maudissaient ces républicains qui, sous prétexte de conquêtes, venaient troubler la tranquillité ordinaire de leur vallée.

Vers midi, le ciel s'assombrit. Des éclairs glissèrent en lueurs fulgurantes à travers les pins d'un massif ; un roulement sourd, encore lointain, se répercuta. C'était l'orage. Les nuages s'abaissèrent. Une trombe d'eau mouilla les hommes. Watrin fit sonner le rassemblement ; et, par ordre de Lannes, les tambours battirent la charge, répondant aux éclats du tonnerre jusqu'au moment où les nuages ouverts par une tourmente de vent se disloquèrent. Une température de glace succédait brusquement à la chaleur tropicale.

La route, entre les deux berges escarpées, ressemblait à un marais. Il fallait pourtant s'y aventurer. Hulin passa le premier, portant un fusil ; Gency le suivait, chargé du sac d'un malade. Et les troupes, pataugeant, chantaient la *Marseillaise* (1). Elles traversèrent la gorge du val d'Entremont, sans qu'un murmure s'élevât dans les rangs des conscrits, elles arrivèrent à Sembrancher — Saint-Branchier, écrivait-on au rapport, — à deux heures.

Ce bourg présentait le plus triste aspect. Les

(1) Lettre de Gency à Dupont.

murs des maisons carrées étaient bâtis en pierre à poudingue, les pierres enchassées entre des pièces de sapin mal équarries et dressées verticalement. Des fenêtres inégales, la plupart grillagées, perçaient le bâtiment. La porte était basse dans l'étage unique. Le toit se composait de pierres plates brutes et imbriquées. Ordinairement, une population besogneuse, qui n'avait pas, d'ailleurs, le courage de secouer sa misère, occupait les logements sombres et enfumés. Un lit d'herbes sèches servait de couche à toute une famille. Parfois, l'homme et le mulet habitaient le même refuge.

En 1800, une seule rue traversait Sembrancher. Etroite et ferrée en cailloutis blancs, elle formait, par endroits, un véritable cloaque dans lequel les piétons enfonçaient (1). Et les cavaliers s'en tiraient avec beaucoup de peine.

Quant aux habitants, des laboureurs ou chevriers, ils avaient fui ou s'étaient cachés dans leurs greniers.

Lannes, exaspéré de voir les Valaisans nous craindre autant que des ennemis, ordonna aux musiciens de ne pas jouer en traversant le village. Quelques grenadiers défoncèrent des portes à coups de crosse, sans qu'on les inquiétât ; et ils eurent, l'obstacle tombé, le spectacle de taudis bouleversés. Dans une chaumine, un vieillard estropié criait miséricorde (2).

(1) Rapport d'Andréossi.
(2) Rapport de Lannes.

Après Sembrancher, il fallait passer deux fois la Dranse avant d'arriver à Orsières. Sur ce point, les équipages avançaient lentement. Des hommes exténués réclamaient un secours médical ; on manquait même d'eau-de-vie.

Orsières, dont la population était de sept cents habitants, bourgade assise au milieu d'un site pittoresque, à la jonction des Dranses d'Entremont et du val Ferret, n'avait, comme Sembrancher, qu'une rue, mais au centre, une place carrée, devant l'église. Là aussi, les maisons étaient désertes. Les régiments défilèrent en silence.

A cinq cents mètres d'Orsières, la 6e légère, groupée par compagnies, attendait l'avant-garde. Elle se plaçait à la tête de la division au point où la route escalade un plateau, lequel va toujours s'élevant, car la différence d'altitude entre Orsières et Saint-Pierre est de 800 mètres sur un parcours de 9 kilomètres.

Il fallut nécessairement doubler l'attelage des voitures ; et le premier pont qu'on traversa se rompit sous le poids d'un chariot chargé d'outils de pionniers. Deux chevaux furent tués, un seul conducteur contusionné ; les voitures et la 40e de bataille restaient immobilisées sur la rive gauche du torrent. Watrin suspendit la marche des deux premiers régiments. Un sapeur du génie, bravant les eaux furieuses de la Dranse, fixa des cordages aux roues du chariot à demi submergé. 300 hommes tirèrent sur les câbles et amenèrent.

Un détachement de fusiliers de la 40e se portait à Orsières au pas gymnastique, pillait le hangar du charpentier et rapportait les matériaux nécessaires à la construction d'un pont que les ouvriers d'artillerie montèrent en une heure (1). Ensuite, la division traversa plusieurs hameaux. Partout, de longs sifflements annonçaient aux montagnards l'approche des Français tant redoutés et les Valaisans attardés fuyaient au plus vite.

A Liddes, il ne restait que deux citoyens : le syndic et le curé. Pourtant, des pionniers occupant la place depuis deux jours avaient envoyé dire aux paysans de rentrer, que leurs personnes et leurs biens seraient respectés ; ils craignaient qu'on n'usât de ruse avec eux pour les surprendre, les dépouiller et les malmener (2).

Après Liddes, la route traverse une grande plaine, où le froid se faisait vivement sentir ; les hommes mouillés grelottaient (3).

Là, on voit les sommets des Alpes se profiler en lourds cercles de roc sur l'horizon, au sud et à l'est. Non loin de la voie, la Dranse franchit des étages de pierre, roule en bouillonnements, fait un bruit assourdissant.

L'infanterie passa seule le pont d'un petit torrent qui descend, à gauche, d'une vive arête ; par

(1) Rapport de Pavetti à Dupont.
(2) Lettre du curé de Liddes à M. Luder.
(3) Cahier d'un officier d'état-major.

crainte de le rompre, car plusieurs de ses madriers fléchissaient; les voitures durent rétrograder; et des auxiliaires demandés au camp de Ravère s'employèrent à consolider le tablier.

Au camp tracé à 300 mètres de Saint-Pierre, entre la route et la Dranse, Marmont entassait dans des baraquements ingénieusement construits : de l'artillerie, de grandes quantités de bagages, les affûts-traîneaux fabriqués à Auxonne; il y logeait les auxiliaires, les pontonniers, beaucoup d'artilleurs et les Suisses spécialement engagés pour réparer les routes et traîner le matériel jusqu'aux portes du Piémont. Des centaines de pins élagués étaient amoncelés autour ; les pins, arrondis et creusés, servaient d'enveloppe aux canons et aux munitions dont l'avant-garde aurait besoin, de l'autre côté du Saint-Bernard.

Mais, le général Marescot constatait que les difficultés de faire passer la montagne à tant d'hommes et à un si grand nombre d'objets augmentaient par suite des quantités de neige tombées. De plus, les Valaisans embauchés trouvaient le travail trop rude ; ils murmuraient sans cesse. Les auxiliaires étaient harassés, après avoir pendant trois jours : aidé à réparer une route de huit lieues de long, jeté sept ponts, creusé la galerie de la Monnaie et conduit trois batteries de Martigny à Ravère; puis construit les baraquements.

Dupont, arrivé depuis le matin à Ravère,

priait Lannes de loger ses troupes dans Saint-Pierre.

Saint-Pierre, ancien Pétersburg, bâti sur la rive droite de la Dranse, avait 70 feux, des granges et des écuries. Plusieurs familles n'avaient pas abandonné leurs foyers, retenues par les prières du citoyen Regnault, commandant d'armes. Les soldats s'entassèrent dans les maisons; un bataillon de la 22e fut logé dans l'église; mais Watrin défendit qu'on forçât les portes des logements fermés et la 6e légère dut camper. On ne distribua, très tard, qu'une demi-ration de vivres, en pain de mauvaise qualité. Les soldats reposèrent sous des toits à travers lesquels la pluie filtrait; d'autres sous la tente, ceux-là couchés dans la boue, exposés aux rigueurs d'une nuit très froide (1).

Le général Marmont était parti depuis midi, conduisant un détachement d'hommes qui traînaient du canon vers le Saint-Bernard. A son retour, Lannes le joignait, s'informait de la marche de son artillerie et de la quantité des subsistances emmagasinées, avant d'écrire à Berthier (2).

Le 24 floréal, à sept heures du matin, Dupont pré-

(1) Rapport de Dupont.

(2) « Citoyen général,

» Nous avons beaucoup plus de difficultés pour monter l'artillerie que je ne croyais; j'espère cependant que tout sera monté après-demain de bonne heure et que je passerai le Saint-Bernard avec l'avant-garde, le 16.

» Je vous prie de donner des ordres pour qu'on envoie des cordages afin qu'on puisse monter l'artillerie avec plus de célérité.

» Les transports de subsistance vont très lentement et nous n'avons ici qu'environ trente quintaux de biscuit, et nous n'avons ni fourrage, ni avoine. »

venait Lannes qu'il n'eût pas à compter sur les forces de la 28e demi-brigade d'infanterie, sauf 200 hommes à ramasser à l'hospice du Grand Saint-Bernard, l'ordre de rallier l'avant-garde étant parvenu trop tard ou mal compris, les compagnies chargées de garder le Simplon, se rassemblaient lentement à Sion, après avoir confié la surveillance du passage aux bataillons du général Béthencourt qui, préposé à la garde de la Suisse, devrait, à son tour, descendre en Italie, conduisant des détachements des 44e et 102e de bataille (1). Donc, la 28e n'irait se joindre à la division Watrin que dans la rivière d'Aoste.

Bonaparte voulait louer à Saint-Pierre une grande maison qui servirait d'hôpital; il avait pour cela envoyé M. de Cayrol, directeur du service de santé, qui put installer une sorte d'infirmerie, où les fiévreux et éclopés ne trouvèrent, pendant plusieurs jours, que des lits de paille, la chaleur d'un grand feu et du biscuit. Le matériel d'hôpital était composé de brancards et de couchettes destinées aux officiers supérieurs.

A midi, la neige tombait. Un vent violent la faisait tourbillonner autour des maisons du bourg. Les chemins en étaient bientôt recouverts et rendus presque impraticables. Un convoi de 40 voitures

(1) Le général Lechi, commandant la légion italique, qui devait surveiller le cours du Rhône depuis Martigny jusqu'à la source du fleuve, avait reçu l'ordre de ne pas dépasser Sion.

— dont 30 envoyées de Villeneuve par le premier Consul — arrivait. De la première, Gency tira 300 paires de chaussures ; mais il y avait 1500 hommes qui réclamaient des souliers. On dut, pour éviter des querelles, les tirer au sort, par compagnies, ensuite par escouades. Les 200 jarres d'eau-de-vie furent distribuées à l'instant. Une heure plus tard, les cantonnements si mornes le matin, s'animaient ; on y chantait à tue-tête.

Lannes et Watrin logeaient à l'ancien prieuré servant de cure, laissant le commandant d'armes occuper l'unique auberge tenue par le citoyen Moret. A minuit, ils recevaient de Berthier l'ordre de se porter à Proz avec tout leur monde. Le 25, à quatre heures du matin, on battait le rappel dans les cantonnements. Le ciel était clair ; le soleil d'un rouge ardent s'élevait au-dessus des pics; les soldats, heureux de partir, poussaient de longues acclamations à la vue du paysage tout blanc (1). La 6e légère se plaçait encore en tête de la division.

Le chemin du plateau de Cherreyre escaladait un raide éperon devant l'église même de Saint-Pierre. (2) Pavé en larges dalles de granit, il laissait à droite un calvaire et la tête d'un énorme rocher ; puis, il côtoyait le val, un long abîme ouvert per-

(1) Cahier d'un officier d'état-major.

(2) Depuis qu'une nouvelle route a été ouverte le long de la Dranse, les montagnards nomment le plateau de Cherreyre « La côte ». L'herbe et les broussailles ont recouvert en partie le vieux chemin.

pendiculairement, au fond duquel la Dranse roulait des eaux troubles.

Des transports d'artillerie traînés par les mulets et partis avant le jour avaient balayé la neige. Drapeaux déployés et tambours battant, les demi-brigades marchaient jusqu'au vallon de Proz, vaste cirque ayant servi, il y a deux mille ans, de camp aux Romains. La troupe y trouvait six cabanes de bergers bâties au milieu des pâturages, toutes abandonnés.

En descendant l'arête de Cherreyre, à l'entrée de Proz, on voit une partie de la grande chaîne des Alpes Pennines; et au-dessus des contreforts, la plupart aux pans tronqués, le sommet du Mont-Mort se dresse à une hauteur de 3.000 mètres. Souvent, lorsque sa base, énorme, reste enveloppée de brouillard, son cône semble revêtu de glaces.

A gauche, la masse alpestre s'allonge en onduleux rideau. Partout, des mamelons s'entassent, des pics surgissent. C'est un panorama splendide, unique, sur lequel, dans les beaux jours, la tête neigeuse du Menouve, à une altitude de 3.050 mètres, s'enflamme aux rayons du soleil.

Mais, de tous les côtés, la montagne apparaît fermée. Il faut suivre le cours de la Dranse pour trouver l'étroite ouverture du défilé.

C'était, à l'époque où les Français voulaient s'y engager, un sentier que les montagnards franchissaient seulement après la fonte des neiges, vers la mi-juin, pour conduire leurs bestiaux dans les pâtis qui s'étendent le long du torrent; de le forcer pendant l'hiver, on risquait sa vie.

Denizot, commandant d'armes à Proz, se mit à la disposition de Lannes qui, d'abord, distribua les six cabanes : la plus grande pour servir de magasin, la deuxième au quartier général, la troisième aux secrétaires de Dupont et à Denizot; les autres abriteraient les officiers des trois demi-brigades (1).

Quant aux troupes, elles allaient installer leur bivouac dans un terrain détrempé, au pied même d'un grand contrefort couvert de genévriers et de rosiers des Alpes. L'eau et le bois ne manquaient pas. Des subsistances en pain et en viande arrivaient. Les soldats songeaient que l'Italie était à quelques lieues de là. Enflammés par les discours de leurs chefs, ils rêvaient d'écraser l'ennemi, de trouver partout une abondance qui leur ferait oublier les misères subies au camp de Dijon, et de passer victorieux et couronnés de lauriers à travers le plus beau pays du monde.

A chaque instant, entre les groupes, les équipes chargées de monter l'artillerie passaient. Les canonniers encourageaient les soldats et les paysans accomplissant la plus rude tâche. Sénarmont allait d'un convoi à l'autre, se plaignait toujours de la

(1) Rapport de Denizot.

paresse des aides. On disait que plusieurs restaient en chemin, les pieds gelés ou éclopés. Tout à coup, ces hommes disparaissaient dans une gorge étroite. On entendait, longtemps encore, leurs pas et leurs jurons.

Dans l'après-midi, les compagnies reçurent les instructions de Lannes qui voulait qu'on forçât le passage le 16 mai au matin, pour attaquer, le même jour, l'ennemi échelonné, d'après le rapport d'un espion, au bord du Buttier et en avant de Saint-Rémy (1).

(1) « L'avant-garde passera le Grand Saint-Bernard dans la nuit du 25 au 26 floréal, quelles que soient les difficultés qu'on puisse rencontrer dans la montagne. La tête de colonne partira à minuit du vallon de Proz et suivra immédiatement les dernières caisses de munitions à transporter à l'hospice par les soins du général Marmont.

» On placera les hommes sur deux rangs; les officiers montés iront à pied, tirant leur cheval par la bride ou le faisant conduire. Aucun cri ou appel retentissant ne sera poussé car ils causeraient la chute des avalanches. Dans les passages difficiles à franchir, les soldats sont autorisés à s'appuyer sur leurs fusils. Nul ne sera autorisé à quitter le chemin tracé.

» Cinquante lanternes seront distribuées dans les demi-brigades pour éclairer la marche des troupes jusqu'au bâtiment de l'hospice. Le général Marescot placera des pontonniers entre les bataillons, pontonniers qui pourraient jeter des ponts sur la Dranse, si cela devenait nécessaire.

» Chaque homme emportera mille grammes de biscuit. Des paysans de Saint-Pierre et des mulets se chargeront des vivres.

» En arrivant à l'hospice, la 6e légère recevra quelques secours des religieux, dépassera l'artillerie et se portera rapidement sur les postes autrichiens. L'ennemi chassé de ses positions, la demi-brigade marchera avec toute la vitesse possible sur Aoste qu'il faudra enlever à tout prix.

» Le général commandant en chef l'avant-garde fait appel au dévouement des soldats de la République pour franchir un passage regardé par nos ennemis comme étant inaccessible. Il y a vingt siècles que les soldats carthaginois l'ont franchi pour aller combattre les légions romaines. L'Europe restera stupéfaite en apprenant que nous avons marché avec des canons et des bagages sur les traces de ces héros.

» Officiers et soldats, Français sans peur, le premier Consul a

Ainsi, on éviterait les avalanches, dont les conscrits redoutaient tout particulièrement la chute, en passant pendant la nuit. Après l'annonce de cette marche qui devait se terminer par la conquête du Piémont, les soldats chantèrent des hymnes patriotiques.

A six heures, le général Andréossi, second de Marmont, demandait à Watrin 100 hommes de bonne volonté qui pourraient monter une pièce de 8 de la division d'avant-garde et ses accessoires, jusqu'au couvent. Des grenadiers de la 40e de bataille reçurent les objets des mains des auxiliaires exténués. Ils toucheraient la prime ordinaire allouée pour chaque transport. Dirigés par un lieutenant et aidés de plusieurs canonniers, emportant armes et bagages, ils s'éloignaient au plus vite (1).

Dans la nuit tombée, le froid devenait très vif. Le ciel se couvrait. On entendait le vent mugir dans les gorges voisines. Une fine neige, balayée des sommets, aveuglait les hommes. Cette sorte de bourrasque rendit les soldats un moment inquiets.

Watrin avait rassemblé les officiers supérieurs dans la maison qu'occupait le quartier général ; il leur communiquait les dernières instructions de

mis sa confiance dans votre courage. Et n'oubliez pas, au moment de marcher à l'ennemi, que nos frères d'armes attendent dans Gênes, au milieu des plus atroces souffrances de la faim, la délivrance que vous allez leur apporter, après avoir traversé au pas de course le Piémont et la Lombardie. »

(1) Lettre du lieutenant Noiret.

Berthier, et les prévenait que le passage serait très dangereux si la tourmente continuait à sévir ; toutefois, on ne pouvait pas ajourner le départ commandé.

Un chariot traîné par 30 mulets, ayant pu franchir la pente du plateau de Cherreyre, apportait des munitions de guerre à la troupe. Aussitôt, les soldats complétèrent leur approvisionnement en cartouches ; et les bataillons reçurent des lanternes ; seulement, par une imprévoyance inexplicable, la chandelle manquait. Un officier d'artillerie promit d'en trouver avant minuit. En effet, il rentrait au camp à onze heures et demie, rapportant dix livres de chandelle du couvent des Bernardins.

A dix heures, le commandant Pavetti, adjoint à Gassendi, avait fait ranger sur le front qu'occupait la 6e légère au fond du vallon, un convoi de munitions et un matériel d'hôpital porté par 200 mulets et 128 chevaux (1).

Lannes, Watrin, Gency et Malher demandèrent des mulets. A onze heures, les tambours battirent le réveil. Des milliers d'hommes s'agitèrent autour des feux. De brefs commandements s'élevèrent. Les havresacs bouclés et les faisceaux rompus, chaque compagnie se tint prête à prendre, à son tour, le pas. Les hommes placés en file double, on porta les quatre lanternes distribuées par bataillon au bout des baïonnettes (2).

(1) Notes du citoyen Pavetti, imprimées à Milan en 1805.
(2) Ordre de marche de l'armée de réserve.

D'abord, le 2e bataillon de la 6e légère s'ébranla. La gorge de Minouée, brèche qui coupe le premier contrefort des Alpes, apparut noire aux soldats qui bientôt s'arrêtèrent, et reculèrent, en apprenant qu'une avalanche avait fait de nombreuses victimes dans la montagne (1).

(1) Rapport de Watrin.

CHAPITRE VI

PASSAGE DE L'ARTILLERIE

Marescot et Marmont à l'œuvre. — Les chemins à réparer. — Etablissement du camp de Ravère. — Les Valaisans montent le premier canon. — Chute d'une avalanche. — Panique des troupes. — Marche de la division Watrin. — Son arrivée à l'hospice du Saint-Bernard.

Marescot avait annoncé au premier Consul que l'artillerie ne passerait par le Grand Saint-Bernard qu'au prix d'extraordinaires efforts. Il savait, à la suite d'une première reconnaissance poussée dans ces lieux, que le chemin est à peu près impraticable pour tout homme chargé d'un fardeau.

Encore qu'à des heures le défilé puisse être franchi sans dangers, qu'il survienne un tourbillon de neige, fléau ordinaire de ces hauteurs, et, dans la plaine blanche, étant sans points de repère, l'homme ne peut que marcher à l'aventure ; le plus souvent, dans sa course, il rencontre un abîme. Partout, le verglas se forme rapidement et empêche d'avancer. A deux mille mètres d'altitude, l'immobilité gardée pendant dix minutes peut causer la mort, tant le froid y est vif.

Est-ce que de pareilles difficultés pouvaient arrêter Bonaparte? Non. Il entendait que ses projets reçoivent la plus rapide exécution. D'ailleurs, il voulait porter secours à Masséna avant quinze jours et il devait sauver les débris de l'armée d'Italie. Donc, Marescot ne songea plus qu'à préparer la voie à l'artillerie et aux régiments.

Il fallait commencer par réparer la route aboutissant au défilé. Le citoyen Colombini prenait la direction des travaux. Il y avait peu de chose à faire de Villeneuve à Martigny, mais une réfection entière de Martigny à Orsières où le chemin, tracé le long de la Dranse, à l'abri du soleil et du vent, était raviné, même emporté sur plusieurs points. Un tunnel se trouvait obstrué, des ponts tombaient en ruines. Seulement, on trouvait des madriers et des planches dans les bourgades. D'Orsières à Saint-Pierre, sur le plateau, les pierres manquaient pour ferrer la voie. On jeta des troncs de pins dans les ornières.

Les 217 mulets réunis à Saint-Maurice, pourvus de bâts et ferrés à crochet, servirent à transporter les vivres et les outils des travailleurs ; des auxiliaires les conduisaient. A un kilomètre d'Orsières, 200 pontonniers remplacèrent les cantonniers épuisés d'avoir travaillé sous des pluies torrentielles. Ces pontonniers achevaient la route jusqu'à Liddes où ils entraient le 22 floréal à dix heures du matin. De Liddes à Saint-Pierre, la route était bonne.

La veille, les 12 pièces (1) de canon et les deux obusiers suivis de leurs affûts-traîneaux, pièces destinées à seconder les opérations de l'avant-garde, roulaient d'Aigle à Martigny. Le 22, Sénarmont les dirigeait sur Saint-Pierre; elles arrivaient à Liddes avec des avaries.

Marmont avait déjà choisi, sur le plateau qui sépare Liddes de Saint-Pierre, un terrain assez vaste, dit enclos de Ravère, où l'on pouvait, étant à proximité du chemin, parquer les canons, ranger les voitures et faire bivouaquer les hommes chargés des différents services du passage.

Une étude approfondie des lieux lui avait indiqué que ni l'artillerie ni le parc ne pourraient franchir, sans être tirés pièce à pièce, et au moyen de cordages, et par des hommes, la pente du coteau de Charreyre; il devait donc prendre des mesures en conséquence (2).

Les 100 pontonniers logés à Liddes et les 310 hommes complétant l'effectif du bataillon de cette arme, plus 143 ouvriers d'artillerie, 500 auxiliaires militaires, 600 muletiers et les paysans pris à la solde de l'armée étaient réunis à Ravère le 22 floréal, à une heure du soir. 17 voitures arrivaient. 5 étaient chargées de cordages et de pièces de rechange pour l'artillerie. 3 portaient 200 caisses

(1) Le 19 floréal, l'artillerie de la division Watrin avait été augmentée de 4 pièces de 4 prises à la réserve.
(2) Rapport à Berthier.

vides à remplir de poudre avant de les expédier à Saint-Rémy. 2, des barils à eau-de-vie. 7, des coups de canon, de la viande fraîche et du biscuit (1).

Immédiatement, le campement fut distribué en quatre quartiers.

1° Le magasin à vivres, 2° l'atelier de démontage, 3° le parc à mulets, 4° le bivouac des paysans et des soldats. Chaque quartier était séparé par une palissade en pieux; un vaste hangar était élevé au-dessus des canons; des baraquements bas abriteraient suffisamment les hommes contre la pluie ou contre la neige. Et des chemins pavés avec des troncs d'arbres allaient de chaque quartier à la route (2).

Ce travail, pourtant considérable, était terminé le 23 à l'aube. Pendant toute la nuit, les hommes avaient travaillé aux lueurs vagues des torches et des brasiers. Marmont, Gassendi et Sénarmont donnaient l'exemple, maniant la pioche ou la hache comme de simples pionniers. Ils voulaient, le jour même, commencer les transports à travers la montagne; et Dupont, précédant l'avant-garde, les excitait, les poussait, ou les menaçait de la colère du général en chef, s'ils n'arrivaient point à exécuter, à l'heure prescrite, les ordres donnés.

Marmont avait fait prévenir, par un officier,

(1) Lettre du commissaire Geoffroy.
(2) Notes de Pavetti, déjà citées.

les religieux de l'hospice du Saint-Bernard que des détachements de troupe arriveraient à leur maison dans la journée et seraient obligés d'y demeurer en attendant le passage d'un corps considérable d'infanterie auquel ils appartenaient.

D'après les plans du général Saint-Rémy nommé le 10 ventôse (1) pour commander l'artillerie de l'armée de réserve, on pouvait charrier les canons, quelle que soit l'épaisseur de la neige ou de la couche de verglas à traverser, sur des traîneaux : sortes de caisses longues montées sur quatre roues basses et pleines ; 10 mulets, attelés en file, devaient traîner le véhicule, si raides que soient les déclivités (2).

On allait d'abord tenter un essai de ce mode de transport. Sénarmont fit charger un traîneau, lequel bien attelé suivit sans incident le chemin de Cherreyre, traversa le vallon de Proz; mais le chemin vraiment difficile ne commençait qu'au fond du vallon.

Tracé au bord d'une berge escarpée de la Dranse, gorge du nom de Minouée, il domine le torrent qui se tord et mugit dans un paysage chaotique, tantôt de quelques pieds de hauteur, ou il passe à son niveau, entre d'énormes rochers recouverts à leur base d'une couche de lichen. Dessus, la neige s'amoncelle. Souvent, les crues du torrent l'inondent sur plusieurs points.

(1) Mort depuis.
(2) Instructions de Saint-Rémy au chef d'atelier d'Auxonne.

Les mulets, effrayés dans la sombre gorge, regimbèrent ; fouettés, ils tirèrent d'à-coup, brisèrent le traîneau et la pièce roula vers l'abîme. Des bras vigoureux l'arrêtèrent à l'anfractuosité d'un roc ; et il fallut les forces réunies de 30 hommes pour remonter le canon au milieu du chemin.

Donc, les traîneaux et affûts-traîneaux qui avaient coûté si cher, ne pouvaient être utilisés. Marmont éprouvait le plus grand embarras, quand Gassendi lui amena un paysan.

« Messieurs les capitaines, vos voitures n'iront pas plus loin que Proz, car, au delà, le chemin est trop raboteux (1). J'ai ouï dire au temps de ma prime-jeunesse, à un vieux caporal qui avait fait longtemps la guerre d'Italie, que pour passer du canon dans la montagne, il fallait d'abord tout démonter. Ensuite, on prend un tronc de gros sapin de sept pieds de long, on l'arrondit aux deux bouts pour qu'il ne pique pas en terre ; on creuse dedans afin de loger la pièce ; un piquet de fer permet de fixer des cordages. Sur ces cordages, on attelle des hommes ou des mulets ; et ça va tout seul, paraît-il. »

C'était, en effet, un moyen pratique. Aussitôt, Marmont donna l'ordre d'abattre près du chemin de Cherreyre des sapins qui, élagués furent traînés à Ravère par des bêtes de somme. Les auxiliaires

(1) Notes de Pavetti, confirmées par un rapport déposé à la Chambre de commerce de Sion.

s'employèrent de suite à scier les troncs, à les tourner et à les creuser.

On numérota à l'ocre les pièces qui composaient les diverses parties d'une bouche à feu. Ainsi, les ouvriers éviteraient des tâtonnements au moment du remontage. Chaque canon partirait encastré dans un pin et l'affût serré entre deux planches ayant six pouces d'épaisseur. L'écouvillon, les vis et accessoires pouvaient entrer dans un seul tronc. Les roues seraient transportées à dos de mulet ou bien à bras d'hommes (1).

Et, pendant que les ouvriers accomplissaient de rudes besognes, Marescot à la tête de 100 pontonniers, s'avançait dans le défilé, détruisait les obstacles, comblait les fondrières, tentait de jalonner le chemin pour que personne ne s'égarât, au moins pendant le jour. Une avalanche faillit écraser sa compagnie qui rétrograda ; bientôt, une tempête de neige devait niveler les creux du vallon, forcer les travailleurs à reculer, malgré leur désir d'ouvrir à l'armée une voie jusqu'à l'hospice.

Le payeur de l'armée accordait 600 francs pour le transport d'une pièce de 4, du camp de Ravère à l'hospice du Saint-Bernard (2). Sénarmont disait que les troupes traîneraient facilement leurs canons dans la descente du Piémont ; d'ailleurs, on ne pouvait encore

(1) Instructions de Gassendi.
(2) Marché soumis à la Chambre de commerce ou administrative de Sion.

les traîner à Saint-Rémy occupé par les Sardes.

Cette prime engagea les Valaisans à s'atteler aux pièces, bien qu'ils connussent la rude pente à gravir. Ils se disputèrent la charge du premier convoi et se placèrent : 60 hommes sur le bronze, 20 sur l'affût, 30 sur les accessoires et 10 sur chaque roue portée à l'aide d'un long bâton. Grâce à un levier de direction courbe placé dans la bouche de la pièce, et tenu par un canonnier, on éviterait les dégradations.

Ce convoi, hâtivement formé, quittait Ravère le 23, avant midi. Placé sous la surveillance d'un officier, il était suivi par deux mulets chargés d'outils propres à faire, au besoin, des réparations en route. Tout alla bien et vite jusqu'à la gorge de Minouée. Dans la gorge, deux pieds d'une neige tombée depuis peu couvrait le chemin. Il fallut que les Valaisans donnassent toutes leurs forces, s'avançassent lentement, perdant souvent pied et recevant au visage des rafales d'une grande violence.

Un guide de Saint-Pierre les précédait, sondait à chaque pas l'épaisseur de la couche de neige avec la pointe d'un bâton ferré. Hors la gorge, il s'orientait de son mieux, évitait les précipices et chantait pour encourager ses compagnons. Eux, lassés, parlèrent une fois de revenir sur leurs pas. L'officier dut les supplier de monter le canon au point indiqué; ils le firent, au prix des plus grands efforts.

L'ascension dura neuf heures. Les soldats de la

28e, hébergés à l'hospice, rangèrent pièce et matériel sur le sentier de Saint-Rémy (1), au delà du lac qui surgit dans la gorge.

Cinq autres pièces passèrent dans la nuit.

Le canon resté en détresse à l'entrée de la gorge de Minouée était ramené à Proz, confié aux auxiliaires de l'artillerie qui reçurent pour le traîner, la même indemnité que les paysans.

Quant à ceux-ci, fatigués et démoralisés, ils désertèrent le 24, le soir. Dix avaient les mains gelées et le visage tuméfié, tant le froid sévissait encore rigoureux au sommet de la montagne. En regagnant leurs villages, ces hommes répandirent le bruit que les Français voulaient les envoyer à une mort certaine pour éviter de payer leurs travaux; et cette calomnie, qui fut au loin répandue, nous aliéna nombre de gens disposés à nous servir (2).

Voilà que Marmont se trouvait réduit à la seule force de ses soldats pour passer l'artillerie. Il tentait, tout de suite, d'attirer les Suisses domiciliés aux environs; il portait la prime du transport d'un canon à 800 francs. L'annonce de cet avantageux marché ne lui donna pas un homme; il connut enfin les craintes qui les arrêtaient et se résigna à agir par ses propres moyens.

Les câbles allaient manquer. Une équipe d'ouvriers se rendit à Orsières; là, elle mit une corderie

(1) Rapport de Pernetty.
(2) Notes de Pavetti.

au pillage, faute d'avoir rencontré le propriétaire. Et Lannes, arrivé à Saint-Pierre, pressait le commandant de l'artillerie de faire partir avant que la division Watrin ne s'engageât dans le col, les canons, les caissons et les munitions destinés à cette troupe.

Il restait à monter : 3 pièces de 4, 2 pièces de 8, 12 caissons, 13 affûts-traîneaux qui seraient plus loin utilisés, 300 coups de canon, 50 caisses de biscuit et 30.000 catouches d'infanterie.

Dans la nuit du 24 au 25, 2 fourgons chargés de viande et d'eau-de-vie arrivaient à Liddes. Ces vivres étaient destinés à l'approvisionnement de la cavalerie Rivaud qui allait suivre l'avant-garde, à une journée de marche. Gassendi s'en empara, malgré les résistances d'un commis et les distribua aux ouvriers et aux auxiliaires du camp qui, par suite des négligences du commissaire Geoffroy, étaient privés de tout depuis 24 heures. Les 80 pintes d'eau-de-vie ranimèrent les courages émoussés ; et, au point du jour, le 25, les canons encastrés, les caissons démontés, les roues des 3 pièces de 4 et les coups de canon chargés sur 100 mulets, 300 auxiliaires conduisaient le convoi, long de deux mille mètres, vers sa destination. A moitié route de l'hospice, le chemin était recouvert de verglas. Les hommes glissaient, tombaient à chaque pas et se blessaient grièvement ; les mulets ne pouvaient plus avancer. Marescot se porta avec un gros renfort au secours de cette troupe restée en détresse.

Les mulets placés en réserve à Ravère étaient employés, à une heure, sous la conduite de 250 hommes, au transport d'une pièce de 8, des deux obusiers et de 7 caissons supplémentaires. Marescot avait utilisé les traîneaux pour charrier des cendres dans le défilé; une légère couche de cette poussière rendait le chemin praticable.

Un troisième convoi, chargé de moules à balle et de plomb monta sans peine.

Marmont n'avait plus à son cantonnement qu'une pièce de 8, le biscuit et les cartouches d'infanterie. Il divisa sa troupe en deux groupes. Une compagnie de pontonniers précéderait l'avant-garde. 175 ouvriers d'artillerie et auxiliaires, chargés de remonter les canons, les caissons et de réparer les traîneaux à Saint-Rémy ou à Etroubles, partirent sans charges, suivis par 200 auxiliaires qui allaient traîner la dernière pièce de 8 (1). Andréossi arrêta les auxiliaires au milieu du chemin de Cherreyre. Les trouvant trop fatigués pour accomplir une si rude tâche, il les fit remplacer par des grenadiers de la 40e.

Ces grenadiers voulaient se distinguer aux yeux de leurs camarades. Dix canonniers les précédaient. Deux chevaux portaient, à la gauche, les roues de la pièce. A l'entrée de la gorge de Minouée, quelques soldats s'effrayaient à la vue des précipices ouverts à leur droite, mais leurs camarades les poussaient.

La première halte eut lieu près d'un bâtiment

(1) Rapport de Marmont.

couvert en pierre plates : une morgue. La bise soufflait aiguë quand la nuit allait tomber.

Des jeunes soldats, pris de peur, au pied des grands entassements, restaient muets. Un convoi de mulets qui descendait les croisa.

De nouveau, l'équipe montante parut glisser sur la voie bien tracée. Les hommes attelés commençaient à se plaindre. Plusieurs demandaient à chaque instant si l'on approchait de l'hospice. Ils s'arrêtaient tous les cent pas, cherchant à voir, dans la profondeur du défilé, la lumière qui signale une habitation. Leur vue se trouvait bornée aux pans de rocs qui, parfois, semblaient fermer le passage, qu'il fallait tourner en se rapprochant du torrent; ils se juraient bien de ne plus entreprendre un pareil travail. L'officier les encourageait; les canonniers prenaient une part de la charge, souvent.

Au pied d'un grand contrefort, le câble fixé sur l'encadrement de la pièce se rompit; il fallut un quart d'heure pour le réparer. Chacun se sentait transi. Enfin, les grenadiers reprenaient leur place et l'officier commandait : « En avant ! » Les hommes répétaient l'ordre donné très haut, sans doute par dépit d'être forcés à marcher.

A ces voix au loin répétées, un grand bruit répondit aussitôt. Les soldats crurent à l'effondrement de quelques aiguilles dans un glacier; ils s'arrêtèrent de nouveau, dominés par la crainte; et, en levant les yeux, ils virent, aux clartés des étoiles, une masse blanche, énorme, qui descendait la pente d'un raide mamelon, franchissant les coupures et brisant les arêtes de pierre.

L'avalanche, détachée d'un sommet par les cris qu'avaient poussé les grenadiers, se trouvait sur leurs têtes avant qu'ils pussent se rendre compte du danger. Le lieutenant cria : « Sauve qui peut ! » Aussitôt, tous les hommes abandonnant le câble poussèrent droit devant eux, et au pas de course. Néanmoins, les derniers se trouvèrent soudainement enveloppés d'une ouate blanche et lourde. Vingt-cinq roulèrent, se relevèrent à quelques mètres, pendant que la masse de neige allait s'écrouler dans le lit de la Dranse (1). Les hommes sauvés, par miracle, s'enfuirent vers le couvent.

Cependant, trois canonniers placés autour de la pièce de 8 et un cheval qui les suivait gisaient sous quarante pieds de neige. Le deuxième cheval tourna bride, galopa à travers le vallon et se perdit au fond du torrent.

Le lieutenant Noiret appelait en vain les grenadiers au secours des hommes ensevelis. Il ne pouvait, de ses mains, et sans outils, dégager les malheureux. Le canon avait été emporté avec les soldats. Seuls, les accessoires restaient abandonnés. L'officier prit la peine de les ranger et descendit à Proz, rapidement, afin de faire prévenir Watrin de ce qui venait de se passer. Avant d'atteindre Minouée, une

(1) Lettre de Noiret à Marmont.

chute de neige le surprit, le désorienta. Marchant au hasard, il reconnut son chemin au milieu de la gorge, point où des mulets chargés de biscuit, de sacs à poudre et de pièces de rechange pour l'artillerie, piétinaient sur place. Et plus loin, les soldats de la 6e légère refusaient d'avancer.

Déjà, des traînards ayant suivi les grenadiers de loin et rebroussé chemin, avaient répandu la nouvelle que les conducteurs du convoi étaient tous écrasés. Cette nouvelle causait dans les lignes un grand désarroi. A tous les hommes, le défilé apparaissait aussitôt comme un gouffre où ils devaient périr. L'instinct de la conservation les clouait au sol ; la plupart y voulaient rester l'arme au pied, jusqu'au jour.

Et, pour aggraver cette pénible situation, un ouragan de neige fondit sur les régiments. Les pontonniers quittèrent la tête de la colonne, allant chercher un abri dans le vallon ; ils créèrent le désordre. Les muletiers voulurent les suivre.

Lannes, qui assumait la responsabilité de conduire les troupes à Saint-Rémy, sans retard, s'ouvrit un chemin à travers les rangs de la 6e légère ; il ordonna d'arrêter les traînards ayant semé la panique. Le lieutenant Noiret survint et l'informa.

Les tambours battirent, appelant les officiers à l'ordre. Comme le vent s'apaisait, quand le ciel apparaissait bleu, les soldats, enfin calmés, apprenaient qu'une imprudence des grenadiers coûtait quelques hommes ; mais tout danger avait disparu. Les compagnies reprenaient leurs places un moment abandonnées. Lannes faisait avancer son mulet à la tête de la colonne ; ses officiers d'ordonnance devaient le suivre à pied. Watrin et les autres généraux grossissaient le groupe de l'état-major.

Marescot plaçait 200 pontonniers devant les mulets chargés. Les musiques jouèrent dans la gorge où les avalanches n'étaient point à redouter ; et la colonne noire, tordue aux zigzags du chemin, s'avança rapidement. Hors la gorge, les pontonniers ouvraient la route, à coups de pelle. Devant eux, des guides de Saint-Pierre sondaient et indiquaient la voie.

On escaladait à chaque instant des ressauts de terrain, on contournait des rochers, on marchait parfois dans l'eau. Tout le monde se taisait. Si un mulet mal sanglé perdait sa charge, elle restait abandonnée ; les pas des hommes et des chevaux résonnaient au loin ; à mesure que la troupe s'avançait, l'épaisseur de la neige augmentait et les guides ralentissaient.

On fit la première halte au bout d'une heure de marche. Le mulet de Lannes se trouvait au pied d'un grêle sureau, sans feuilles, dernier spécimen de la végétation à cette altitude. L'arbrisseau était à gauche du chemin ; à droite, une bâtisse s'élevait. Le lieutenant-général questionna.

— C'est une petite morgue lui répondit son muletier (1).

— Je veux la visiter.

Six hommes lui ouvrirent un passage à travers le vallon dont la neige avait comblé les profondeurs.

La morgue, que les religieux de Saint-Bernard, pitoyables envers toute dépouille humaine abandonnée, ont élevée au bord d'un plateau, se compose de quatre murs très épais supportant un toit de pierres plates. On dépose dans ce lieu les cadavres trouvés au long du défilé quand les neiges sont entièrement fondues. Une porte solide en défend l'accès aux fauves.

Plusieurs officiers généraux accompagnaient le chef de l'avant-garde. On brisa les glaces qui obstruaient l'entrée de cette crypte où les Français pénétrèrent à la file. Les feux d'une lanterne éclairèrent les parois brillantes.

Au milieu du tombeau glacé, sur des dalles de granit, deux rangées de cadavres étaient couchées, cadavres seulement ensevelis dans leurs vêtements, tous raidis par le froid, et hideux ; hommes et femmes pêle-mêle. Sur douze, trois n'étaient plus que des squelettes aux os maintenus entre les fils des loques sordides; une femme goîtreuse avait gardé la grimace du trépas; les autres faces tuméfiées accusaient des morts tragiques ; et leurs yeux vitreux fixaient le vide. Les costumes de onze indiquaient

(1) Papiers de la cure de Saint-Pierre.

des gens de basse condition ; le douzième était vêtu d'une tunique de drap bleu restée boutonnée, d'un pantalon de laine et chaussé de bottes molles. C'était quelque touriste imprudent, voyageant seul, et tombé de congestion au milieu du passage (1).

L'âcre odeur qui se dégageait du sépulcre en chassa les visiteurs. Lannes, un homme pourtant habitué au spectacle des champs de bataille, se retira profondément ému ; il donna bientôt aux régiments le signal du départ.

A mesure que la troupe s'avançait dans le défilé, lentement, sur la pente, l'intensité du froid augmentait. Des glaces craquaient sous les pas. Les pontonniers s'engageaient, tantôt dans une sorte de boyau, tantôt au milieu d'une vaste plaine. Les feux des lanternes roulaient en lueurs fauves dans l'étendue du paysage tout blanc ; on passait des ponts sans parapets ; les conscrits étaient tout yeux et redoutaient surtout la chute d'une avalanche ; les soldats sans souliers de la 6e légère souffraient horriblement ; l'enveloppe de toile protégeant leurs pieds prenait eau à chaque pas ; et la glace se formait vite aux extrémités ; ils avaient la sensation de traîner des pierres (2). Aucun ne poussa une plainte.

6.000 hommes, 215 mulets et 200 chevaux formaient une file longue de cinq kilomètres.

(1) Cahier d'un officier d'état-major.
(2) Lettre de Watrin.

Une compagnie de la 6e légère prit charge de traîner les accessoires de la pièce de 8 abandonnés à l'endroit où l'avalanche avait surpris les canonniers. Lannes ordonna qu'une escouade de pontonniers descendrait le 26 de l'hospice pour rechercher les cadavres.

La seconde halte de l'avant-garde eut lieu au fond d'un ravin.

Dans ce lieu, la Dranse du col de Barasson réunit ses eaux à celles de la Dranse du Saint-Bernard.

L'aube parut et les soldats se voyaient hors de danger. Lentement, les puissantes assises du Mont-Mort se découvrirent, assises qui font face aux épais rochers couronnant la Chenalette. Chacun aperçut le point culminant du passage, entre des décors blancs ou cerclés de glace.

Le chemin de l'hospice une fois déblayé par les pontonniers, les tambours battirent, éveillant les échos d'alentour. A l'instant s'élevèrent les cris mille fois répétés de : « Vive Bonaparte ! Vive la République ! » Et, à quatre heures et demie, les légions du nouveau César escaladaient au pas de charge la rude pente du sentier qui reliait le fond du ravin à l'hospice du Grand Saint-Bernard (1).

(1) La division Watrin avait marché si vite que les montagnards en restèrent longtemps étonnés.

CHAPITRE VII

A L'HOSPICE DU SAINT-BERNARD

Les hospitaliers du Saint-Bernard. — Secours accordés aux troupes françaises. — L'assaut des Autrichiens. — La 6e légère descend en Italie. — Passage de Bonaparte et des divisions. — L'hospice gardé par les milices helvétiques.

Au xe siècle, Bernard de Menthon, prébendé de la cathédrale d'Aoste, philanthrope déjà célèbre en Italie et en Suisse, informé que nombre de voyageurs périssaient dans la traversée de la montagne, décida d'élever un refuge au point culminant du Mont-Jovis.

L'édifice fut bâti près d'un petit lac d'où sort le Buttier, un affluent de la Doire, lac creusé dans la gorge, entre la Chenalette et le Mont-Mort, lequel marque sur ce point la ligne de partage des eaux, car la Dranse, qui prend naissance non loin de là, descend le roide versant Suisse, franchit la porte de Minouée et arrose une partie du Valais avant d'aller grossir le Rhône.

Autrefois, le lieu avait été habité. Il y restait, à la fondation du couvent, un temple jadis dédié à Jupiter, œuvre d'architectes romains ou carthaginois qui, obéissant aux ordres d'un proconsul ou d'un suffète, avaient voulu laisser en cet endroit une trace de leur passage au sommet des Alpes (1).

En 968, vingt moines préparés par un rude noviciat à remplir le pénible métier de guide et d'infirmier, occupaient l'habitation permanente la plus élevée qu'on trouve dans les Alpes, à 2.472 mètres d'altitude; et, grâce à leur vigilance, les victimes que les avalanches et le froid faisaient ordinairement dans le sentier reliant le pays d'Aoste au Valais, devinrent moins nombreuses.

Bernard de Menthon mourut en 1007. Des vandales pillèrent plusieurs fois l'asile. Le pape Léon IX visita le couvent. Deux fois (1160 et 1166), Barberousse fit franchir le Saint-Bernard aux troupes lorraines restées fidèles à sa cause et qui devaient châtier les Milanais révoltés contre le pouvoir de l'empereur. Le 25 septembre 1555, un incendie réduisit la maison en cendres. Sa reconstruction dura deux ans.

Le nouvel hospice avait la forme d'un rectangle. Fait d'épaisses murailles, il était d'un étage, les murs du rez-de-chaussée percés d'étroites fenêtres, le toit d'une pente raide. La porte principale, surmontée d'une imposte, s'ouvrait au bout d'un perron de huit marches. Dans le corridor dallé, on trouvait à droite des cuisines assez vastes. Un second couloir, coupant le corridor, séparait l'habitation

(1) Manuscrits de l'hospice.

en deux parties égales. Ce couloir conduisait à l'appartement réservé aux guides, aux chambres des pauvres et à la chapelle.

A l'entrée du premier corridor, on remarquait, montant à gauche, un large escalier qui aboutissait à la salle d'attente carrée meublée d'une horloge et d'un bahut peint. Au fond était suspendue la cloche qu'on ébranlait pour annoncer l'arrivée des voyageurs. Le réfectoire s'ouvrait à droite ; là, cent convives pouvaient prendre place autour de la table en forme de fer à cheval.

Au premier étage, les appartements des religieux étaient séparés par une grille des chambres qu'occupaient les voyageurs. ; il y avait huit chambres à cinq lits. On remarquait encore : la bibliothèque, les archives et le musée enrichi de rares médailles.

La chapelle, construite en 1680, faisant corps avec l'hospice, se partageait en deux parties de longueur à peu près égales et carrées : la nef et le chœur. Plusieurs petites chapelles en forme d'alcôve étaient élevées de chaque côté de la nef, ces alcôves fournies par les espaces laissés libres entre les piliers qui servent de point d'appui à la voûte de l'église ; et chaque chapelle avait pour toiture une voûte dont l'axe faisait angle droit avec l'angle de la voûte principale. La première à gauche couvrait l'autel en bois sculpté dédié à saint Joseph. En face, l'autel en marbre de saint Triphon. Plus loin, l'autel de saint Bernard, tout en marbre et à colonnes torses ; puis l'autel de saint Augustin; et d'autres. Une élégante balustrade séparait la nef du chœur où l'on remarquait des stalles d'un beau travail, un maître-autel au riche tabernacle et une lampe en argent travaillé à repoussoir, véritable joyau artistique. La décoration murale consistait en peintures des scènes du Nouveau-Testament (1).

Le bâtiment ayant la forme d'un pavillon, dit hôtel Saint-Louis, élevé au pied de la Chenalette en 1780, servait de magasin aux chanoines. Au nord-est du bâtiment principal, une petite chapelle ou morgue recevait les morts trouvés dans le défilé.

Cette communauté est administrée par un prévôt, un prieur et un clavendier. Le prévôt, domicilié à la maison dite de retraite de Martigny, porte la mitre, la crosse et l'anneau pastoral. Un procureur ou secrétaire lui donne aide dans ses délicates et multiples fonctions. Le prieur dirige les travaux des dix ou quinze chanoines employés à l'hospice, dans la montagne ; il exerce un pouvoir plutôt paternel sur eux. Le clavendier, chargé de l'administration, ordonne aux domestiques employés au service de la maison ; il reçoit les voyageurs, porte des secours, sans oublier pourtant l'exécution de ses devoirs de prêtre. Un serviteur, le *maronnier*, a charge d'explorer tous

(1) Description communiquée par le prieur des Bernardins.

les jours, quel que soit le temps, les sentiers et les passages tracés tant du côté de la Suisse que du côté d'Italie. Un chien lui sert de guide.

La gravure et les légendes ont immortalisé le chien du mont Saint-Bernard qui a la taille du terre-neuve; mais il est plus large de dos; partant, plus fort; sa robe de couleur blanche parsemée de taches rousses ou noires autant sur le flanc qu'à l'arrière-train; la tête, très développée, présente une mâchoire bien armée, des lèvres épaisses et légèrement pendantes; les yeux sont doux, pourtant pleins de feu; les oreilles fortes et longues; les pattes, grosses, ont de larges doigts, ce qui les empêche d'enfoncer dans la neige. Ils marchent avec grâce, la queue relevée; ils sollicitent la caresse de l'étranger dès qu'il l'ont abordé. Cinq ou six restent à l'hospice. Par leur admirable instinct, ils se dirigent, sans hésiter jamais, entre les abîmes. Où ils passent, on peut marcher sans crainte. Envoyés seuls à la découverte, quand les plus terribles ouragans sont déchaînés, leurs aboiements plaintifs et répétés annoncent la présence des voyageurs perdus ou ensevelis.

Bonaparte n'avait choisi, pour déboucher en Italie, sur les derrières de Mélas qui le croyait occupé à frapper ses ennemis politiques, le dangereux passage du Mont-Joux, qu'après avoir reçu l'assurance qu'il aurait, au sommet de la montagne, l'aide des Bernardins car une admiration sans bornes les mettait à son service.

D'ailleurs, depuis 1798, l'hospice servait de garnison aux Français. Le 13 mai 1799, quand Souvarow s'avançait vers Alexandrie que Gardanne allait défendre dans un siège héroïque, 180 hommes de la 28e demi-brigade prenaient possession de l'hôtel Saint-Louis ; et les 30 artilleurs qui les accompagnaient plaçaient deux pièces de petit calibre en batterie devant les ruines du temple de Jupiter (1). Ces canons enfileraient de leurs feux la première partie du val dans lequel roule le Buttier, si l'ennemi se présentait de ce côté.

Après notre défection dans le Piémont, les Austro-Sardes commandés par le prince de Rohan s'avancèrent jusqu'à Saint-Rémy et s'y cantonnèrent en apprenant que les républicains gardaient le défilé.

L'hiver s'écoula sans qu'aucun des partis songeât à attaquer. Mais le 22 germinal an VIII, (12 avril), les glaces étant à peine fondues, la petite garnison fut avertie que de Mélas avait donné l'ordre au général Haddick, qui venait de prendre le commandement des troupes impériales échelonnées le long de la vallée d'Aoste, d'occuper le défilé, coûte que coûte.

La neige, encore épaisse, opposait un sérieux obstacle à la marche de l'ennemi, qui, s'étant

(1) Archives du Saint-Bernard.

avancé imprudemment, à découvert, fut arrêté par des décharges de mitraille et par le feu roulant des soldats bien postés. La colonne assaillante, brisée, dut rétrograder au plus vite, et le soir (13 avril), le lieutenant-général Haddick écrivait d'Etroubles à son chef « qu'il s'était heurté à plusieurs bataillons de républicains secondés par une batterie de 12 pièces (1). »

Et les sentinelles de la 28e durent, les jours suivants, déjouer les ruses des espions.

Le général Marescot, chargé d'une reconnaissance, annonça à M. Murith, le prieur de l'hospice, qu'une seule division de l'armée française franchirait le col ; il ignorait, le 3 mai, les projets que le premier Consul dévoilerait au dernier moment. Or, le prieur qui avait déjà reçu des instructions du prévôt, prit tout de suite l'engagement d'aider les soldats, de sacrifier à leur bien-être une partie des ressources dont la communauté disposait. Il fit compter les réserves emmagasinées dans la cave et préparer des appartements pour les généraux (2).

Le 10 mai, un courrier de Berthier prévenait M. Murith, que, par suite d'un changement de front, l'armée de réserve passerait le Saint-Bernard ; puis, le 13, Marmont annonçait l'arrivée de l'artillerie d'avant-garde. Elle arrivait le soir, traînée par les paysans harassés qui, mécontents, répan-

(1) *Gazette militaire de Vienne.*
(2) Archives des Bernardins.

daient la nouvelle que cent mille républicains allaient dévaster la Suisse et l'Italie (1).

Le colonel autrichien, commandant le poste de Saint-Rémy, ignorait tous les mouvements des Français, car aucun des nombreux espions envoyés en reconnaissance n'avait pu franchir les passages conduisant dans le Valais, défilés ou sentiers vigilamment gardés.

Le 15, à dix heures du soir, les grenadiers de la 40e de bataille, ayant échappé à l'avalanche, se précipitèrent dans l'hospice, semant l'alarme, demandant des secours. Les chanoines pansèrent les blessés ; et les hommes encore effrayés durent se coucher le long des corridors, sur la paille.

Dehors, les artilleurs résistaient avec le plus grand courage aux intempéries, lorsque la neige tourbillonnait sans cesse, quand le froid les glaçait ; ils s'occupaient à déblayer le matériel à chaque instant enseveli ; et les officiers restaient debout ou travaillaient au milieu de leurs hommes.

Le 26 floréal, à l'aube, le père Bérenfaller, se dirigeant vers Saint-Pierre, précédé de deux chiens, entendit des cliquetis d'armes. Il aperçut la tête d'une colonne d'infanterie arrêtée au fond du premier ravin. Et la fourmilière s'agita, monta au bruit des fanfares.

Au bord du plateau qui précède le champ ser-

(1) Rapport de Gassendi à Berthier.

vant de cour à l'hospice, les pontonniers et les mulets chargés de matériel obliquèrent à droite, laissant passer la 6e légère, qui, aussitôt, doubla ses files et fraternisa avec les soldats de la 28e accourus à sa rencontre.

Lannes et Watrin se tinrent au milieu des religieux empressés à servir à la troupe du pain, du fromage et du vin blanc ; les chanoines donnèrent des souliers à de pauvres diables dont les pieds saignaient, et des bandes de toile aux éclopés. Bientôt, la 6e légère se portait en avant. Une demi-compagnie de la 28e éclairait sa marche. 4 pièces de 4 et 2 caissons portant 50 coups de canon, objets traînés à bras, devaient suivre, la colonne l'attaque.

A la hauteur du temple de Jupiter, chaque homme vérifia l'amorce de son fusil, avant de s'élancer, à son rang, dans le val du Buttier. Là, des coups de feu retentirent. Un bataillon de républicains marcha au pas de charge jusqu'à Saint-Rémy, en poussant devant lui l'ennemi surpris de cette brusque attaque (1).

Dans le val, la déclivité du terrain était si raide que le poids des canons entraînait les hommes et les mulets attelés au dernier moment et chargés de les retenir. Des câbles pourtant solides se brisèrent. Une pièce roula au fond du torrent ; on la retira au prix des plus grands efforts.

A son tour, Lannes s'avança, mais à pied, au

(1) Rapport de Lannes.

milieu de son état-major ; il dépassa les équipages, arriva promptement au bas de la montagne, quand déjà la 6e légère courait sur la route d'Aoste.

Les religieux virent s'écouler, en moins d'une heure : l'artillerie de la division Watrin, les mulets, les 22e et 40e de bataille. La garnison qui leur restait se composait de 80 hommes d'infanterie et de quelques auxiliaires ; et, les jours suivants, c'était, à leur porte, un défilé presque continuel de cavalerie et d'infanterie, de matériel. Ils faisaient, sur seize grandes tables placées devant l'hôtel Saint-Louis, le service des vivres. Au pied de la Chenalette, pour réchauffer soldats et auxiliaires, les feux de bois ne s'éteignaient pas. On voyait des hommes transis quitter leur place dans le rang pour chercher la chaleur. Des hommes grièvement blessés furent soignés dans la maison hospitalière. Elle servit d'abri à plusieurs bataillons forcés de suspendre leur marche pendant la nuit quand passait un ouragan de neige (1).

Bonaparte traversa la montagne avant que ne fût terminé le passage des troupes. Le regard du capitaine autoritaire, au visage sombre et à la voix rude, pesait aux cénobites. Bien qu'il s'employât à montrer des prévenances envers eux, chacune de ses paroles semblait être un ordre. Il parla, plusieurs fois, de sa profonde reconnaissance envers les chanoines et il s'éloigna tout pensif.

(1) Lettre de Victor.

Quand les cinquante mille hommes de l'armée française eurent défilé, les Bernardins restèrent sous la garde d'une compagnie de la milice helvétique, troupe levée spécialement pour surveiller les passages, assurer le service des hôpitaux et conduire les prisonniers autrichiens.

Le prix des fournitures faites aux républicains, vin, fromage et chandelle, s'élevait à la somme de 18.960 fr. 95 ; elle ne fut payée à l'hospice qu'en 1802, après plusieurs réclamations. *(d)*

CHAPITRE VIII

PREMIERS COMBATS

Rivaud marche à la tête de la cavalerie d'avant-garde. — Les vivres manquent. — Pillage de Saint-Pierre. — Le bivouac à Cherreyre. — Les divisions d'infanterie en marche. — Combats d'Etroubles et d'Aoste. — La division Chabran rejoint celle de Watrin. — Ordre d'attaquer le fort de Bard. — Victoire de Chatillon.

La brigade Rivaud (12e régiment de hussards et 21e de chasseurs) formait la seconde ligne destinée à appuyer sur la Doire (Dorée Baltée en italien) les opérations de la division Watrin. A cause de son indiscipline, elle avait été immobilisée un moment; mais les soldats, ayant enfin protesté de leur dévouement à Bonaparte et à la République, Berthier la faisait mettre en mouvement le 25 floréal ; et, sévère envers cette troupe, il ordonnait qu'elle eût à franchir, d'une seule étape, la distance qui sépare Aigle de Liddes (1).

Or, elle se trouvait dans les plus mauvaises conditions. Par la faute du commissaire des subsistances, les cavaliers n'avaient reçu, depuis deux jours, qu'une demi-ration de biscuit ; les chevaux

(1) Ordres de marche de l'armée de réserve.

se contentaient de paille moisie, quand il y avait de l'abondance à Villeneuve.

Une pluie torrentielle mouilla les escadrons dès le départ; ils s'avancèrent lentement sur un chemin que les roues des caissons trop chargés achevaient de défoncer; dans Martigny-bourg, Sembrancher et Orsières, ils trouvèrent les portes closes. Une voix s'éleva : « Qu'on nous donne au moins un village à piller. » Le chef de brigade Fournier s'employa à calmer les mécontents (1).

A Liddes, les hommes devaient trouver des vivres expédiés la veille. Par les soins du commissaire Geoffroy, Rivaud était prévenu ; mais à quelques recherches qu'il se livrât, le général ne put découvrir les voitures chargées de viande et d'eau-de-vie. Le syndic de Liddes ne pouvait donner le moindre secours à la brigade. Le colonel des chasseurs apprenait, en questionnant des pontonniers, que les auxiliaires réunis au camp avaient fait, la nuit précédente, une véritable orgie.

Rivaud se rendit auprès de Gassendi qui, pressé de questions, avoua le vol ; il en acceptait, d'ailleurs, toutes les responsabilités ; Rivaud dut tromper ses hommes las et affamés, pour éviter une mutinerie.

« Les charretiers, déclara-t-il, ont par erreur conduit nos subsistances jusqu'à Proz, où elles ont été distribuées à l'infanterie qui partira dans la

(1) Rapport de Rivaud à Berthier.

nuit. Ce soir, à cinq heures, il nous arrivera des vivres. Je vous demande de patienter un peu (1). »

Il était midi. Le général porta sa brigade à Saint-Pierre. Elle occupa les rues, les chevaux mis au piquet, les chasseurs à l'entrée, les hussards groupés autour de l'église, chacun élevant la voix pour se plaindre des privations imposées, tandis que Rivaud allait conférer avec Lannes, choisir le point où la cavalerie rejoindrait l'avant-garde dans le Piémont.

Devant les maisons ouvertes, les soldats disaient que, pendant les guerres de la Révolution, à l'étranger ou en Vendée, lorsque les subsistances manquaient, le chef livrait un bourg; on pillait à satiété, on brûlait quelquefois pour se divertir; il fallait renouveler le procédé chez les Valaisans qui nous détestaient et nous refusaient tout secours.

En entendant ces propos, les montagnards s'effrayèrent, barricadèrent leurs portes.

A quatre heures, une foule se trouvait rassemblée à l'entrée de Saint-Pierre. Elle attendait que parût le convoi promis. Chasseurs et hussards continuaient à se plaindre, imposant silence aux officiers qui leur recommandaient, avec tous les ménagements possibles, le calme et la patience. Et leur indignation redoubla lorsqu'ils apprirent, d'un munitionnaire de passage, que le premier charge-

(1) Rapport de Rivaud à Berthier.

ment de biscuit destiné à l'avant-garde ne partirait de Villeneuve que le lendemain.

Aucune force ni aucune considération ne pouvaient, dès ce moment, arrêter leur désir de piller.

Ils se trouvent soudain armés d'instruments aratoires et de pierres; les sapeurs se mettent à brandir des haches; les portes sont partout enfoncées; les habitants supplient à genoux qu'on respecte au moins leur vie; mais nul ne songe à leur faire de mal; on les oblige seulement à découvrir leurs cachettes. Ces cachettes renfermaient des provisions. Une fois rassasiés, les soldats portèrent du pain et du fromage aux officiers; ceux-ci acceptèrent sans façon.

M. Max, syndic de Saint-Pierre, épouvanté, songeant aux dommages que tous ces furieux allaient causer chez ses administrés, tenta d'arrêter les groupes qui descendaient les ruelles en criant : « Du pain ou la mort! » Sa voix fut couverte par des huées; on le bouscula; on le traîta d'affameur, d'agent de Pitt et de Cobourg, de complice des émigrés. Et le pillage s'étendit dans toute la bourgade, au milieu d'un vacarme de voix et du bruit des sabres traînés (1).

Un homme ayant découvert cent litres de spiritueux dans la cave d'une maison isolée, appela les hussards à partager; ils eurent vite fait d'allumer un punch immense, de danser autour du tonneau,

(1) Lettre du syndic au général Bonaparte.

pour boire ensuite le liquide encore chaud, jusqu'à en perdre la raison.

Le pillage durait depuis deux heures quand Rivaud, prévenu, rentra au galop à Saint-Pierre. Sa voix étant impuissante à arrêter le désordre, le général fait sonner le boute-selle par son trompette d'ordonnance. A l'instant, les pillards évacuaient les maisons, soudainement rappelés à leurs devoirs et craignant de s'exposer aux terribles arrêts de la cour martiale ; ils marchaient vers leurs chevaux, levaient le piquet, se hissaient en selle, et les commandants emmenaient les escadrons au pas, vers le défilé. A l'entrée du vallon de Proz, Rivaud les ayant fait ranger en lignes doubles, cria : « Soldats ! vous avez, chez des alliés, violé les lois sacrées de l'hospitalité ! » A cette réprimande, aucun ne baissa la tête. Un vieux soldat répondit : « Citoyen général, tu nous promettais toujours des vivres ; nous avions une faim de loup. Maintenant que nous sommes saoûls, tu peux nous conduire dans les neiges et à l'ennemi. Nous irons gaiement. En avant et vive la République ! »

Pour subir une punition, la cavalerie dut bivouaquer, et sans allumer de feux, au pied des hauteurs de Cherreyre. Dans la nuit glaciale, les hommes battirent la semelle. Le 26, on les faisait avancer près de la gorge de Minouée (1).

Berthier, informé par le général Stabeurath du

(1) **Notes du Dupont.**

pillage de Saint-Pierre, envoya l'ordre à Rivaud de signifier les plus rudes punitions aux chefs d'escadrons; mais Rivaud n'en voulut rien faire, sachant que leur intervention n'avait pu arrêter les forcenés; et, armé de viriles résolutions, il se rendit auprès du général en chef qui le reçut fort mal.

— Je ne punirai pas mes officiers, déclara Rivaud. Ils ont fait leur devoir, plus que leur devoir dans les circonstances pénibles qui nous occupent. C'était à vous de prévenir Gassendi que vous connaissez pour être un pillard, de ne pas toucher à nos vivres. Que diable! un homme qui marche doit recevoir au moins un morceau de pain au bout de la journée; faute de vivres, le soldat perd la tête et chaparde; c'est, convenez-en, devenu presque un droit pour lui.

Berthier se calma.

— Juste raisonnement. Mais le bruit de ce pillage sera répandu dans tout le Valais, exploité. Que va dire Bonaparte? Par dessus tout, je redoute sa colère...

— Vous, le général en chef?...

— Voyons, si Bonaparte se fâche?

— S'il se fâche et m'accable, je lui envoie ma démission. N'est-ce pas assez de malheur que d'avoir été placé à la tête de ces maudits régiments où une partie des conscrits, des royalistes, conspire et entraîne dans le mal les bons citoyens?

J'ai déjà, vous le savez bien, perdu mon crédit auprès du premier Consul. Qu'il se prive de mes services s'il me juge incapable d'aller plus loin. Bonaparte tolère toutes les faiblesses des commissaires qui se font un plaisir de nous affamer. Je voudrais tenir l'un de ces misérables au bout de mon sabre. Et, à la veille de passer les Alpes, mes hommes devaient faire un bon repas; ils l'ont fait. Pouvaient-ils mourir de faim quand les Valaisans accumulent des vivres dans les caves et se moquent de notre détresse, nous leurs alliés. Enfin, le trésor est assez riche pour dédommager ces gaillards (1).

Le général en chef promit d'intercéder auprès de Bonaparte pour que l'affaire n'ait pas de suite; toutefois, il prévint Rivaud que ses régiments pourraient bien être placés, en Italie, au point où il y aurait à recevoir les plus rudes coups.

Et il communiqua au brigadier les ordres qu'on devait faire passer, deux heures plus tard, à Dupont, ordres concernant la marche de la cavalerie d'avant-garde à travers la montagne et le passage de divers corps (2).

(1) Lettre de Berthier à Duroc.

(2) « Saint-Pierre, le 16.

» Au chef d'état-major.

» Faites faire le quartier général pour le 17 à Etroubles.

» Donnez l'ordre au général Rivaud de passer avec sa cavalerie le 17 à 2 heures précises du matin pour se rendre à Aoste et rejoindre l'avant-garde. Donnez l'ordre à la division Boudet de partir à 4 heures du matin pour passer le Saint-Bernard et se rendre à Etroubles. Le général Boudet laissera un petit bataillon avec son artillerie que l'on s'occupera de faire passer le plus promptement possible.

Ayant protesté de son dévouement à Berthier, Rivaud regagna le camp. Les approvisionnements de biscuit et d'eau-de-vie arrivaient à la troupe, puis de l'avoine et du foin en quantité. Cavaliers et bêtes piétinaient dans ce camp de la boue. La neige tombait en gros flocons depuis dix heures du matin. Le vent mugissait à travers les gorges. Des auxiliaires rentraient, craignant de s'égarer à travers le défilé. Sénarmont restait en détresse, au bord de la Dranse considérablement grossie, avec des caissons vides, qu'il voulait tenter de faire passer tout montés.

Les infirmiers achevaient de monter l'hôpital de Proz. Plusieurs malades attendaient que l'abri fut couvert pour y entrer. C'étaient des conscrits malingres qui n'avaient pu résister aux fatigues d'une marche rapide, ou aux privations qu'on leur imposait (1).

» Ordonnez à la division Loison de passer le Saint-Bernard avec son artillerie le plus promptement possible.

» Même ordre à la division Chambarlhac.

» Donnez l'ordre au général commandant à Martigny de faire filer sur le Saint-Bernard tout ce qui tient à la 28e demi-brigade et qui arrive du côté de Sion pour qu'il rejoigne le plus promptement possible l'avant-garde du général Lannes. Ordonnez-lui également de faire filer sur Aoste toutes les troupes qui se trouveraient à Martigny, soit de la colonne du général Monnier, soit de celle faisant partie de l'armée, infanterie et cavalerie ; qu'il active aussi par tous les moyens possibles la marche sur Saint-Pierre, des transports de cartouches, munitions et biscuit.

» Prévenez sur toute notre communication en arrière que c'est par le manque de mulets que l'armée ne peut avoir à Aoste les munitions nécessaires qui sont restées à Saint-Pierre.

» Donnez l'ordre au général Duhesme d'établir son quartier général à Saint-Pierre et d'activer le passage des divisions Boudet et Loison ; il passera avec cette dernière pour rejoindre le quartier général. »

(1) Rapport de M. de Cayrol.

Des charretiers ivres, embauchés à Sion au service de l'armée, tentèrent de forcer, le soir, la porte d'une cabane qui servait de magasin à eau-de-vie (1). Quelques coups de feu leur firent prendre la fuite; deux tombèrent blessés; la fusillade mit sur pied tous les cavaliers, qui, à onze heures, virent arriver, aux lueurs de quelques lanternes, la tête de colonne de la division Boudet.

A minuit, la neige ne tombait plus; le vent s'était apaisé. Rivaud donnait des instructions à sa cavalerie. Elle était remplie d'entrain. La division Boudet lui cédait ses lanternes. Les hussards, ayant cinq guides à leur tête, devaient ouvrir la marche. Les cavaliers, à pied, conduiraient leur monture par la bride. Trois marcheraient de front (2).

A deux heures, le premier peloton s'ébranla, se trouva exposé à un froid très vif dans la première gorge. Plus loin, la neige était recouverte d'une légère couche de verglas. Souvent les hommes perdaient pied; les chutes des chevaux étaient fréquentes. On s'arrêtait pour laisser aux guides le temps de reconnaître la voie, si bien qu'au point du jour, l'escadron de queue ne se trouvait qu'à cinq cents mètres de Proz.

Pendant la première halte, dans un large espace, les pelotons de tête ayant beaucoup fatigué, Rivaud plaça les chasseurs en tête. Les chasseurs croyaient

(1) Notes du guide Dorsaz.
(2) Lettre de Fournier.

pouvoir arriver facilement à l'hospice. Ils avaient hâte de fouler la terre italienne. Le son des trompettes les animait. Leur bravoure s'usa rapidement. Des glissades de neige emportaient des groupes dans la pente des rudes déclivités ; il fallait remonter la pente ou faire de longs circuits pour rejoindre la colonne. Les chevaux, couverts de sueur commençaient à trembler. Des hommes cassaient les brides et juraient, ne sachant plus comment mener leurs montures (1).

Après la seconde halte, à trois kilomètres de l'hospice, Rivaud se rendit compte que la marche de la cavalerie allait finir dans un piétinement. Il devait arriver à midi devant Aoste, faute de quoi les ordres de Berthier ne seraient pas exécutés ; et la marche de l'avant-garde ne pouvait être ajournée. Le chef de brigade fit déployer les drapeaux, chanter la *Marseillaise*. Marescot, qui passait, eut le spectacle, sur un champ de neige, de onze cents hommes conduisant un même nombre de chevaux, hommes qui, s'élançant à la charge, hurlant des strophes, dépassèrent leurs guides, ébranlèrent la montagne de leurs vivats, pour ne s'arrêter qu'au couvent (2).

Les religieux s'empressèrent à leur verser du vin ; les chevaux mangèrent de l'avoine répandue à terre ; et la cavalerie s'engagea dans le val du Buttier, tortueux défilé où, en plusieurs endroits, la

(1) Rapport de Rivaud.
(2) Cahier du P. Bérenfaller.

montagne resserre le passage, lieu improductif au-dessus des chalets de la Vacherie, qui n'abrite plus dans ses cavernes et au creux des aires, ni fauves, ni d'oiseaux de proie ; et les avalanches y tombent souvent.

Le Buttier est moins bruyant que la Dranse. Roulant des eaux claires dans un lit qui décrit de nombreuses sinuosités, l'homme peut, d'un bond, franchir son cours. Le chemin de Saint-Rémy longe toujours la rive gauche.

Au moment de s'engager dans le val, les cavaliers se rendirent compte qu'ils pouvaient, étant donné la pente du terrain, être précipités les uns sur les autres ; la couche de verglas étincelait aux rayons du soleil ; des bruits lointains annonçaient des écroulements. Les hommes hésitaient, quand Rivaud, appelant des auxiliaires, leur ordonna d'ouvrir le chemin à travers la glace.

Ensuite, chasseurs et hussards marchèrent sans crainte, laissant seulement en arrière, aux chalets de la Vacherie, un cavalier du 12e, piétiné, et trois chevaux blessés de mémarchures. Les auxiliaires remontèrent l'homme mourant chez les Bernardins. La brigade poursuivit sa marche à travers la boue.

Saint-Rémy, occupé par une compagnie de pontonniers, avait de loin l'aspect d'un groupe de maisons grises et basses, que traversait une rue étroite. On voyait, marquées aux auvents de sapin, les traces des projectiles tirés la veille dans le combat engagé entre les Austro-Sardes et les Français. Au bout de la rue, le chemin d'Aoste descendait à travers une belle vallée. Les Piémontais n'avaient pas abandonné leurs demeures; et, sur ce versant, le beau temps allait favoriser les opérations de l'armée, pendant quelques jours.

. . . .

Nous avons laissé la division Watrin à son entrée dans le val du Buttier.

En voyant descendre les tirailleurs de l'avant-garde, l'ennemi, posté entre les chalets de la Vacherie et l'hospice, avait cru être attaqué par une reconnaissance que poussait le corps français tenant garnison dans la maison des Bernardins. Il tua deux hommes à la 28ᵉ, en perdit vingt avant d'évacuer Saint-Rémy. Hors le village, sa retraite ressemblait à une déroute.

Lannes envoyait deux colonnes vers Saint-Oyen et Etroubles, avec ordre d'enlever ces deux points au pas de charge. A Etroubles, les Autrichiens avaient placé un bataillon de 500 hommes. Rapidement, les ouvriers d'artillerie remontaient, à Saint-Rémy, 2 pièces de 4 qui, traînées par 16 mulets, arrivaient à Etroubles derrière la 40ᵉ de bataille. Déjà, la 6ᵉ légère occupait le bourg.

Quant à la 22ᵉ, ayant chassé l'ennemi de Saint-Oyen, un petit village assis au pied de la montagne, elle se portait au plateau des Crêtes, s'y arrêtait.

De ce lieu, dominant Étroubles, la 22e pouvait tenir l'ennemi en échec, s'il tentait un retour offensif.

Mais, terrifiés par une attaque aussi vive, les Autrichiens fuyaient à toutes jambes après avoir miné le pont du Buttier ; la mine ne joua pas. Watrin ordonnait à quelques compagnies de fouiller les bois voisins pour laisser le temps aux auxiliaires d'amener l'artillerie traînée à bras. Un terrain situé à gauche de la route servirait de camp ; là serait installé l'atelier de remontage. 6 pièces de 4, les 2 pièces de 8 et les obusiers devaient être mis sur affûts-traîneaux avant d'aller plus loin.

A huit heures du matin, la 6e légère, que commandait Malher, soutenue par une batterie d'artillerie, quittait Etroubles, passait sur la rive droite de Buttier, traversait au pas de course Chevenaz, la Cluses où elle essuya quelques coups de feu en défonçant une porte qui barrait la route, puis Gignod et Creton. A Sigagne, elle attendait les autres demi-brigades. Malher craignait de rencontrer plus loin un ennemi nombreux et bien retranché.

Pendant que la troupe chantait victoire, M. Dondeynaz, vicaire général de l'évêché d'Aoste, prévenu contre les républicains, faisait arrêter sa voiture devant la première maison de Sigagne ; il venait humblement prier le chef de l'avant-garde de ne pas traiter le diocèse en pays conquis. Lannes, déférant au désir du prêtre, prit l'engagement de faire respecter les propriétés (1).

La division étant rassemblée, le lieutenant-général portait toutes ses troupes en avant. Les soldats apercevaient bientôt Aoste couché au fond de la vallée et entouré d'une ceinture de vieux remparts. Derrière les fortifications romaines, les Sardes allaient-ils opposer une sérieuse résistance ? Watrin prit ses dispositions pour tenter l'assaut; il s'approcha avec précaution. Mais, déjà, l'ennemi battait en retraite, craignant d'être enveloppé. Toutefois, en se dirigeant vers la Doire, sur le pont du Buttier, une compagnie voulut arrêter la colonne française. Chargée par les carabiniers, elle se retira précipitamment, abandonnant 12 tués, dont un officier, et trois blessés entre nos mains. De notre côté, deux hommes avaient reçu des blessures légères (2).

Watrin ordonnait à la 6e légère d'aller occuper Aoste. La demi-brigade passait en deuxième ligne après avoir, depuis Proz, toujours marché en tête. Elle entrait dans la ville aux sons de la musique, quand les autres régiments s'avançaient jusqu'à la Doire, établissaient leur bivouac à droite et à gauche de la route de Turin afin de pouvoir surveiller et l'ennemi et le chemin qui descend du Petit Saint-Bernard.

(1) Mgr Solar, évêque d'Aoste, avait quitté la ville depuis le 10 mai.
(2) Rapport de Watrin.

Les hommes partis de Proz à minuit avaient traversé la montagne, fait 46 kilomètres, sans laisser un traînard en arrière, sans abandonner ni l'artillerie ni les caissons ; s'étant plusieurs fois formés en ligne de combat et battus dans quatre villages, ils prenaient une ville, forçaient le passage d'une rivière et installaient leurs cantonnements, tout cela en 14 heures (1).

Lannes ne devait marcher sur Bard qu'après l'arrivée de sa cavalerie.

. . . .

Rivaud, impatient de joindre ses frères d'armes victorieux, fait former derrière Saint-Rémy ses deux régiments en colonne de route ; et il ordonne une marche rapide. On traverse Etroubles au trot ; on ne s'arrête qu'à un kilomètre d'Aoste, le temps de rectifier la tenue. Et l'entrée des chasseurs et des hussards dans l'ancienne capitale des Salasses présente cette solennité de la prise de possession d'une ville conquise à la pointe des sabres. A leur passage, les habitants restent muets. Il y a, dans la ville, un parti nombreux qui nous est hostile. L'ennemi a prévenu les Piémontais que nous allions, une fois vainqueurs, nous livrer à des actes de brigandage et fermer les églises après avoir assassiné les prêtres (2).

La cavalerie opérait sa jonction avec les postes

(1) Rapport à Berthier.
(2) Proclamation de Wukassowich.

avancés fournis par la 40e de bataille, à une heure du soir. Lannes ne lui accordait que trois heures de repos et prenait ses dispositions pour marcher vers Chatillon le même jour.

A quatre heures, lorsque la troupe levait son camp, une estafette apportait les ordres de Berthier (1). Le général en chef ordonnait à Lannes d'attendre l'arrivée de Chabran, qui franchissait le Petit Saint-Bernard, avant de quitter ses positions.

(1) « Si vous avez votre artillerie et votre infanterie réunies le 17 (mai) à Aoste et que la tête des troupes aux ordres du général Chabran se soit mise en communication avec vous, je ne vois point d'inconvénient à ce que vous vous portiez rapidement sur le château de Barrh, mais il vous faut essentiellement votre artillerie.

» La colonne du général Chabran pourra prendre position à Aoste et ne suivre point votre mouvement ; envoyez au-devant du général Chabran pour lui dire qu'il hâte, de tous les moyens possibles, l'arrivée de son artillerie : il doit avoir passé des pièces de 12. Recommandez-lui également de se faire suivre par toutes ses subsistances qu'on aura fait monter le Saint-Bernard (le petit) et qui se trouveront dans la vallée de la Tarentaise.

» Mettez beaucoup d'ordre dans les ressources que l'on peut tirer du pays, car si le château de Barrh résistait quelques jours, nous serions embarrassés.

» Il est bien entendu que vous nous renvoyez les mulets et les hommes de Saint-Pierre le plus promptement possible. Sans cela nous ne pourrions pas vous faire passer une cartouche. Réunissez même tous les mulets que vous pourriez avoir dans la vallée d'Aoste et envoyez-les à Saint-Pierre avec une escorte suffisante, pour être chargés de munitions. Assurez les propriétaires qu'ils seront exactement payés.

» Dans toute la vallée, de Saint-Rémy à Saint-Branchier, sur un bruit que vous enleviez les mulets que vous trouviez dans la vallée d'Aoste, les paysans ont emmené ceux qu'ils avaient. Etablissez la confiance en nous renvoyant ceux que vous avez.

» Je vous envoie le général Mainoni ; la 28e demi-brigade le suit à une journée de marche; elle est destinée à faire partie de l'avant-garde.

» Je serai demain soir à Aoste.

» Recommandez également au général Chabran de faire descendre du Saint-Bernard l'artillerie et toutes les munitions qui s'y trouvent. »

Il recommandait d'épargner les vivres et demandait le retour des mulets pris à Saint-Pierre; puis il annonçait le passage de la 28e de ligne.

Ces instructions contrariaient Lannes qui, voyant sa troupe bien entraînée, pouvait lui demander les plus grands efforts et pousser, en 48 heures, jusqu'à Ivrée, si aucun obstacle extraordinaire ne l'arrêtait en chemin. Où était Chabran ? Lent et précautionné, il avait dû s'arrêter à la vue des masses de neige fermant le passage, ou s'attarder à combattre quelques groupes d'Autrichiens. On lui avait pourtant donné l'ordre formel de franchir le défilé le 26 floréal au plus tard. Et, pour peu qu'il s'attardât, les Autrichiens auraient le temps de se fortifier tant à Chatillon qu'autour de Bard ; et, nécessairement, il faudrait sacrifier beaucoup d'hommes pour enlever ces positions.

Un escadron fut envoyé le long de la Doire, à l'ouest, en reconnaissance. A six heures, les hussards traversèrent et sabrèrent une troupe hongroise qui, poursuivie par les éclaireurs de Chabran, descendait en désordre le cours de la rivière. Les survivants se jetèrent à l'eau, gagnèrent la rive droite et se perdirent dans la montagne.

Chabran, qui croyait pouvoir arriver le premier en Piémont, afin de saisir l'occasion de remporter une victoire, avait pu franchir le Petit Saint-Bernard dans l'après-midi du 26 floréal. Il se trouvait placé, pour mener cette expédition, à la tête de 11 bataillons d'infanterie, de 80 cavaliers, de 3 batteries de 12, de 2 pièces de 4 et d'un parc de siège formé à Grenoble. Parti de La Thuile où il avait passé la nuit, le 27 à six heures du matin, il trouvait l'ennemi retranché à Morgex, le battait, continuait sa marche assez lentement, entrait dans Aoste, que la 6e légère venait d'évacuer, à dix heures du soir (1).

Le 28, Lannes laissait à Chabran le soin d'établir les communications entre l'avant-garde et le poste de Saint-Rémy; et, devant Dupont accouru, il disposait les troupes de la brigade Rivaud en deux échelons : les chasseurs, bien montés, devaient éclairer et flanquer l'infanterie marchant en tête ; les hussards resteraient groupés derrière la 22e de bataille placée en seconde ligne et se tiendraient prêts à charger les Croates s'ils se montraient sur un terrain découvert.

La 40e de bataille chassa les Austro-Sardes établis à Fenis ; ensuite elle les délogea de Chambare et de Quart, les poursuivit, en leur infligeant des pertes sérieuses, et se trouva déployée en demi cercle devant Chatillon.

Le général Briey y commandait à 1200 fantassins de bonne troupe retranchés dans la ville haute ; il avait armé 9 pièces de 4 et 4 pièces de 8. Une compagnie d'élite, postée dans le vieux château,

(1) Lettre de Chabran.

pouvait soutenir un long siège (1). Derrière la ville, deux escadrons de pandours se tenaient en réserve. Briey se promettait d'infliger aux Français un sanglant échec ; mais il avait compté sans leur bravoure et sans leur nombre.

Watrin qui possédait à fond l'art de la guerre, ayant étudié la position sous une grêle de projectiles et interrogé un paysan des environs, proposait à Lannes de lancer à la fois trois colonnes contre l'ennemi. La première attaquerait la ville de front, briserait les obstacles amoncelés à l'entrée des rues, marcherait droit à l'artillerie; la deuxième déborderait à droite, empêcherait l'arrivée de tout secours, car on pensait que Haddick ou Landon se trouvaient à peu de distance ; la troisième obliquerait à gauche pour s'emparer du Val Tournanche au fond duquel les vaincus pouvaient chercher une retraite.

Le lieutenant-général lui donnait l'ordre d'agir immédiatement. La 22e courait à Chatillon, essuyait le feu terrible des Autrichiens, s'engouffrait dans les rues et les maisons. Les autres colonnes se portaient sur les objectifs indiqués. Bientôt s'éleva une épouvantable clameur de gens en déroute, clameur poussée par les soldats de Briey qui, chargés à la baïonnette et culbutés, se sauvaient sans chef, par escouades, vers Ussel. En même temps, les défenseurs du vieux château regardé comme inabordable

(1) Rapport autrichien trouvé dans le fort de Bard, par le commandant Reste, à la capitulation.

étaient précipités dans les fossés. Le combat, dans la cité, avait duré quarante minutes. Cependant, le général ennemi sauvait une partie de son artillerie (1) ; et, pour assurer sa retraite, il faisait porter l'ordre aux pandours de charger vigoureusement les Français afin de briser leur élan.

Ces cavaliers, au nombre de 300, marchèrent droit, dans les champs qui descendent jusqu'à la Doire, au 12e hussards resté massé et commandé par le chef de brigade Fournier. En les apercevant, le 1er escadron fit un à-droite, prit du champ et s'élança, trouant le vivant rempart autrichien à coups de flanconade ; et, après ce choc, laissant aux trois derniers escadrons le soin d'exterminer les pandours, il tomba au milieu de l'infanterie en déroute et fit d'horribles brèches à travers les rangs des hommes éperdus.

La retraite de l'ennemi se changea en désastre. Il abandonnait dans Chatillon 200 hommes tués ou blessés. 350 fantassins qui avaient voulu chercher un refuge au val Tournanche restaient prisonniers.

Nous perdîmes 90 hommes. La cavalerie s'était montrée d'une grande bravoure (2). « Nos cavaliers, écrivait Mainoni, ont fait oublier, par leur courage, la regrettable conduite qui avait failli les faire mettre au ban de l'armée. » L'adjudant-général Noguès était parmi les blessés.

(1) 2 pièces de 4 restaient entre nos mains.
(2) Rapport de Lannes à Bonaparte.

CHAPITRE IX

BERTHIER MASSE LES TROUPES

Berthier presse ses lieutenants de passer la montagne. — Situation des troupes sous la pluie. — Le général en chef se rend à Etroubles. — Difficultés éprouvées par Marmont. — Passage difficile de la division Loison.

Quand le premier Consul lui envoyait ordres sur ordres, afin que l'armée de réserve se trouvât avant le 10 juin sous les murs de Gênes, Berthier réunissait 12.000 hommes à Saint-Pierre et à Proz. Il s'employait à pousser des masses d'infanterie dans le défilé, à encourager les conscrits qui, laissés au bivouac sous la pluie, et souvent sans vivres, sentaient fondre un courage montré en quittant Dijon.

Et, au milieu des bataillons démoralisés, les Valaisans employés à titre d'auxiliaires répandaient la nouvelle que des avalanches roulaient à chaque instant dans la montagne. On ne passait la nuit, disaient les paysans, que pour mieux cacher les pertes en hommes. L'imagination des soldats leur laissait voir la neige épaisse qui drapait le paysage, comme un immense linceul tissé pour envelopper l'armée (1).

(1) Rapport de Denizot.

Berthier essayait de ranimer le courage des conscrits en publiant un ordre du jour (1).

Le 26, à une heure du soir, son quartier général était installé dans Saint-Pierre, à l'auberge du citoyen Moret. Regnault, le commandant d'armes, se logeait à la cure. Et, à peine installé, le général en chef recevait les plaintes de plusieurs habitants des villages. Les soldats, disaient ceux-ci, se livraient au vol, en plein jour, et sous les yeux des officiers. Berthier écrivit à Dupont de prendre les mesures nécessaires pour éviter le retour de pareilles choses (2). Et il ordonna que les guides restés au bourg fussent embrigadés et désignés tour à tour, en fournissant des mulets, pour le service des officiers généraux qui franchiraient le défilé (3).

(1) « Au quartier général de Saint-Branchier, le 26 floréal an VIII de la république une et indivisible.

» Soldats ! L'armée du Rhin remporte des victoires éclatantes, celle d'Italie lutte contre un ennemi supérieur en nombre et balance la victoire par des prodiges de valeur. C'est à vous, mes camarades, de rivaliser de gloire avec elle et à reconquérir au delà des Alpes ce beau théâtre de la valeur française.

» Conscrits ! L'heure du combat est sonnée ; votre cœur brûle d'égaler ces anciens soldats tant de fois vainqueurs ; vous apprendrez avec eux à supporter les privations, à braver les fatigues inséparables de la guerre. N'oubliez jamais que la victoire ne s'obtient que par la valeur et la discipline.

» Soldats ! Bonaparte s'est rapproché de vous pour jouir de vos nouveaux triomphes. Vous lui prouverez que vous êtes toujours les braves qui se sont illustrés dans les armées.

» La France et l'humanité vous demandent la paix et vous allez la conquérir. »

(2) « Je reçois des plaintes que les soldats vont dans les maisons sous le prétexte de prendre les marmites et enlèvent le sel et tout ce qu'ils trouvent et pillent les malheureux habitants. Envoyez des officiers d'état-major chez les généraux afin qu'ils empêchent ces abus et qu'on établisse des gardes pour qu'on ménage les propriétés des habitants. »

(3) Rapport de Regnault.

A quatre heures, la division Boudet traversait Saint-Pierre. Il y avait quelques soldats ivres parmi la 9e légère (1), la plus turbulente demi-brigade, formée de Parisiens qui devait recevoir après Marengo le titre *d'incomparable*. Boudet avait laissé à Ravère son artillerie et ses bagages à la garde d'un bataillon de la 59e. Cette division devait quitter Proz le 27, à quatre heures du matin; elle allumait ses feux sur le premier plan du plateau de Cherreyre; elle commençait son mouvement, vers le Saint-Bernard, à dix heures et demie, et sous des rafales de neige.

Duhesme, chef du 2e corps, arrivait à 6 heures, conduisant la plus grande partie de ses troupes qui campèrent entre Liddes et Saint-Pierre.

Ce jour-là, chaque division reçut un escadron de chasseurs à cheval ou d'hussards pour assurer ses services de courriers et d'éclaireurs.

Kellermann, qui marchait à la tête de 2.000 cavaliers, ne put pénétrer dans Liddes comme il en avait le dessein. Ses escadrons durent se cantonner des deux côtés de la route jusqu'à Orsières; et le grand plateau dominant, à droite, tout le cours de la Dranse, ne forma plus, la nuit venue, qu'un camp immense dans lequel 10.000 hommes allumèrent quinze cents feux (2).

A trois heures du matin, le 27, Berthier mon-

(1) Rapport de Regnault.
(2) Cahier d'un officier d'état-major.

tait à cheval ; et, accompagné de Duhesme, Stabeurath, Lacroix et Pannetier, il se portait, au galop, à Proz. Il s'étonna de voir l'allégresse revenue parmi les conscrits presque découragés la veille. Boudet allait s'engager dans le passage. La brigade Rivaud avait frayé le chemin. Au loin, on entendait des trompettes sonner la charge ; et des cris confus étaient renvoyés d'écho en écho (1).

En rentrant à Saint-Pierre, Berthier était informé que le trésor de l'armée arrivait. Il ordonna qu'on versât tout de suite cent mille francs au général Marmont ; et cette somme ne suffirait point à payer tous les transports qu'on devait effectuer au delà de la montagne. Quant au payeur, il s'installa dans l'église, sous la garde de quelques dragons.

Lorsque Duroc apporta les nouvelles instructions de Bonaparte, le général en chef put répondre qu'il y avait, dans la vallée d'Aoste : 12.300 fantassins, 1.400 cavaliers, 14 pièces de canon, sans compter les forces et l'artillerie de Chabran (2). Les opérations pouvaient donc être poussées avec la dernière activité ; et le rapport d'un montagnard indiquait à Berthier que le fort de Bard ne résisterait pas longtemps aux coups dont l'avant-garde allait l'accabler.

Le général Blancourt amenait à sept heures la 28e demi-brigade réduite à 1.300 hommes ; un batail-

(1) Lettre de Berthier.
(2) Etats de l'armée de réserve.

lon helvétique de 596 hommes, le contingent italien de 538, formant la brigade Mainoni, qu'un groupe d'artilleurs suivait avec 4 pièces de 2 portées à dos de mulet. Les hommes, vivant depuis un an dans la montagne, étaient remplis d'entrain et regrettaient de n'avoir point été désignés pour tirer les premiers coups de fusils en Italie.

Ce corps, après avoir reçu des vivres et envoyé son artillerie à Marmont, allait camper à Proz, afin de franchir le défilé au cours de la nuit suivante et rejoindre Lannes près de Bard.

Dupont, venu du Piémont, apportait des nouvelles. Le chef d'état-major n'avait pas pris un instant de repos depuis trois jours. Néanmoins, il résistait, en homme de fer, à ces fatigues; et, bien secondé par Vignolle, il assurait toujours l'exécution des ordres que lui faisaient passer Bonaparte et Berthier. Par ses soins, le passage du grand quartier général était assuré pour neuf heures du matin.

20 mulets pris à Liddes et conduits par des montagnards s'arrêtèrent devant l'auberge Moret; à leur suite, s'alignèrent les chevaux du général en chef et une escorte de cent carabiniers. Berthier et son état-major s'éloignèrent au plus vite. Au milieu du défilé, la bête que montait le général en chef le jeta dans la neige; il en prit une autre; et, à trois kilomètres de l'hospice, il fallut que tout le monde mit pied à terre, car un vent impétueux,

soudainement élevé, arrêtait les cavaliers. Une bourrasque passait sur la Chenalette, enlevait sa blanche couverture qu'elle éparpillait à travers le vallon. Et les officiers durent, le col du manteau relevé et s'appuyant sur leur sabre, cheminer lentement pour gagner l'abri.

— Je ne m'étonne plus, dit Berthier, que la troupe éprouve tant de difficultés à franchir le col; je le croyais plus facile à traverser. Nous avons fait de grandes choses depuis 1792; par exemple, celle-là dépasse en audace les actions les plus héroïques (1).

Les chanoines s'étaient portés à la rencontre des officiers. Ils crurent, un moment, que Bonaparte arrivait. Mais Berthier se nomma tout de suite et marcha à côté du père Murith, en faisant l'éloge des religieux qui prodiguaient des secours à l'armée française; il déjeuna avec ses collaborateurs dans la grande salle du couvent.

Arrivé devant le temple de Jupiter, il jugea que les mulets ne lui serviraient pas dans la descente. Il les renvoya. Le quartier général arrivait à Etroubles à cinq heures. Berthier ordonnait tout de suite d'arrêter les travaux d'installation d'un hôpital et de faire transporter à Aoste, par des paysans, le matériel rangé au bord du Buttier.

Déjà, la division Boudet occupait Etroubles; les soldats s'y conduisaient mal; ils devaient l'évacuer

(1) Cahier d'un officier d'état-major.

le 28, au point du jour. On choisissait des espions qui iraient vers Milan répandre le bruit que cent mille Français étaient descendus pendant la nuit de la montagne du Grand Saint-Bernard (1).

Pendant que Berthier divisait l'armée de réserve en échelons, la brigade Mainoni, pourvue d'eau-de-vie et emportant des vivres pour quatre jours, se préparait, dans le mauvais temps, à forcer le passage. Les soldats qui avaient si vaillamment défendu, contre des partis d'Italiens et d'Autrichiens, les cols des Alpes, habitués à braver la température la plus rigoureuse, quittèrent Proz à minuit. Sans lanternes et en chantant, ils arrivèrent à la hauteur de l'hospice avant que le jour parût. Leurs clairons éveillèrent les religieux ; et, rafraîchis, ils repartirent, par quatre de front ; ils brûlèrent les étapes de Saint-Rémy et d'Etroubles, et dépassèrent enfin, dans Chevenaz, la division Boudet.

La division Loison, qui devait suivre immédiatement cette brigade, division en partie composée de Gascons, où la discipline laissait beaucoup à désirer, avait reçu, au moment de quitter Saint-Pierre, l'ordre de traîner ses canons et ses caissons.

Marmont venait d'apporter quelques modifications heureuses dans les moyens de transport usités jusqu'alors. Les hommes d'un bataillon chargés de traîner des pièces, affûts et accessoires devraient

(1) *L'art de l'espionnage*, opuscule publié à Milan en 1807.

dorénavant laisser leurs armes et havresacs au bataillon qui les suivait; et les deux bataillons partageaient à Etroubles la prime allouée par le premier Consul. Plus d'affûts serrés entre deux planches; on les plaçait sur des brancards; seize hommes en portaient un. Un autre brancard servait au transport de l'essieu. Il ne fallait plus qu'un bout de sapin, toujours évidé, pour encastrer la pièce. Grâce à ces précautions, les objets arrivaient à destination sans être mutilés.

Pour transporter les bagages, le commandant de l'artillerie n'avait plus un seul paysan. Les muletiers et auxiliaires, rebutés par un travail dont le poids dépassait l'effort à demander aux ordinaires forces humaines, désertaient la nuit. Il fallait pourtant passer des voitures et des pièces de canon.

Gassendi essaya de faire conduire les caissons vides sur les sentiers que Marescot avait élargis, avec des chevaux qu'on empruntait à la cavalerie. La première fois, l'expérience tentée échoua.

Duhesme, lieutenant-général du 2e corps, dirigeait les divisions Boudet et Loison. Marchant à la tête de la deuxième, il devait se charger de l'artillerie de la première, laissée entre les mains d'un bataillon de la 59e. Le trouvant, pour remplir cette tâche, numériquement trop faible, il le renforça du 1er bataillon de la 58e demi-brigade. Et, le 28 floréal, à une heure du matin, la 13e légère quittait les hauteurs de Cherreyre. Elle s'avançait lentement dans l'obscurité profonde. Les hommes des compagnies traînant les canons criaient « halte! » à chaque instant. Déjà, à Proz, des grenadiers voulaient abandonner leurs charges. Au milieu de la gorge de Minouée, un peloton se mutina (1). Loison, exaspéré, ordonna aux sous-officiers de corriger les meneurs avec leurs baguettes à fusil; cette correction imposa l'obéissance. Mais, à la hauteur de la petite morgue, un demi-bataillon de la 60e se coucha dans la neige et déclara qu'il préférait mourir à cette place que de continuer un travail que des forçats refuseraient de faire. Le jour commençait à éclairer le chemin. Duhesme envoya Broussier et Merriage annoncer que si, à l'instant, la marche n'était pas reprise, le demi-bataillon serait décimé (2); et, pour appuyer leur autorité, les deux généraux firent charger les armes à trois compagnies. Cette démonstration produisit l'effet attendu. Les charges reprises, la division arrivait à l'hospice à onze heures du matin. Loison laissait dix-huit éclopés au couvent. Puis l'infanterie descendait la montagne à grands pas.

Pour la première fois, à la suite de ces troupes, les caissons roulèrent tout montés, vides, habilement dirigés sur un sentier qui, à plusieurs endroits, côtoyait des abîmes ; et on leur fit descendre le val du Buttier, les roues une fois enrayées.

(1) Rapport de Loison.
(2) Un homme fusillé sur dix.

Au camp d'Etroubles, Duhesme ordonnait qu'on laissât l'artillerie. Ayant renvoyé à Saint-Pierre le bataillon de la 59e et les chevaux empruntés à Kellermann, il dirigeait les trois régiments d'infanterie, un escadron de chasseurs, des caissons appartenant à la division Boudet et plusieurs voitures, vers la route de Bard.

CHAPITRE X

EMBARRAS DE MARMONT

Arrivée du parc à Ravère. — Trop de matériel. — Marmont manque de bras. — Les troupes de Victor occupent Orsières. — Le premier Consul s'arrête à Saint-Pierre.

Des masses de cavalerie se cantonnaient à Saint-Pierre dans la journée du 28 floréal, régiments conduits par Harville, Duvigneau, Riquin et Champeaux; ces généraux placés sous le commandement de Murat. Kellermann occupait Liddes et les environs, avec 2.000 dragons et cuirassiers.

Les 12 pièces légères attachées à ces divisions, laissées à Ravère, devaient être conduites jusqu'à Etroubles par les soins de Marmont; mais Marmont, privé d'auxiliaires et de mulets, déclarait que les batteries ne pouvaient être enlevées sur-le-champ.

L'artillerie de réserve arrivait à son tour : 10 pièces de 4, suivies d'un double train de caissons; et pour aggraver la situation des troupes échelonnées le long de la Dranse, une grande quantité de neige, tombée dans le défilé, allait rendre dangereux, sinon impossible, le passage des derniers corps, avant trois ou quatre jours.

Le 29, à dix heures du matin, le grand parc de l'armée était rangé devant les baraquements de Ravère (1).

Andréossi, qui avait mis ce matériel en route, à Auxonne, ne savait pas que les troupes franchiraient la montagne du Grand Saint-Bernard ; et, une fois les projets du premier Consul connus, au lieu de diminuer les charges d'un convoi trop considérable, soit à Genève, soit à Villeneuve où il fut inspecté par les commissaires, on conduisit tout à Marmont.

Bien que le ciel se fût éclairci dans la journée du 29 et que les pontonniers répondissent encore de pouvoir ouvrir le chemin, il était impossible que tous ces objets arrivassent à Etroubles le 30 floréal, dernier délai accordé par Berthier. Il eût fallu quinze bataillons pour les transporter, et cela dans une semaine. Mais, faute d'avoir exécuté à la lettre les instructions du général en chef, le commandant de l'artillerie verrait certainement mettre à son compte toutes les souffrances qu'endureraient

(1) Il était formé de : 1° 80 voitures chargées de munitions pour les pièces de 12, de 8, et les obusiers ; et de cartouches d'infanterie ; ces voitures attelées de 312 chevaux ;

2° 54 voitures : caissons d'infanterie, chariots à vivres portant des boulets pour pièces de 4, des pièces de rechange, deux millions de papier à cartouches, des paires de roues pour affûts-traîneaux ; attelées de 200 chevaux ;

3° 106 voitures portant les bagages des officiers, dont 80 charrettes-caissons à trois chevaux contenant 25 millions de balles de plomb, 8 caissons de cartouches d'infanterie, 20 chariots d'ambulance, des forges, 2 chariots de brancards, 1 chariot chargé des pièces de la télégraphie ; attelées de 300 chevaux.

les soldats devant manquer de vivres, au premier jour, le long de la vallée d'Aoste fermée par le fort de Bard.

Pourquoi Bonaparte avait-il confié à un général de 26 ans, et sans lui mettre aux mains les moyens nécessaires à l'exécution d'un travail cyclopéen, une pareille tâche ? D'autre part, le quartier général ne secondait pas suffisamment l'œuvre de Marmont. Berthier jalousait le talent et l'activité du jeune chef. Dupont n'entendait pas ses plaintes et les chefs de corps le traitaient, brutalement, quelquefois en subordonné (1).

Après dix réclamations de Marmont, Lannes gardait tous les mulets mis à sa disposition, sous prétexte qu'il n'en trouvait point vers Aoste pour les remplacer ; à la vérité, il se souciait peu d'en chercher.

Encore, les hommes restés au camp de Ravère manquaient de tout. Lepeltier, commissaire des subsistances, arrivé parmi les travailleurs, se rendit compte de leurs privations. Il s'entendit reprocher par Andréossi d'avoir agi avec la plus coupable négligence envers une armée qui faisait de si grandes choses pour la patrie ; et il écrivit à Villeneuve d'envoyer, par tous les moyens de transport dont Geoffroy disposait, des vivres, beaucoup d'eau-de-vie et de l'avoine (2).

(1) Duc de Valmy. *Considérations sur la campagne de* 1800.
(2) Correspondance de Geoffroy.

Marmont s'adressa au premier Consul, par lettre, lui demandant des secours extraordinaires qui permettraient enfin de transporter le matériel dans le Piémont (*e*). Il répondait du succès de l'entreprise, à la condition que les divisions Chambarlhac et Monnier consentiraient à le seconder.

Le 29, Dupont ordonnait à la cavalerie de se rendre à Aoste au plus vite. Le même jour, les 850.000 francs du trésor, solde d'un cinquième million envoyé de Paris le 20 floréal, étaient enfermés dans des sacs de cuir qu'on attacha sur les chevaux. L'argent passait le 30 au matin.

Marmont ordonnait de conduire les caissons de munitions tout chargés jusqu'à Proz ; 12 chevaux pouvaient leur faire franchir, croyait-il, l'arête du plateau de Cherreyre. On forma un premier convoi de vingt voitures. Il n'en arriva que trois à destination ; les autres passèrent, mais vides et s'amoncelèrent à Proz, où un atelier de démontage était installé.

Un secours inespéré arrivait de Lausanne : 200 bêtes de somme ayant bât, et conduites par des payans robustes. Il n'y avait plus un sapin dans les pentes de Cherreyre. Les pontonniers allaient au loin en chercher. On perdait beaucoup de temps au cours de ces voyages, et les propriétaires des bois réclamaient un grand prix, que Marmont payait pour éviter des contestations (1).

(1) Rapport de Marmont.

Le 20, Murat qui avait enfin complété l'organisation de sa cavalerie, la poussait devant lui et s'installait à Saint-Pierre, chez le chef de la municipalité, à côté du commandant d'armes. Le corps d'infanterie placé sous les ordres du lieutenant-général Victor, resté longtemps cantonné à Saint-Maurice et à Aigle, lequel avait été destiné, un moment, à se porter au Gothard afin d'appuyer la marche de Moncey, vint occuper Orsières et les hameaux échelonnés sur le plateau de Liddes.

Depuis le départ de Genève, la division Chambarlhac formait la tête de ce corps d'armée. La division Monnier devait fermer la marche dans le défilé, seulement, disaient les instructions de Bonaparte, après que la cavalerie, l'artillerie et le parc auraient franchi les Alpes (1). Or, avant que ne fussent vaincues les difficultés qui se présentaient, elle pouvait attendre longtemps.

Chambarlhac s'étonna de voir arriver parmi ses troupes un groupe de femmes. Ces citoyennes, d'allures très libres, venaient de Paris, à petites étapes. Elles annonçaient partout leur intention d'assister aux victoires de l'armée et montraient un patriotisme exalté ; et la plupart demandaient, dans chaque cantonnement, des nouvelles de la 9e légère, étant pressées de la rejoindre en Italie ; Chambarlhac se hâta de les envoyer à Saint-Pierre (2).

(1) Ordre de marche de l'armée de réserve.
(2) Lettre de Chambarlhac.

Prêtes à envahir l'unique auberge, Dupont, prévenu par Duroc de les faire rétrograder, ordonna qu'on les arrêtât et les reconduisît, entre des baïonnettes, jusqu'à Lausanne. Leurs protestations, contre cette mesure, n'empêchèrent point les soldats de les pousser rudement, et à pied, dans Martigny, où elles implorèrent la protection du premier Consul.

Marmont avait pu enfin recruter des auxiliaires. Ravère se trouvait de nouveau approvisionné. Toutes les voitures légères étaient arrivées à Proz et démontées le 30, avant midi. Il passait sans cesse de la cavalerie dans la montagne. Cependant, des avalanches descendaient souvent les pentes les plus raides, sans causer aux hommes, qui évitaient par de longs circuits le pied des contreforts, autre chose que de l'admiration pour un spectacle aussi étrange que nouveau à leurs yeux.

A une heure du soir, un officier d'état-major remit à Proz, au général Harville, une lettre signée Duroc, qui contenait des instructions au sujet du passage de la garde consulaire et de l'escorte qu'il faudrait, le jour même, donner à Bonaparte, qui allait franchir le Saint-Bernard (1).

(1) « La garde consulaire va quitter Martigny dans la matinée. Elle passera le défilé du Saint-Bernard le 30 à onze heures et demie du soir. Les divisions de cavalerie qui restent à passer la suivront à deux heures de distance. Ordre au chef de corps de traîner ses douze pièces légères si Marmont ne peut mettre des auxiliaires à sa disposition.

» Désigner deux escadrons de dragons qui formeront l'escorte

Harville désigna aussitôt les deux escadrons de dragons. Dupont vint demander si un courrier, appartenant au quartier général de Berthier ou au service de l'avant-garde n'avait pas traversé le camp. Or, depuis deux heures, aucun officier n'était descendu du défilé. Renseigné, le chef d'état-major remontait au plus vite vers Cherreyre ; et, au milieu du plateau, il rencontrait, montés sur des mulets : un chanoine, des officiers de la suite du Consul et M. de Cayrol.

Dans Saint-Pierre, les soldats de Chambarlhac remplissaient la grande rue ; ils s'abordaient d'un air mystérieux, se faisaient des confidences. Bonaparte venait d'arriver chez le citoyen Moret ; ses chevaux encombraient la place ; au premier étage de la maison, il conférait avec le général Marmont.

du premier Consul, lesquels le suivront, selon les circonstances, jusqu'à l'hospice ou à Etroubles.

» Défense sera faite aux troupes d'acclamer le général Bonaparte, ou de lui rendre les honneurs, ce qui le ferait reconnaître des paysans.

» Le premier Consul partira de Saint-Pierre vers deux heures.

» Des vivres seront préparés pour la garde consulaire que Lauriston amènera à Proz à neuf heures du soir. La garde prendra un peu de repos avant de s'engager dans le défilé. On lui allumerait des feux de bivouac s'il faisait froid ou si la neige tombait.

» Les guides réservés pour précéder et éclairer la garde, ne pourront être employés par aucun autre corps. »

CHAPITRE XI

BONAPARTE CHEZ LES MOINES

La premier Consul à Martigny. — Il travaille avec Duroc et Bourrienne. Sa correspondance. — Interrogatoire d'un espion. — Nouvelles de Suchet et de Desaix. — Les forces de l'ennemi en Italie. — La résistance du fort de Bard décide Bonaparte à partir.

Refusant d'accepter le logement que lui avait offert un riche bourgeois de Martigny, Bonaparte fit demander une chambre à la maison de retraite des Bernardins. Le prévôt s'empressa de déférer aux désirs du général.

La berline du Consul s'arrêtait le 27 floréal, à dix heures du matin, devant le couvent. Bonaparte et Bourrienne en descendirent. Duroc et Merlin avaient suivi à cheval. Une brigade de cavalerie commandée par Champeaux occupait la place où le général Simon était installé depuis le 21 en qualité de commandant d'armes.

La maison des religieux, élevée au centre de la petite ville, formait du corps principal de logis un rectangle de 24 mètres de long sur 14 de large. A droite s'ajoutait une aile qui renfermait les cuisines, les réfectoires et plusieurs chambres de chanoines. Cette aile, arrivant à la rue, était percée d'une petite porte donnant accès au premier étage, par un escalier étroit. On avait percé la grande porte au sommet du triangle formé par la réunion du premier et du second corps de bâtiments ; elle ouvrait en face de l'église paroissiale. Un corridor en forme de croix traversait le premier étage des deux ailes. Un grand jardin s'étendait derrière le bâtiment principal ; à droite, il y avait une ferme (1).

Marroi attendait le premier Consul devant la grande porte ; il lui présenta M. Luder, prévôt des Bernardins depuis 1775, homme d'une grande austérité et possédant un remarquable savoir. M. Luder souhaita la bienvenue au général Bonaparte et lui désigna le procureur de la maison, M. Terretaz qui devait être attaché à sa personne pendant tout le temps de son séjour au couvent.

Ensuite, le prévôt guidait son hôte au premier étage, dans les pièces qu'on mettait à sa disposition : quatre appartements. D'abord, une grande chambre réservée à l'évêque de Sion lors de ses visites, dont les trois fenêtres ouvraient sur la place de l'église ; et, de l'autre côté du corridor, trois cabinets qui furent donnés au secrétaire et aux deux premiers aides de camp (2).

Le premier Consul ne voulut garder, dans la

(1) La maison n'a subi aucune modification depuis ce temps.
(2) Notes communiquées par le prévôt des Bernardins.

grande chambre au plafond lambrissé, qu'une table et des chaises paillées : meubles nécessaires à l'installation de son cabinet de travail; une voiture, mise en route à Saint-Maurice une heure après lui, apportait sa vaisselle de campagne et son lit. Des sapeurs placèrent une boiserie à droite de la porte ouvrant sur le corridor, la poussant jusqu'au milieu du mur, entre la première et la deuxième fenêtre. Ce réduit devait servir d'appartement au général.

Hambart, son valet de chambre, dressa le lit de camp au fond, à droite, en l'appuyant au mur. Une chaise, une glace, un nécessaire à barbe et un bidet complétèrent le mobilier.

Le service de bouche devait être fait par des domestiques qui marchaient avec la garde consulaire. L'intendant de Bonaparte, M. Pfister, avait tout prévu. Depuis son départ de Paris, le Consul mangeait toujours en compagnie de Bourrienne; parfois, il invitait ses aides de camp lorsqu'il les avait retenus trop longtemps; il mangeait vite, presque toujours sans dire un mot.

Mais le R. P. Luder insista pour que le général acceptât de recevoir des vivres de la communauté, qui était riche. L'insistance du religieux venait rappeler au premier Consul que, en germinal, il avait prié le ministre de la Guerre de faire verser dix mille francs aux Bernardins, une avance sur les fournitures que l'armée devait prendre.

Il demanda au prévôt :

— Est-ce que la République ne vous aurait pas fait passer quelques secours ? J'en avais donné pourtant l'ordre (1).

— Aucun, absolument aucun.

Bonaparte fronça les sourcils, et se tournant vers Duroc :

— Tonnerre ! Sans doute que c'est allé au diable avec tant d'autres choses.

L'hospitalier se hâta de répondre :

— Monsieur le général, nous n'avons rien demandé. Nous ne saurions compter des dépenses quand vous daignez nous faire l'honneur d'habiter notre maison.

Ayant déjeuné à la table de M. Luder, repas pendant lequel il se montra prévenant et enjoué, le Consul s'enferma avec Bourrienne pour travailler aussitôt. Son premier soin fut d'étaler sur la table les cartes du Valais et du Piémont ; et, selon une méthode nouvellement adoptée, il marqua à coups de crayon bleu, tous les obstacles, barrières naturelles ou artificielles que l'armée devait rencontrer dans sa marche, jusqu'à Ivrée (2). Ensuite, il divisa cette armée en échelons ; et, au fur et à mesure que les régiments déboucheraient en Italie, que d'autres s'avanceraient de la vallée du Rhône

(1) *Le Passage de Bonaparte*, petit livre imprimé à Bex, d'après des notes puisées aux archives du couvent.

(2) Notes de Bourrienne. Archives nationales.

dans le val d'Entremont, ces échelons représentés au moyen de dés (un par demi-brigade ou régiment) changeraient de place.

Ainsi, le 27, trois dés entouraient Aoste (division Watrin). Deux étaient placés sur le chemin de l'hospice du Saint-Bernard à Saint-Rémy (brigade de cavalerie Rivaud). Trois dés entre Proz et l'hospice (division Boudet). Trois sur Liddes (division Loison). Douze échelonnés sur la route qui relie Martigny-ville à Orsières (deux divisions de cavalerie). Un dé sur Saint-Maurice (le parc). Trois sur Bex (division Chambarlhac). Trois sur Aigle et Ollon (division Monnier). Un sur Massongez (la garde consulaire). Un dé sur Martigny-bourg (la 28e demi-brigade d'infanterie). Un sur Sion (la légion italique).

C'étaient, d'après les rapports, les divers emplacements que l'armée devait occuper à midi.

A quatre heures, quand la garde arriva, Duroc fit évacuer Martigny-ville par les 8e et 9e régiments de dragons. Et le soir, un drapeau tricolore hissé sur le couvent indiquait que là était la demeure du premier Consul (1).

On donna pour consigne au poste installé à la porte de ne laisser entrer personne au cloître, hormis les officiers d'état-major, les courriers et les religieux; on tenait des chevaux tout sellés dans la cour. A chaque instant, des généraux, des colo-

(1) Archives de Sion.

nels, des capitaines et des ordonnateurs entraient, quelques-uns couverts de boue. Bessière ou Lauriston recevaient leurs plis.

A Bourrienne, Bonaparte dictait des lettres pour assurer la marche régulière des colonnes poussées vers Bard, lesquelles avançaient trop lentement au gré du Consul ; il ne pouvait supporter qu'on lui parlât d'obstacles infranchissables ; il ne comprenait point non plus qu'on murmurât contre les privations. Et, lorsque le général en chef lui annonçait que le biscuit manquait partout, il envoyait chercher les ordonnateurs et leur faisait les plus vifs reproches. Il ne se promena que pendant une heure, le 27, avant la nuit, et dans le jardin du couvent (1).

Le dimanche 18 mai (28 floréal), M. Luder l'envoya prier d'assister au service divin. Tout en affirmant son admiration pour la religion catholique, il donna, afin de ne pas paraître, le prétexte d'urgentes occupations qui le retenaient malgré lui. En effet, à dix heures et demie, il reçut un agent de Fouché, son plus actif partisan à Paris, et il vit, dans Martigny, défiler la division Chambarlhac ; le tapage d'une fanfare guerrière couvrit un moment le bruit des cloches.

Victor vint annoncer au premier Consul l'arrivée d'un groupe de femmes qui, coiffées de chapeaux « incroyables », la taille serrée dans des ceintures tricolores, employaient les équipages, se faisaient

(1) Cahier du P. Bérenfaller.

nourrir par les soldats, créaient le désordre et de regrettables rivalités au milieu des camps.

— Colonel, dit Bonaparte en se tournant vers Duroc, écrivez à Dupont qui se trouve à Saint-Pierre; écrivez-lui de ma part de renvoyer tous ces cotillons à Lausanne... Si ces femmes voulaient prendre un uniforme et marcher dans le rang... Mais non. Ecrivez, qu'on les renvoie (1).

A midi, un courrier apportait à Martigny la nouvelle de la prise d'Aoste. Il emportait cette dépêche à l'adresse de Berthier : « Faites marcher sur Bard au pas de course. Prévenez-moi dès qu'il sera pris. » Ensuite, Bonaparte dictait à Bourrienne une lettre qui fut envoyée aux Consuls de la République, lettre annonçant qu'une partie de l'armée avait déjà franchi le Grand Saint-Bernard (2).

Le *Moniteur* du 4 prairial en publia quelques lignes. Le *Journal officiel* avait inséré le 3, sous la rubrique « Nouvelles de l'étranger » un commu-

(1) Lettre de Duroc à Dupont.

(2) « Nous luttons contre la glace, la neige, les tourmentes et les avalanches.

» Le Saint-Bernard, étonné de voir tant de monde le franchir si brusquement nous oppose quelques obstacles. Le tiers de notre artillerie de campagne a cependant déjà passé. Le général Berthier me mande du 26 qu'il est entré à Aoste. Le général Lannes qui commande l'avant-garde a eu avec un bataillon de Croates une affaire d'avant-poste de peu d'importance. Le bataillon qui voulait défendre l'entrée d'Aoste a été culbuté.

» Je suis ici au milieu du Valais, au pied des Grandes Alpes.

» Dans trois jours, toute l'armée sera passée.

» A moins que cela fût très nécessaire, je crois que vous feriez bien de ne pas donner ces nouvelles au public. Il vaut mieux attendre que l'armée soit en Italie et que les événements militaires soient sérieusement commencés. »

niqué daté de Berne le 24 floréal : « Une grande quantité de troupes de l'armée de réserve file toujours dans le pays de Vaud. Ce sont des troupes d'élite, habillées de neuf, bien équipées et bien payées. La cavalerie est très bien montée et l'artillerie est traînée par les meilleurs chevaux. On ne sait encore rien de certain sur la marche que doit suivre cette armée, mais on croit ici qu'elle doit aller en Italie par le Saint-Bernard et le Simplon ».

Instruit qu'on n'avait pas de mulets à Saint-Pierre pour transporter des cartouches et que les vivres manquaient, le premier Consul chargeait un commissaire d'acheter des bêtes de somme à Berne, de les diriger immédiatement sur Villeneuve, où elles seraient chargées de biscuit.

Des paysans vinrent jusqu'à lui, réclamer contre les soldats qui les avaient pillés ou molestés; il les écouta attentivement, et leur accorda de nommer une commission, laquelle fixerait le chiffre des indemnités dues, d'accord, en cela, avec la municipalité du lieu (1).

Lacuée, le ministre de la guerre, envoyait au Consul le dernier courrier qu'il avait reçu de Nice. La situation de Masséna était regardée comme étant désespérée, et Suchet reculait toujours devant les Autrichiens.

Bonaparte allait se mettre à table quand on lui

(1) Papiers de la Chambre administrative de Sion.

amena un espion surpris dans le val de Bagnes. Après l'avoir examiné, il lui dit en italien :

— François Toli, tu m'as servi sous Mantoue et à Rivoli (1) Tu étais alors à la solde de Wurmser et à la mienne. Qu'es-tu venu chercher en Suisse ?

— Général, Moreau n'a pas su m'employer et Masséna est enfermé. Je me suis vendu à Wukassowich. Il faut bien vivre.

— Quel prix te paie le général autrichien ?

Toli baissa la tête.

— Parle et je te récompense. Mais si tu restes muet, les Français te fusilleront dans dix minutes.

L'homme ne trembla point à cette menace. Bonaparte appela Lauriston.

— Voici un espion. Faites-le passer par les armes !

Toli s'écria :

— Général Bonaparte, j'ai sept enfants ; je parlerai.

Le Consul fit signe à Lauriston qu'il pouvait demeurer avec Bourienne.

— Je dois donner du pain à mes petits, poursuivit l'Italien. Wukassowich m'a engagé il y a trois semaines à Milan et payé cent florins d'avance pour le renseigner sur la force des bataillons républicains massés en Suisse.

(1) *L'art de l'espionnage* (pages 17 à 20).

Bonaparte jeta les yeux sur la carte du pays.

— Comment as-tu pu arriver jusqu'ici ? Les passages sont gardés.

— Vous savez bien, général, que je connais mon métier. Déguisé en prêtre, je m'étais présenté au Grand Saint-Bernard. Une sentinelle me coucha en joue et eût fait feu, je présume, si je n'avais exécuté une prompte retraite. Impossible d'arriver au Vélan. Je courus à Gignod, à l'entrée du val Pellina. Un guide de mes amis m'accompagna au sentier du mont de la Balme. J'ai mis soixante heures pour traverser le mont Avril dans la neige et sur la glace. Exténué, blessé, je suis descendu, en m'accrochant aux rocs, vers le val d'Entremont, puis sur le sentier de Bagnes. Trente soldats gardaient le pont de Mauvoisin ; j'ai pu déjouer leur surveillance en rampant au petit jour. J'allais apercevoir le bourg d'Orsières quand des cavaliers envoyés en reconnaissance sont tombés sur moi. Ils m'auraient tué si je n'avais demandé à être conduit auprès du général Bonaparte.

Le premier Consul le félicita de son courage et lut son laisser-passer.

— Veux-tu mille francs par mois pour me servir ? me servir aussi fidèlement que tu l'as fait en 1796 ? Oui, tu acceptes. Alors, je vais t'apprendre des nouvelles. Haddick, qui défendait la vallée d'Aoste, est en déroute. L'avant-garde de l'armée républicaine occupe Etroubles, Aoste et Chatillon. Bard s'est peut-être rendu entre nos mains. Mélas ne pourra m'opposer, en Italie, que 67.000 hommes (1). Allons, ajouta-t-il en lui tirant l'oreille, nous serons bons amis.

Quand il connut les forces et les mouvements probables que risquerait Wukassowich, il envoya l'espion à Lannes.

Dans la nuit du 28 au 29, un régiment de la division Monnier qui traversait Martigny se débanda pour chercher des vivres. Le pillage des habitations commençait lorsque Duroc, réveillé par Lauriston, employa la garde consulaire à faire évacuer la ville aux affamés.

Le commissaire Lepeltier eut à supporter le lendemain toute la colère du premier Consul. Le pain, le biscuit, l'eau-de-vie, tout disparaissait ; il est vrai que les ordonnateurs s'enrichissaient vite.

Des nouvelles de l'armée du Rhin et de celle d'Italie arrivaient simultanément.

M. de Kray ayant été vivement poussé sur son camp retranché d'Ulm, les 18.000 hommes de Moncey se dirigeaient à marches forcées vers le Saint-Gothard. Ces troupes devaient rejoindre à Milan l'aile gauche de l'armée de réserve. Il importait donc que les passages du Mont-Cenis et du

(1) Ces troupes étaient cantonnées, le 28 floréal, de la manière suivante : 12.000 hommes à Nice, 6.000 à Savone et dans la rivière de Gênes, 25.000 devant Gênes, 8.000 à Suze et à Pignerol, 3.000 à Romano, Ivrée et Bard, 8.000 vis-à-vis le Simplon et le Gothard, 5.000 du côté d'Acqui, et en Lombardie.

Simplon fussent au plus tôt forcés. Berthier donnerait des ordres en conséquence.

Suchet écrivait de Saint-Laurent-du-Var, le 23, que les troupes françaises, accablées par le nombre des ennemis, venaient d'opérer le passage du Var, que de Mélas avait été prévenu la veille par le chevalier de Montégu qu'on regardait comme étant proche l'arrivée de l'armée de réserve en Piémont; mais le généralissime autrichien refusait encore de croire à l'existence de cette armée. Suchet ajoutait : « Le général Desaix est depuis six jours à Toulon. Il nous offre son bras ; nous l'appelons ; mais il s'est laissé arrêter par une maudite quarantaine (1). »

Bonaparte, qui voulait avoir de la bouche de Desaix des nouvelles de l'Egypte, où Kléber commandait, et lui ayant déjà écrit de Lausanne d'avoir à passer en Italie, fit répéter l'ordre par Bourrienne (2).

Le Consul aimait à s'entretenir avec le prévôt et le procureur des Bernardins. Le procureur ne lui cachait point les inquiétudes qu'il éprouvait sur le sort réservé aux troupes françaises réunies dans la vallée d'Aoste si elles ne s'emparaient, par un coup de main habile et hardi, du fort de Bard, la porte du Piémont et le seul débouché en temps ordinaire des vivres nécessaires à l'existence des habi-

(1) **Archives de la guerre.**
(2) **Mémoires de Bourrienne.**

tants disséminés entre Hône et Saint-Rémy (1). Bonaparte lui répondait :

— Les Piémontais nous aideront.

— Ils traitent de calamité la guerre qui sévit dans leurs cantons, renseigna le prévôt. Et je ne vous cacherai pas, monsieur le général, qu'on exalte contre vous leurs sentiments religieux.

— C'est vrai ! nous sommes, dit-on, les persécuteurs des prêtres. N'avons-nous pas, en Italie, forcé l'entrée des couvents ? fusillé les moines qui brûlaient ou poignardaient les blessés que nous étions forcés d'abandonner. C'était la loi : meurtre pour meurtre. Et les émigrés me chargent de tous les excès commis pendant la Révolution. J'étais alors lieutenant ou capitaine, et mon épée, quoiqu'on publie dans la Péninsule, n'a jamais été au service des misérables qui ordonnèrent tant de destructions. Qui parle de notre athéïsme ? L'être suprême que les soldats républicains ont adoré sur l'autel de la patrie, c'était votre Dieu de miséricorde. Que la religion ait été persécutée par quelques démagogues, aujourd'hui nous la tolérons, et demain, le respect de la conscience et des propriétés étant rétablis, nous la protégerons. Au milieu des plus grandes convulsions de l'Etat, la France se souvient qu'elle est la fille aînée de l'Église. D'ailleurs, l'apaisement est déjà fait partout.

(1) Relation du P. Luder.

Savant plaidoyer qui achevait de gagner les chanoines à sa cause.

Marroi lui remit la lettre de Marmont. Il comprit dans quel embarras se trouvait le commandant de l'artillerie privé d'auxiliaires ; il résolut de le tirer aussitôt d'une situation si pénible en lui accordant l'aide des divisions Chambarlhac et Monnier, dont Lannes ne réclamait pas immédiatement la présence à la suite de l'avant-garde.

Lannes envoyait le bulletin de la victoire de Chatillon. Bonaparte le complimentait et lui donnait des indications sur les opérations éventuelles qu'il aurait à effectuer afin de poursuivre rapidement ses succès (1) ; la campagne se trouvait, à son avis, très bien engagée et devait se terminer promptement, il le prévoyait déjà, dans les environs d'Alexandrie.

Moncey recevait l'ordre de passer le Gothard le 8 prairial au plus tard, et d'occuper, sans coup férir, la rive gauche du Tessin, jusqu'à Lugano (2).

(1) « Je vous félicite, citoyen général, sur cette première victoire ; c'est un prélude à de plus grandes.

» On commence enfin ici à avoir 500 à 600 mulets de réquisition. J'espère que demain et après on aura des moyens assez considérables pour pouvoir passer notre artillerie.

» Je partirai probablement demain.

» D'après les nouvelles du 24, de Nice, il est physiquement impossible que Mélas puisse être à Turin, s'il se dirigeait sur cette place, avant le 5 ou 6 prairial (25 ou 26 mai.) Il faut que le 4 (24 mai) vous vous trouviez en avant d'Yvrée, parfaitement en mesure. Les divisions Chambarlhac et Monnier et la cavalerie nous auront rejoint pour ce jour. »

P.-S. « Je reçois à l'instant un courrier de Moncey ; il m'envoie la copie de la lettre qu'il vous a écrite. Vous pouvez vous dispenser de lui répondre parce que je le fais. »

(2) Correspondance de l'armée du Rhin. Archives de la guerre.

Il y avait, en Bonaparte, non seulement un habile guerrier, mais un prévoyant de premier ordre, à cette époque. Toutes ses troupes lancées contre les Autrichiens, il lui fallait assurer ses derrières ; et, comme la seconde armée de réserve, que Brune formait à Dijon, ne pouvait envoyer d'hommes, le Consul demanda à Sion une levée de milices. Ces milices garderaient les chemins et les passages, depuis Saint-Rémy jusqu'à Villeneuve (1). Puis il priait le citoyen Reinhard, ministre de la République française en Helvétie, d'obtenir du Conseil exécutif un bataillon de 400 hommes qui se tiendrait à Martigny, Villeneuve et Lausanne pendant tout le temps que dureraient les opérations en Italie.

Lauriston apporta une pétition au Consul :

« Général, de vaillantes citoyennes, qui voulaient accompagner à la guerre leurs maris ou fiancés, se sont vu barrer le passage, ont été ramenées de Saint-Pierre ici entre des baïonnettes et bousculées.

(1) « A la Chambre administrative du Valais.

» Ayant pleine confiance dans l'attachement à la cause de la liberté des habitants du Valais, je désirerais, citoyens, avoir six compagnies de gardes nationales commandées par un chef de bataillon ; chacune de 100 hommes ; elles seront destinées à maintenir libres les communications du Saint-Bernard à Villeneuve, à garder les magasins, à escorter les prisonniers, les blessés, etc. La première compagnie se tiendra à Saint-Rémy, la seconde à l'hospice, la troisième à Saint-Pierre, la quatrième à Saint-Branchier, la cinquième à Martigny, la sixième à Saint-Maurice. Chaque soldat recevra cinq francs toutes les décades, moyennant quoi il ne lui sera fait aucune espèce de fourniture.

» Les officiers seront payés comme ceux des troupes françaises, chacun selon son grade. Le commissaire des guerres à Martigny arrêtera les états de revue. »

Ces femmes, dont plusieurs ont suivi la première armée d'Italie, se placent aujourd'hui sous la protection du premier Consul de la République (1). »

Bonaparte écrivait en marge de la pétition, sans vouloir recevoir les signataires : « Exemple à suivre : la citoyenne Bonaparte est restée à la Malmaison. » Et elles durent partir pour Lausanne, toujours escortées.

Dans Martigny, la garde consulaire était sans pain. Dubreton se trouva mis en demeure d'approvisionner les hommes. Le soir, un courrier de Berthier apporta une note datée du 29 à midi. « Le fort de Barre ferme la vallée de la Doire qu'il faut suivre. Il est imprenable. Les autres chemins, à travers la montagne, sont difficiles. Que faut-il tenter? » Bonaparte écrivit au crayon : « Tentez l'impossible, mais passez. » Et, quand le courrier fut sorti, le premier Consul regarda Bourrienne et s'écria :

— Deux cents Croates bien postés pourraient arrêter la marche de l'avant-garde, immobiliser plus de 6.000 hommes? C'est à moi qu'on raconte une pareille chose? Je m'ennuie dans ce couvent. Ces imbéciles-là ne prendront jamais le fort de Bard ; je veux aller voir par moi-même; ils me forcent à m'occuper d'une pareille misère (2).

Son départ fut aussitôt fixé au lendemain matin.

(1) *Les femmes à l'armée*, 1 vol. Lucerne, 1813.
(2) Mémoires de Bourrienne.

CHAPITRE XII

ORDRES DU PREMIER CONSUL

Bonaparte déjeune au presbytère de Liddes. — Il s'arrête à Saint-Pierre et réunit les chefs de service. — Marmont reçoit des indications. — Le guide Dorsaz retient le Consul au bord d'un précipice et l'entretient de ses affaires.

Le 30 floréal, à huit heures du matin, Bonaparte allait rendre visite au prévôt et lui disait :

— Monsieur, les événements me forcent à partir. Pressé, et allant à cheval, je vous laisse ma berline. Si je ne la fais pas reprendre dans le courant de l'année, elle sera votre propriété (1). Avec cela, je laisse deux flacons de ma vaisselle de campagne qui ont peu de valeur, mais qui seront pour vous des souvenirs (2).

Et il remercia vivement le supérieur des Bernardins de l'hospitalité qu'on lui avait accordée. M. Luder l'accompagna sur la place, où l'état-major était réuni. Un détachement de la garde consulaire présentait les armes.

MM. Terretaz et Murith — ce dernier, prieur au

(1) Archives des Bernardins.
(2) L'un de ces vases est placé aujourd'hui dans la bibliothèque de l'hospice du Grand Saint-Bernard.

Saint-Bernard et arrivé la veille à Martigny — devaient suivre le général en char à bancs. Bonaparte avait quitté sa mise négligée et revêtu un pantalon de drap blanc, un gilet de la même couleur, un habit bleu ouvert ; et, dessus, la redingote grise. Son chapeau était recouvert d'une toile cirée. Botté et ganté, il portait une épée de parade et maniait une petite cravache à pommeau d'argent (1).

Tout pensif, il précédait ses officiers de quelques pas. Marroi, parti en avant, faisait défendre aux hommes de la division Monnier cantonnés près d'Orsières d'acclamer le Consul à son passage. Lui, s'indignait de voir tant de traînards, de mendiants, de chariots démontés qui encombraient la route et les carrefours des villages. A onze heures, il entrait dans la cure de Liddes, chez M. Rausis. Le prêtre, qui n'attendait pas cette visite, allait se mettre à table. Resté un moment interdit, il offrit un frugal repas au général, à Bourrienne et aux deux Bernardins (2). Quant aux aides de camp, ils déjeunèrent fort mal, dans une maison voisine, à la table de Chambarlhac. Pourtant, ce fut Chambarlhac qui envoya du café au Consul ; Herbin y joignit un flacon de vieille eau-de-vie tiré de sa cantine.

En sortant du presbytère, Bonaparte trouva dans le chemin un grand nombre de soldats appartenant

(1) Notes de M. Murith.
(2) Lettre de M. Rausis à l'évêque de Sion.

à la 5e division. Ils étaient hâves, pieds nus et affamés ; ils demandaient des chaussures et du pain. Le Consul leur promit de les conduire à la victoire.

Murat attendait le Consul à l'entrée de Saint-Pierre ; Bonaparte s'étonna de voir des escouades en armes et rassemblées au centre de la bourgade ; il voulait qu'on respectât son incognito ; les Bernardins, descendus du char à bancs, marchaient derrière son cheval. Les habitants se demandaient quel était ce cavalier au teint jaune et aux yeux de feu que des généraux suivaient en silence.

Arrivé devant l'auberge, avant de gravir les degrés du perron, Bonaparte envoya chercher M. Max, le chef de la municipalité ; M. Max s'était rendu le matin à Sion ; il ne devait rentrer que fort tard dans la soirée. M. Terretaz priait M. Moret d'accorder la plus grande déférence à l'un des principaux chefs de l'armée française ; et cette recommandation faite, il partait pour le couvent, dans la compagnie des aides de camp.

M. Moret conduisit Bonaparte et Bourrienne dans une vaste pièce du premier étage de sa maison. Duroc écrivait, au rez-de-chaussée, des instructions qu'on devait porter tout de suite à Harville ; puis il priait l'aubergiste de choisir un bon guide ayant une mule forte, pour conduire « le général ».

Assis dans un fauteuil à bras, Bonaparte appelait auprès de lui : Murat, Marmont, Victor, Regnault, le commandant d'armes, Merlin et Marroi. M. Murith se tenait à l'écart. Bonaparte donnait tout de suite des instructions à Marmont (1).

Les canons et les caissons appartenant à la cavalerie et aux divisions d'infanterie restées en deçà des Alpes seraient traînés à bras ou portés par les troupes de Chambarlhac et de Monnier. Une division de 100 mulets que Lannes renvoyait enfin, arriverait à Saint-Pierre le 1er prairial. Elle prendrait des munitions et de l'avoine pour les chevaux de la garde consulaire. Il fallait réduire le parc à 100 voitures; ne transporter en Italie que les objets absolument nécessaires. Les voitures inutiles seraient conduites à Villeneuve, avec les équipages du premier Consul et la plus grande partie des bagages des officiers généraux. Donc, Marmont allait disposer, pour enlever l'artillerie de réserve et le parc, de 800 chevaux et de 150 mulets. Les 100 voitures déjà démontées à Proz seraient traînées par la moitié des chevaux ; les autres porteraient des roues et des caisses ; les mulets traîneraient les canons. Tout serait remonté à Saint-Rémy ; cela fait, 200 chevaux franchiraient la montagne, seraient attelés à Ravère sur les chariots et fourgons qu'on conduirait à Villeneuve.

Le commandant de l'artillerie choisirait des muletiers parmi les hommes de la division Monnier. Il réclamait des cordages ; Bonaparte lui annonça qu'il en arriverait le soir une grande quantité ; il lui

(1) Rapport de Marmont.

recommanda de ne pas épargner l'argent pour avoir des paysans à son service et de défendre à ses officiers d'infliger aux civils des châtiments corporels ; puis, au fur et à mesure de ses mouvements, il devait prévenir le général Berthier.

Murat reprendrait à Saint-Rémy les canons de sa cavalerie. Victor devait veiller à la discipline de l'infanterie ; et les dernières troupes passées, Regnault resterait à Saint-Pierre, en qualité de commissaire des milices valaisannes qui garderaient le pays.

Les officiers se retirèrent. Bonaparte appela Duroc :

— Je dois quitter le bourg à deux heures précises. Vous me suivrez avec Bourrienne, le père Murith et Marroi sur des mulets que le général Marmont va envoyer ici. A Proz, vous vous placerez à la tête de l'escorte de dragons qu'on doit me donner ; vous me rejoindrez avant d'arriver chez les Bernardins. Mais je ne vois pas le courrier de Berthier ? Ce satané fort de Bard ! s'écria-t-il. Mais Chabran a de l'artillerie de siège pour le battre en brèche. Que font-ils tous ces généraux ? (1)

Il demanda du vin que Mme Moret lui servit. Ouvrant une fenêtre, il porta ses regards vers l'arête de Cherreyre, avant de s'informer auprès du prieur du genre de vie que menaient les montagnards, de leurs ambitions et des motifs qui gui-

(1) Lettre de Duroc à Marmont.

daient, vers la République, depuis quelques années, le plus grand nombre. M. Murith, restant toujours dans son couvent, ne sut pas le renseigner.

Descendu à la salle basse, il y trouva les généraux réunis autour de Murat. Devant la porte, des grenadiers se massaient. A la vue de Bonaparte, les soldats s'alignèrent ; le Consul les passa en revue et reçut du plus vieux un bouquet de roses des Alpes.

— J'ai cueilli ça pour toi, là-haut dans la montagne. Tu verras la 59e se distinguer en Italie. Seulement, on nous esquinte à traîner un tas de choses. Et tu sais, citoyen, pas vu un morceau de viande depuis une grande semaine. Et l'on peut tout te dire, à toi : il y a des lieutenants qui cognent sur les pauvres bougres, des volées de bois vert. M'est avis que tu ne sais pas et qu'on oublie la fraternité (1).

— Je ferai punir les brutes, promit le Consul. Soldats ! pour votre gloire personnelle, travaillez avec patience. Le passage du Grand Saint-Bernard sera l'un de vos plus beaux exploits.

La revue passée, Bonaparte voulut voir M. Moret qui était à la recherche d'un guide.

— Le premier à marcher, avait dit l'aubergiste à Duroc, après avoir consulté le registre des tours de service, est un nommé Dorsaz, garçon intelligent, qui possède une bonne mule.

(1) *Annales de la Gloire*, page 83.

M. Moret, en arrivant chez le guide, le trouva assis devant un feu de sarments. C'était un grand garçon de vingt ans environ, bien découplé, le teint brun, l'œil vif, qui avait protesté avec les habitants de Saint-Pierre contre l'envahissement de la Suisse par les Français.

Commandé de garnir sa mule pour passer un « capitaine », il répondit l'avoir louée le matin à des soldats qui allaient faire un voyage à Martigny; et il engageait maître Moret à prendre *son suivant*. M. Moret se rendit à l'écurie, la trouva vide ; mais, ayant forcé la porte d'une pièce servant de bûcher, il y découvrit la bête.

— Ne m'envoyez pas dans la montagne, dit le jeune homme. Le capitaine me garderait, c'est sûr ; et j'ai si peur qu'on me vole ma bête. Ces Français emmènent tous les animaux dans le Piémont. Je n'ai que ma mule pour gagner ma vie; vous le savez bien (1).

Il dut néanmoins s'exécuter. Arrivé devant l'auberge, Bonaparte lui dit :

— Ton nom?

— Pierre-Nicolas Dorsaz, pour vous servir, capitaine.

Dorsaz portait un costume propre à affronter le climat des hauteurs : veste de drap aux revers en peau de chèvre, culotte de froc, hautes guêtres en

(1) Cahiers du guide Dorsaz, communiqués par Genoud, son petit-fils.

cuir bien ajustées sur des larges souliers, grand chapeau de feutre couvrant un bonnet de laine qui protégeait les oreilles. Un long bâton ferré devait aider sa marche à travers la neige ou sur le verglas.

La mule était habillée d'un bel harnachement : large bride et haut fronton en laine, avec touffettes rouges ; rênes en cuir jaune ; bonne housse ; le bât haut et dur ; avaloire double au cuir orné de dessins sur drap rapporté et pourvue d'émouchettes ; mais pas d'étriers.

Bonaparte fit changer le bât et ajouter des étriers.

En quittant Saint-Pierre, le Consul prit un air sombre. Il ne dit pas un mot à Gassendi qui le saluait. Il voulait sans cesse presser la mule d'avancer, au grand dépit du guide forcé, dès le départ, d'allonger le pas démesurément ; tout à coup, il abandonnait les rênes et restait profondément absorbé. Le chemin de Cherreyre, que des éboulements ont depuis longtemps déformé, était longé à droite par la profonde coupure au fond de laquelle la Dranse ne cesse de gronder. Ce chemin dominait, sur plusieurs points, des précipices dont la vue seule pouvait donner le vertige.

La mule, brusquement éperonnée, glissa des pieds de devant au bord d'une pierre plate et mouillée ; et, tombée à genoux, sans avoir pu se relever du premier élan à cause du poids qui la chargeait, le cavalier, surpris, perdait aussitôt l'équilibre. Brusquement projeté en avant, il vidait l'étrier gauche, roulait vers le gouffre, mais Dorsaz se retournait et saisissait le général d'une poigne vigoureuse à la redingote ; il le remettait en selle pendant que la mule reprenait sa marche.

— N'ayez pas peur, capitaine, je suis là. Un bien mauvais endroit... Allez, ceux qui descendent au fond n'en reviennent pas. Dieu vous garde d'y aller, capitaine.

Bonaparte sourit et remercia le guide ; puis, tenant bien les rênes, il suivit les moindres mouvements de sa monture. Devant la première cabane de Proz, le général Harville l'attendait à la tête de deux escadrons de dragons bien montés. Le Consul demanda si le courrier de Berthier n'avait pas paru ; le nom de Bard revenait sans cesse sur ses lèvres (1). Il s'engageait dans la première gorge, ayant, à cent pas derrière lui, Duroc qui avait pris la tête de l'escorte.

Le ciel était couvert, dit Dorsaz. Bonaparte baissait la tête. Un vent assez fort enlevait des poussières de neige dans le vallon que nous traversions. On entendait craquer les glaces amoncelées au bord des crevasses ; on voyait, à travers le défilé, les traces du passage de plusieurs régiments. Plus loin, le bruit du torrent dévalant des étages de roc montait assourdissant, ou bien c'était le cuicui d'une perdrix blanche égarée par là, ou encore le roule-

(1) Lettre de Harville à Berthier.

ment d'une petite avalanche glissant derrière les sommets qui bornaient notre vue.

Bientôt incommodé par le froid, Bonaparte boutonna sa redingote et en releva le collet ; ces mouvements parurent le tirer de l'espèce de torpeur dans laquelle il était resté ; il se retourna et vit que les dragons s'avançaient, dans la rude déclivité, avec beaucoup de peine, car leurs chevaux mal ferrés glissaient à chaque pas. Les cavaliers étaient à pied, tirant la bride.

Dorsaz, courbé sur l'alpenstock, dirigeait sa bête d'une main ferme, au bord de l'étroit chemin.

— Eh bien, mon garçon, lui dit le général, c'est là un chemin difficile. Je te félicite de la présence d'esprit que tu as eu à Cherreyre.

— Capitaine, ce n'est rien que cela. D'habitude, cette sacrée mule ne glisse jamais.

— Elle est à toi ?

— Mais oui. C'est mon meilleur bien avec quatre mauvais meubles ; j'y tiens, vous pensez ; et je vous confierai que j'ai grande peur que les soldats ne la prennent tout à fait. Tous les mulets du bourg de Saint-Pierre sont allés bien loin avec un général.

— Le général va les renvoyer. Les Français ne t'enlèveront pas ton gagne-pain. Es-tu heureux dans ton métier de guide ?

— Capitaine, on ne gagne bien qu'en été ; et l'hiver est si long dans nos montagnes ; long et souvent rude.

— A ton âge, tu pourrais faire autre chose. Fort et beau garçon comme tu l'es, que ne t'enrôles-tu chez nous ? Tel conscrit qui, aujourd'hui se fait soldat, sera lieutenant dans un an.

Dorsaz baissait la tête.

— Tu ne réponds pas, garçon ?

— Capitaine, c'est que je ne peux pas quitter Saint-Pierre, moi.

— Est-ce l'amour du sol natal ou des intérêts particuliers qui te retiennent ?

— Il y a autre chose, répondit brusquement le guide.

— Je devine : une amourette. Fais-moi des confidences ; le capitaine te veut du bien, car il te doit peut-être la vie. Allons, parle !

Dorsaz regarda Bonaparte et le vit si sérieux qu'il crut ses paroles.

— Vous me voulez du bien ? Ma foi, vous êtes un brave homme. Je ne veux pas vous refuser le récit de ma peine, quoique vous ne pourriez guère me faire avancer dans la chose qui me tourmente.

Et, abandonnant la bride de sa mule, pour marcher à côté du général attentif, il poursuivit :

— Depuis deux ans — apprenez, capitaine, que j'ai vingt-deux ans — je me suis mis dans la tête l'idée de prendre une femme. Je me sens assez grand pour pouvoir diriger un ménage. Alors, j'ai fait des m'amours à une voisine, la fille de maître

Genoud, assez bien pour qu'on ne s'en aperçoive pas tout d'abord. On se voyait en chemin, devers la montagne ; puis, le diable, c'est que ça a fini par se savoir tout de même. Tous les amis m'ont corné aux oreilles que j'avais ouvert les yeux trop grands. Le père de la Eléonore est *terré* (1). Un autre guide, qui mange ma Léonore des yeux, a appris mes idées au papa. M. Genoud m'a dit en public que jamais, au grand jamais, il ne donnerait sa fille à un gueux de mon espèce. Là-dessus, la Eléonore s'est quasiment éloignée de moi. Moi, capitaine, je croyais en tomber fou. J'ai passé des nuits et des nuits à pleurer comme une bête ; et, à l'été, j'ai été travailler sur la rivière d'Aoste. En rentrant pour l'hiver, j'ai trouvé la Eléonore toujours belle. Elle avait reçu défense de me parler. Je cherchais bien à la rencontrer toute seule pour lui dire que je n'abandonnais pas ; c'est qu'on la gardait comme qui dirait un trésor. J'ai fini par employer une vieille femme qui lui a expliqué mon insistance. Y paraît que ça l'a joliment touchée car elle se désolait comme une Madeleine qu'y eut de l'opposition. Cette fois, je me suis mis à espérer un peu ; mais, pourquoi cette confiance, puisque le père s'opposera toujours au *contractement* du mariage, tant que moi, Pierre-Nicolas Dorsaz, je ne serai qu'un simple guide avec une mule et quatre

(1) Riche en terres.

meubles. Pour avoir la Léonore, il faudrait attendre des temps et des temps.

Bonaparte était vivement intéressé

— Quelle somme vaut le bien que recevra en dot cette jeune fille ?

— Capitaine, pour le pareil, y faudrait à Pierre-Nicolas Dorsaz...

Il compta pendant une minute sur ses doigts.

— Il faudrait, ajouta-t-il, une petite maison et un enclos.

— Mais le prix de la maison et de l'enclos ?

— Le prix ? Dans les mille et deux cents livres.

— Il s'agit d'une faible somme pour assurer ton bonheur. Le capitaine s'occupera de toi.

Dorsaz n'avait pas compris.

— Alors, capitaine, vous parlerez au père ?

— Oui, mon garçon. Et après il n'osera pas te refuser la femme que tu aimes. Au moins, tu te rappelleras de moi.

— Si je m'en rappellerai ?... Mais je prierai le bon Dieu pour vous tous les jours. Quand est-ce que vous parlerez à maître Genoud, capitaine ?

— Dès que sera terminée la campagne.

A l'instant, le guide vit s'évanouir une partie de ses espérances.

— La campagne peut durer deux mois, dit Bonaparte. Fais avertir Mlle Eléonore et espère dès maintenant que la réalisation de tes désirs s'accomplira.

On arrivait au bord d'un passage difficile, resserré entre la Dranse et un grand contrefort. Dorsaz reprit la bride de la mule afin de la guider sûrement. Le Consul, très sensible au froid, voulut mettre pied à terre. Arrivé sur une éminence, il contempla les coupures pratiquées au sein de l'agreste paysage ; le guide lui nommait les grands pics et les sentiers aperçus. Les gens de la suite de Bonaparte arrivaient lentement. Un mulet vicieux avait jeté Bourrienne à terre ; le secrétaire s'avançait à pied en maugréant. L'escorte de dragons se trouvait à plus de mille mètres des voyageurs (1).

— Quel beau paysage, dit le Consul. Duroc, prenez donc le nom de mon guide ; il nous faudra, après la guerre, nous occuper de lui. Monsieur Murith, à quelle distance sommes-nous de l'hospice ?

— A deux mille mètres.

Bonaparte se remit en selle avant de donner le signal du départ. Ayant encore distancé sa suite, il s'informa auprès de Dorsaz des motifs qui avaient fait déserter les paysans du val d'Entremont, d'Orsières et de Liddes à l'approche de nos troupes ; et le guide lui confirma les rapports de sa police : l'œuvre ténébreuse entreprise par des émigrés qui travaillaient à détacher les citoyens du Valais de la nation française, leur protectrice.

(1) Le grenadier Petit a écrit que la garde consulaire suivit Bonaparte dans le passage. C'est une erreur. D'ailleurs, aucune lettre de service ou document ne vient confirmer ce récit.

— Tu n'a pas suivi le mauvais exemple ?

— Capitaine, j'ai besoin de gagner ma vie.

— Et tu ne garderas pas un mauvais souvenir de nos soldats?

— Non, capitaine.

Le Consul apprit que les guides, désignés à Saint-Pierre, attendaient tous les jours le passage du général Bonaparte; aucun ne voulait s'éloigner, de crainte de le manquer.

— Quelle curiosité, fit remarquer Bonaparte.

— On ne voit pas tous les jours un héros, un homme extraordinaire, dit Dorsaz.

— Qui dit que c'est un héros ?

— Mais tout le monde, capitaine.

— Je croyais qu'il avait déjà franchi la montagne?

— Non, capitaine. Je le guettais, moi. Si maître Moret ne m'avait pas forcé de partir pour vous, je l'aurais vu, car de chez les Bernardins de Martigny, il doit venir aujourd'hui sans faute coucher à *la* prieuré de Saint-Pierre Mont-Joux...

Le bâtiment de l'hospice apparaissait au milieu de la gorge. M. Murith avait fait prendre le trot à son mulet et il demandait au Consul la permission de le précéder. Bonaparte mettait pied à terre à vingt pas du couvent. Les auxiliaires et ouvriers d'artillerie, chargés de la surveillance du matériel monté, l'avaient déjà reconnu; ils poussaient des vivats. Bonaparte disait au guide :

— Mon garçon, je ne veux pas t'emmener à

Saint-Rémy. Le colonel Duroc va te payer. Tu pourras annoncer à tes amis, en rentrant chez toi, que tu as fait gravir le Grand Saint-Bernard au général Bonaparte.

Dorsaz restait interdit. Duroc lui donna 8 francs. Et, d'après l'engagement pris, le Consul fit acheter à son protégé, par le prévôt des Bernardins, une maison et un clos (1). Le guide épousa Mlle Eléonore Genoud.

(1) Acte du 27 novembre 1801.

CHAPITRE XIII

BONAPARTE A AOSTE

Le Consul dîne à l'hospice et visite la morgue. — Mauvaises nouvelles de Bard. — Bonaparte passe la nuit au presbytère d'Etroubles. — Il s'installe à Aoste. — Marche de la brigade Lechi vers le Gothard.

M. Terretaz, procureur à Martigny, ayant quitté Saint-Pierre à midi, s'était rendu au plus vite à l'hospice afin de prévenir les chanoines que le général Bonaparte arriverait vers cinq heures ; aussitôt, les domestiques firent la toilette intérieure de la maison ; le cuisinier reçut l'ordre de préparer un bon repas ; on sortit de la cave le vin de réserve destiné aux personnages de marque qui traversaient la montagne ; et, à l'arrivée du Consul, les religieux, en habits de fête, groupés devant le perron, se découvrirent. Lorsque M. Murith les eût présentés individuellement, le P. Bérenfaller souhaita la bienvenue « au grand conquérant qui daignait visiter de pauvres cénobites (1). »

Bonaparte répondit à ce compliment par quelques paroles bienveillantes; mais avant de s'asseoir à

(1) Notes du P. Bérenfaller.

la table des hospitaliers, il voulut parcourir toute l'étendue de la gorge, parler aux soldats qui surveillaient le matériel d'artillerie et voir, au delà du temple de Jupiter, les plaines d'Italie, où il avait hâte de descendre et de triompher.

Il dîna avec les gens de sa suite et le prieur dans la grande salle de réception. Le menu se composait de bœuf salé et bouilli, de ragoût de mouton, de légumes secs, de fromage de chèvre et de gruyère et d'un vieux vin blanc récolté près d'Aoste, dans les propriétés de la communauté (1). Le repas dura vingt minutes.

A cinq heures et demie, Bonaparte quittait la table et assistait, du haut du perron, au défilé de son escorte de dragons. Manifestant le désir d'arriver à Etroubles avant la nuit, il ordonna au chef de la cavalerie de tenir ses hommes prêts pour repartir à six heures. M. Murith le priait de visiter la chapelle ; il consentait à donner satisfaction au Bernardin.

L'architecture du monument parut vivement l'intéresser. En s'avançant vers le chœur, il remarqua cinq masses longues recouvertes de linceuls et étendues au pied d'un pilier, sur les dalles. Un chanoine répondit à la question que le Consul posa :

— Ce sont des hommes apportés ici morts.

(1) Lettre de M. de Cayrol à l'ordonnateur Dubreton.

Duroc, commandé, enleva le linceul qui cachait le premier. Un visage gonflé, jaune sous le jour des verrières, apparut aux visiteurs. Le collet de l'uniforme indiquait un soldat de l'artillerie. C'était l'un des hommes tués par l'avalanche dans la soirée du 25 floréal; à côté de lui, les deux autres canonniers victimes du même accident; tous retirés de sous la neige, par des pontonniers, le 26, à midi. Le quatrième, un cavalier de Rivaud, blessé mortellement pendant la descente de la cavalerie le long du Buttier; le cinquième, un civil, ramassé au pied du Mont Mort, pouvait être un espion.

Le Consul demanda :

— Qu'attendent ici ces victimes? Dites moi, monsieur le prieur, dans quel cimetière vous ferez mettre les corps de mes soldats?

M. Murith resta un moment embarrassé.

— Monsieur le général, nous ne pouvons creuser des fosses dans le roc. Les morts que nous ramassons sont rangés, après le service divin fait sur leurs dépouilles, au fond d'une chapelle.

Bonaparte voulut voir tout de suite le logement funèbre. Il dut, pour y arriver, traverser les corridors et descendre le perron, contourner le bâtiment de l'hospice, vers Saint-Pierre, tourner à droite, marcher dans la neige.

Un domestique ouvrit d'une vigoureuse poussée la porte d'un pourrissoir ; et Bonaparte s'avança le premier dans un lieu insuffisamment éclairé par une petite fenêtre ; il vit surgir d'horribles choses dans la demi-ombre.

Sur un carré de dix mètres, entre le plafond peu élevé et le sol raboteux, quatre rangées de cadavres formaient, dans l'encadrement des murs gris, un tableau digne du pinceau d'Holbein. Au fond, les décharnés, dont plusieurs acéphales. Dans la troisième rangée, des sortes de momies aux chairs bleues, droites, les linceuls tombés et pourris; et sous elles, symétriquement, des osselets jaunis, par tas, étaient mélangés aux crânes blancs depuis longtemps privés des corps qu'encadre la sphénoïde. Du côté droit de l'ossuaire, deux hommes restaient appuyés sur des perches de sapin ; chez ceux-là, vêtus de haillons, la rotule perçait ; et, à l'un, le plus grand, deux longues dents faisaient un rire affreux ; leurs yeux restaient secs, mais entiers, au fond de l'orbite. Le deuxième rang, formant un demi-cercle mal garni, était composé des morts entassés là depuis un demi-siècle. Au premier rang, on comptait quatorze individus, soutenus par des bâtons qui prenaient appui au pied des murs, et point entrés encore en putréfaction dans ce sépulcre glacé.

Bonaparte recula et appela M. de Cayrol.

— Non, cette tombe n'est pas faite pour recevoir les corps des soldats de la République. Citoyen directeur des hôpitaux, vous prendrez les mesures nécessaires pour que les hommes couchés dans l'église soient transportés directement au cimetière de Saint-Pierre; on leur rendra les honneurs militaires (1).

De la morgue, le Consul fut conduit à la bibliothèque, où il demanda *Tite-Live*. Assis sur un banc fixé dans le mur, il feuilleta le volume pendant quelques minutes avant de trouver la relation qui indique le passage d'Annibal à travers les Alpes. Il n'en acheva pas la lecture, prévenu qu'un courrier de Berthier arrivait enfin.

Berthier écrivait que le château de Bard résistait toujours, que Lannes portait sa division en avant, que les subsistances manqueraient à partir du 4 prairial. Il demandait un officier supérieur pour faire des batteries contre le fort (2).

Le premier Consul chercha une chambre où il

(1) Lettre de M. de Cayrol à Marmont.

(2) « Au quartier général à Verrès, le 30 floréal an VIII.

» Citoyen Consul. Le château de Barre est un obstacle plus conséquent que nous le croyons puisqu'il est impossible de faire passer l'artillerie tant que l'on n'en sera pas maître. Tant qu'à l'infanterie et à la cavalerie elles peuvent tourner le château en prenant un chemin de mulets qui va d'Armaz à Perlo.

» Le général Lannes occupe les hauteurs entre Armaz et Perlo qui dominent Barre; il doit avoir une partie de sa division à Donnaz et à Saint-Martin.

» On est occupé à monter sur la montagne les 2 pièces de 3 que nous avons prises à l'ennemi. Nos pièces de 4 et obusiers sur affûts-traîneaux ne sont pas encore arrivés ; j'ai expédié ordres sur ordres.

» Si je n'étais pas maître du château de Barre le 3 prairial (23 mai) je me trouverais fort embarrassé, n'ayant à la rigueur de subsistances que jusqu'au 4. Il ne resterait de parti à prendre que de faire passer la troupe, infanterie et cavalerie, pour faire une jonction avec le général Thureau, laissant ce qu'il faudrait de troupe pour bloquer Barre et le canonner. Je sens que cette opération aurait bien quelque inconvénient si l'ennemi était en forces supérieures, ne pouvant pas recevoir notre artillerie ni les munitions qui viennent en arrière.

» Le second parti serait un mouvement rétrograde auquel nous

pourrait écrire et s'y retira avec Bourrienne et Duroc. Son inquiétude était vive à ce moment; il usait ses nerfs irrités en accusant tout le monde de négligence, en marchant à grands pas. Il faisait écrire à Marmont d'envoyer le chef de bataillon d'artillerie Duport à Bard, tout de suite, et cent mulets chargés de biscuit ; et à Berthier d'employer les gros canons amenés de Grenoble par Chabran, de sommer le commandant du fort de se rendre.

Deux cavaliers emportaient ces lettres qui seraient remises le soir. A six heures et demie, le premier Consul quittait l'hospice, après avoir remercié les chanoines de leurs attentions; et à pied, guidé par M. Murith, il précédait ses aides de camp. Près des chalets de la Vacherie, le sentier décrivait une grande courbe. Pour éviter de faire le

ne pouvons penser tant pour les inconvénients qu'il aurait sur le moral que par la difficulté de l'exécution.

» La position dans laquelle nous nous trouvons est tellement essentielle aux intérêts de la République, que je désire avoir vos ordres sur ce que je devrai faire si le château de Barre n'est pas pris le 3 ; il est bien cruel que les pièces sur affûts-traineaux n'aient pas été les premières qu'on m'ait fait passer comme je l'avais demandé.

» Croyez que nous allons faire tout pour avoir ce maudit château, mais les vivres sont pour le moment un obstacle terrible à vaincre. Si cette lettre vous arrive dans un endroit où vous puissiez donner des ordres pour qu'il nous arrive du biscuit, rien n'est plus pressant, car la vallée est dépourvue de tout, surtout près de Barre où elle est très resserrée et sans culture.

» Demain, je porterai toute la division Lannes sur Saint-Martin et celle de Boudet sur les hauteurs entre Armaz et Donnaz qui dominent Barre.

» La division Loison sera à Armaz, devant Barre.

» Nous n'avons ici qu'un vieux capitaine d'artillerie et aucun moyen pour faire des batteries. Il faudrait que le général Marmont envoyât au moins un officier supérieur. Je le lui ai demandé. »

circuit, Bonaparte s'assit sur la neige, releva sur ses genoux son épée et les pans de sa redingote, et, dans cette position, il glissa cent mètres (1). Les officiers en firent autant. Ensuite, la petite troupe marcha à la file indienne dans un chemin couvert de boue. Les dragons suivirent l'état-major.

A Saint-Rémy, Bonaparte retrouva son cheval. Le prieur des Bernardins prit place dans une voiture. L'escorte mit sabre au clair et enveloppa le groupe d'officiers qui arrivait vers neuf heures à l'entrée d'Etroubles.

Les habitants de ce bourg avaient vendu ou donné à l'armée leurs dernières ressources. Berthier s'était logé chez un propriétaire nommé Veigzen. Bonaparte s'y rendit, mais trouvant le lieu humide il se transporta à la cure, où déjà M. Terretaz avait fait préparer son logement (2) et le lit : un matelas placé sur deux bottes de paille et une couverture de coton ; et il ne restait que du pain de seigle dans la maison. Bientôt, Duroc et Bourrienne vinrent se plaindre de n'avoir pu trouver de couche. Le Consul leur offrit des chaises sur lesquelles ils devaient reposer.

Quand il demanda à voir le curé d'Etroubles, on lui répondit que l'abbé Vesenda, hostile aux Français, avait pris la fuite *(f)*. Il ordonna d'amener le desservant de Saint-Oyen.

(1) Archives des Bernardins

(2) Notes de l'abbé Vesenda.

— Je sais, monsieur, lui dit-il, que vous avez logé il y a quelques jours un colonel des troupes autrichiennes. Est-il vrai que cet officier vous aurait obligé à lire aux fidèles de votre paroisse qui se réunissent le dimanche à l'église, un mandement de M. l'évêque d'Aoste qui ordonnait aux catholiques la résistance aux Français conduits par un aventurier?.... Parlez sans crainte; il ne vous sera fait aucun mal; vous avez eu la main forcée (1).

Le prêtre se déclara l'obéissant serviteur de son évêque. Bonaparte dut le renvoyer, sans avoir pu obtenir de renseignements.

Le Consul interrogea deux habitants qui s'effrayèrent devant lui; ils parlaient un patois également connu des montagnards du Valais, patois que M. Terretaz ne savait point traduire.

Un nouveau courrier de Berthier entrait chez le Consul à onze heures du soir, indiquant que des reconnaissances envoyées de tous côtés avaient trouvé, pour descendre en Piémont, des chemins praticables. Ainsi, on pourrait éviter Bard.

Bonaparte faisait répondre tout de suite au général en chef de lui expédier à Aoste les plans de ces chemins; il lui donnait, en outre, des indications sur les positions à occuper et le prévenait que Lannes serait prochainement attaqué par un corps de sept à huit mille hommes (2).

(1) *Histoire de la cure d'Etroubles.*

(2) « Je reçois à l'instant votre courrier, citoyen général. Un commissaire des guerres envoyé par l'ordonnateur en chef

A minuit, Bonaparte se retirait dans son galetas. Il ne put fermer l'œil tant la couche était dure. Le 1er prairial, à l'aube, accompagné de Duroc, il visitait les chantiers où l'on réparait le matériel d'artillerie. Plusieurs batteries s'y trouvaient rangées depuis trois jours. Des pièces de raccordement manquaient aux caissons de l'une; les auxiliaires les avaient perdues dans la neige, en descendant la montagne (1). Beaucoup de traîneaux étaient hors

passe à l'instant pour Saint-Pierre pour faire partir du biscuit qui s'y trouve en assez grande quantité et qui peut être rendu à Aoste le 2 au soir.

» On m'assure ici que les affûts-traîneaux sont partis. Je ne partirai que demain très tard pour voir la situation de l'artillerie qui est ici.

» Je désire que vous m'envoyiez à Aoste un itinéraire très détaillé sur le détour qu'il faut faire à cause du château de Bard, et le temps et la nature des communications.

» Choisissez au débouché de la plaine de bonnes positions que puisse prendre l'armée qui couvrira le siège de Bard et où elle puisse recevoir le combat de l'armée ennemie. Ces positions peuvent être choisies de manière que l'avantage de sa supériorité de cavalerie soit peu de chose et que l'avantage de son artillerie soit considérablement diminué; cela nous conserverait également la faculté de pouvoir battre la plaine et nous agrandir pour nous nourrir, ce qui, joint à ce qui nous viendra par le Petit Saint-Bernard, au million de rations de biscuit que nous avons depuis Villeneuve, et aux ressources d'Aoste, nous fera vivre.

» Ordonnez tout de suite qu'une partie des sapeurs avec la plus grande quantité de paysans qu'on pourra ramasser, travaillent à raccommoder le nouveau chemin qui devient celui de la communication de l'armée. Il faudrait qu'il soit bien mauvais s'il l'était plus que le Saint-Bernard où nous avons passé une partie de notre artillerie : avec de la peine et du temps, on surmonte bien des obstacles.

» Faites courir vos ingénieurs et vos adjudants-généraux pour connaître le système du pays entre Bard et Yvrée.

» Tenez-vous éveillé, Lannes aura 7 à 8.000 hommes sur le corps avant trois ou quatre jours.

» Mélas ne peut pas être sur vous avant le 6 ou le 8 (prairial).

» Ainsi, je crois qu'il faut faire travailler au nouveau chemin et pousser de nombreuses reconnaissances. Dès l'instant où votre artillerie sera prête, commencez à sommer le fort de Bard. »

(1) Rapport de Sénarmont.

de service. Le parc attendrait, en cet endroit, et sous la garde d'un bataillon des troupes de Chabran, que la route de Turin fût ouverte.

Bonaparte quittait Etroubles à neuf heures du matin. M. Terretaz l'ayant précédé à Aoste, avait sollicité le conseil diocésain de loger le Consul; après un moment d'hésitation, on mettait des appartements à sa disposition, au palais épiscopal.

A la porte de la ville, le Consul rencontre quelques citoyens qui se disent les membres d'une nouvelle municipalité; accourus pour le saluer, il les remercie de leur démarche. Chabran vient prendre ses ordres; l'entretien des deux généraux dura longtemps.

Les notes de Berthier parvenaient dans l'après-midi; ces notes indiquaient les quatre chemins qu'on pouvait suivre pour éviter de passer sous le feu des canons de Bard (1). Le sentier d'Albaredo

(1) 1° Le sentier d'Albaredo commence au delà de Verrès, faisant un large circuit à gauche de Bard. Etroit en plusieurs endroits et raide, cent hommes peuvent en six heures y monter une pièce de canon démontée, sans être exposés au feu de l'ennemi. Les ingénieurs rendront le chemin praticable à la cavalerie. Et du sommet, les troupes descendront en deux heures à Donnaz, où passe la route de Turin.

2° Un deuxième chemin plus difficile commence à quatre kilomètres de Hône-Bard, à Armez (Arnaz) près des ruines d'un vieux château. Il longe un vallon resserré, arrive au col de Colon, bifurque et descend à Donnaz. Le trajet serait de quatorze heures pour l'artillerie et de dix heures environ pour les autres armes.

3° Le troisième passage a été reconnu par une colonne placée sous les ordres de Malher. Partant de Verrès, il va jusqu'à Challant, monte au col des Fenêtres et descend à Perlo. La marche pour l'artillerie qu'il faudrait démonter serait de vingt-cinq heures, dont cinq dans la neige et sur des glaciers. La cavalerie et l'infanterie pourraient passer en dix-huit heures.

4° Cette voie, ouverte par Verrès, Challant, Bruisson, Gresso-

pouvait seul être rendu praticable, et promptement.

Après avoir manifesté le désir de diriger les opérations du siège de la forteresse, Bonaparte allait rester pendant quelques jours à Aoste. Là, il se demandait si, en portant rapidement l'armée de réserve à l'est, sur la Sésia, pendant que Lannes fermerait aux Autrichiens la vallée de la Doire, entre Ivrée et Donnaz, il n'arriverait pas plus vite à Milan?

M. Dondeynaz, administrateur de l'évêché d'Aoste, lui fit demander une entrevue. Le Consul le reçut à cinq heures et lui reprocha de laisser le clergé répandre des nouvelles propres à prévenir les Piémontais contre lui; il lui rappela qu'un commodore de la marine anglaise avait dit à Naples, devant une assistance nombreuse, que Bonaparte s'était noyé le 28 décembre 1798, dans la mer Rouge, en revenant le soir de visiter les fontaines de Moïse. Les Autrichiens s'empressèrent, après cette information que beaucoup de gens acceptaient dans la Péninsule, de publier que Lucien Bonaparte nommé premier Consul sous le nom de son frère, se promettait de ravager l'Italie, à l'exemple des Vandales; et le clergé, sollicité ou forcé, avait répété en chaire ce conte qui faisait du chemin. Mais le vicaire général ne pouvait assumer les fautes de

ney, fait un long circuit dans le défilé de la cascade du Loo, traverse les neiges, franchit le Lys et descend à Fontaine-Moore. Quatre jours de marche pour l'artillerie.

son évêque qu'il croyait retiré à Turin; l'entente fut bientôt complète entre le général et le prêtre.

La garde consulaire entrait dans Aoste au milieu de la nuit. Lauriston la logeait au séminaire dévasté par les troupes, tant autrichiennes que françaises, ayant occupé le logis depuis 1793 (1). Le 2 prairial, à six heures du matin, Chabran faisait partir à destination de Bard 3 pièces de 12 avec 110 coups de canon. Bourrienne corrigeait les épreuves d'une proclamation que Lannes devait adresser aux habitants du Piémont, appelant les hommes sous le drapeau tricolore et garantissant à tous des libertés (*g*).

Bonaparte visitait les fortifications romaines de la ville; monté sur l'arc de triomphe élevé en l'honneur d'Octave-Auguste après la défaite des Salasses, il vit venir, du nord, une troupe nombreuse. C'était la légion italique forte de 1800 hommes. Son chef avait reçu les ordres de Berthier : se porter à Chatillon le 4 prairial, obliquer à gauche pour passer le mont Ranzola, prendre position à Gressoney, et, de ce point, marcher prudemment vers la Sésia, contre Landon ou contre le prince de Rohan, tendre la main au général Moncey, afin de balayer le nord du Milanais et pour rendre facile aux Français la prise des corps ennemis isolés (2).

(1) Notes de M. Noussan, chanoine d'Aoste.

(2) Ayant franchi le défilé de Saint-Nicolas sans canons, elle prit à Aoste les deux pièces de 4 que Chabran avait fait descendre du Petit Saint-Bernard.

Puis, pour arriver à anéantir les corps autrichiens trop disséminés dans le nord et à l'est de l'Italie, le premier Consul ordonnait : à Moncey, à Béthencourt, à Turreau et à Suchet de marcher en avant, sans perdre une minute.

Suchet lui annoncait, de la Cague, le 28 floréal, la présence près de Nice du maréchal de Mélas, qui déclarait à son entourage « l'armée de réserve un fantôme capable seulement d'effrayer les peureux.»

Cette imprudence du généralissime autrichien faisait naître chez Bonaparte le désir de marcher au plus vite sur Turin; et il décida de se rendre à Bard dès le lendemain.

M. Max lui avait écrit pour l'entretenir des dommages causés à Saint-Pierre par les troupes et lui soumettre les réclamations des habitants. Il fit répondre que tout serait payé (1).

Chambarlhac l'informait que le parc et l'arrière-garde avaient enfin passé le Saint-Bernard, et se trouvaient massés à Etroubles, en attendant que des ordres parviennent.

Il prit congé de MM. Murith et Terretaz qui considéraient leur tâche comme étant terminée auprès de lui.

(1) « J'ai reçu, citoyen, votre lettre du 20 mai. Je suis très satisfaisant du zèle qu'ont montré tous les habitants de Saint-Pierre et des services qu'ils nous ont rendus. Faites faire une estimation des dommages qu'aurait causé le passage de l'armée et je vous indemniserai de tout. Ceci n'est que justice; et je désire, de plus, pouvoir faire quelque chose d'avantageux à votre commune. »

CHAPITRE XIV

L'ARRIÈRE-GARDE PASSE LE DÉFILÉ

Préparatifs de l'arrière-garde. — Sa marche dans la montagne. — L'arrêt sous un ouragan de neige. — Fermeté des troupes. — Désintéressement des soldats. — Les pertes de l'armée.

Le lieutenant-général Victor, dont les troupes marchaient à la gauche de l'armée, devait prêter à Marmont une force de dix-huit bataillons qui enlèverait les dernières charges. Les soldats, prévenus, croyaient qu'on leur imposait une tâche facile.

Dans la soirée du 30 floréal, la garde consulaire traversait Saint-Pierre. Lauriston et Bessières, qui la commandaient, laissaient à Ravère leur artillerie, huit fourgons de l'état-major et les deux voitures de Bonaparte. Et ce corps, fort éprouvé par la disette, ne reçut pas les vivres qu'il devait trouver à Proz. Cependant, Harville avait donné des ordres en conséquence, mais le commissaire s'était dérobé. La garde entrait dans les Alpes à minuit, ou plutôt, suivant le récit d'un grenadier, elle se traînait péniblement le long du défilé. Les Bernardins lui distribuèrent double ration.

La cavalerie passait derrière cette troupe d'élite. 6.200 hommes et autant de chevaux mirent quinze heures à franchir la distance qui sépare la gorge de Minouée des chalets de la Vacherie. Kellermann marchait en tête et Duvigneau fermait la marche de la troupe (1).

De grandes quantités de munitions s'accumulaient à Saint-Pierre; mais des mulets arrivaient tous les jours des cantons de Berne et de Fribourg qui, jusque-là, s'étaient refusés à en fournir; et grâce au secours des bêtes de somme, les mesures étaient prises afin de transporter le parc, que l'arrière-garde devait pousser devant elle, dans la nuit du 1er au 2 prairial.

Marmont, qui disposait de 1100 chevaux et de 255 mulets, recrutait 1.400 auxiliaires dans les demi-brigades d'infanterie, auxiliaires qui rentreraient dans le rang à Etroubles. Il fallait passer, en matériel et munitions : 21 affûts-traîneaux, 132 voitures et caissons, 900 charges composées de vivres et de paquets. On forma des groupes de 20 chevaux placés sous la surveillance d'un sous-officier.

Le 1er prairial, Gassendi donnait le signal du départ à neuf heures du soir. A cinq cents mètres de Minouée, un épais verglas recouvrait le sentier ; la colonne passait à côté, au milieu des plus épaisses ténèbres, risquant de tomber dans les précipices.

(1) Rapport de Murat.

Non loin de cet endroit, l'ascension devenait pénible. La tête du convoi ne s'arrêtait, devant l'hospice, qu'à quatre heures du matin, quand un épais brouillard masquait les sommets (1). Et le convoi abandonnait le matériel, au camp des crêtes d'Etroubles, le 2, à trois heures de l'après-midi. Il laissait dans la montagne : 6 soldats frappés de congestion, 26 chevaux rétifs ou ayant des écarts, plusieurs voitures et traîneaux brisés. 500 chevaux et 200 mulets pourraient traîner le parc à Bard, lorsque Berthier le demanderait. On faisait rentrer au plus vite à Saint-Pierre 574 chevaux et 55 mulets.

Victor et Marmont avaient pris leurs dispositions pour passer le défilé dans la soirée du 2 avec les divisions de l'arrière-garde et l'artillerie. Troupes et matériel avaient été portés à Proz dès le matin. Il y avait 42 pièces de canon. Un second groupe de 100 mulets arrivé d'Aoste devait traîner les batteries de la cavalerie. 150 chevaux traîneraient les caissons démontés. 125 mulets venus de Sion et de Briey porteraient les vivres. Quant aux 18 bataillons d'infanterie, ils se partageraient les 30 pièces de canon, toutes démontées et encastrées; ils recevraient 500 francs pour les pièces de 4, 600 pour celles de 8 et 700 pour les obusiers (2).

Depuis la veille, le commandant d'armes Ré-

(1) Lettre de Victor.
(2) Rapport de Marmont.

gnault organisait trois compagnies de la milice helvétique venues de Sion. Les deux groupes destinés à garder le couvent du Saint-Bernard et Saint-Rémy partiraient dans la matinée du 3; ces miliciens étaient mal armés, mais remplis d'entrain et commandés par des hommes énergiques.

A huit heures du soir, le départ de l'arrière-garde eut lieu dans l'ordre suivant : 20 paysans armés de pelles et de pics, chargés d'écarter la neige tombée au cours de l'après-midi ; le lieutenant-général Victor, monté sur la mule de Dorsaz; les officiers de l'état-major, à pied ; un escadron de hussards ; la division Monnier ; la 19e légère en tête — dont la moitié des hommes portaient avec leurs armes et leurs bagages les fusils et les sacs des soldats attelés sur les pièces d'artillerie ou chargés des affûts démontés ; les mulets pourvoyeurs ; la division Chambarlhac ; les chevaux ; un peloton de hussards fermait la marche.

Les soldats avaient reçu, avant de partir, une distribution extraordinaire d'eau-de-vie. Heureusement armés d'un grand courage, ils durent faire des efforts inouïs dans la gorge de Minouée (1), où les rafales avaient amoncelé des tas de neige, pour tirer les charges ; il y eut quelques chutes dans le torrent, chutes heureusement peu graves. Plus loin, le vent se mit à mugir dans le passage et les guides se

(1) La gorge de Minouée a reçu depuis le nom de défilé de Marengo.

montrèrent inquiets. Victor, jeté à bas de sa monture, menaça Dorsaz de le rosser si la bête bronchait encore (1). Ensuite, il pressa la tête de la colonne rapidement essoufflée; il la pressa tant, qu'à minuit elle arrivait à l'hospice, quand un ouragan se déchaînait dans la montagne.

Quelle épreuve pour les troupes. Assaillies par la neige, les lanternes éteintes, et cherchant à travers l'obscurité leur chemin partout recouvert, les demi-brigades hésitèrent à se porter en avant. Des officiers prudents, craignant par dessus tout de voir leurs hommes précipités au fond de quelque abîme invisible, commandèrent halte.

Seul, le général Carra-Saint-Cyr, placé à la tête du 1er bataillon de la 19e, ordonna aux clairons et aux tambours de sonner et de battre la charge; mais les musiciens ne pouvaient plus faire résonner leurs tambours, dont la peau de batterie était recouverte de neige bientôt gelée, ni sonner dans leurs clairons aux pavillons promptement bouchés. A chaque minute, par le plus grand froid, le linceul blanc devenait plus épais. Néanmoins, sous la trombe des flocons drus et durs comme grêle, dans les déchaînements de l'ouragan, les trois bataillons de la 19e, bien entraînés par leurs capitaines et tirant des canons, s'avancèrent au hasard; ils mirent deux heures à franchir une distance de douze cents mètres. Les

(1) Cahier de Dorsaz.

chanoines, accourus au secours des troupes, recueillirent les compagnies qui couchèrent au couvent, le long des corridors et dans la chapelle, sur des bottes de paille tirées du magasin.

Quinze bataillons et des cavaliers étaient arrêtés au milieu du défilé : les 70e et 72e de bataille ; la division Chambarlhac tout entière ; des artilleurs, des auxiliaires et des muletiers ; et le peloton de hussards. Ces hommes, aveuglés, durent rester l'arme au pied ou le câble sur l'épaule, attendant une accalmie, sans vouloir abandonner les canons en chemin. Les rafales se succédant de minute en minute, on s'occupa d'organiser des bivouacs par compagnie ; singuliers bivouacs : les havresacs élevés en murs servirent d'abri (1).

La tourmente, devenue plus violente à une heure du matin, amoncelait des tas de neige autour de la 72e de bataille, dont les bataillons occupaient le bord d'une longue plate-forme de roc. Les hommes formèrent le cercle pour résister aux assauts du vent. Ils ne poussèrent ni cris ni appels, croyant n'avoir à subir qu'une épreuve passagère. Mais peu à peu, ils furent pris d'effroi. Ils se sentaient les pieds et les mains geler ; l'atroce brise les mordait au visage ; ils se demandaient si l'arrière-garde allait rester ensevelie au fond du défilé; plusieurs voulaient redescendre vers Proz.

(1) Lettre de Marmont à Haller.

Monnier, Chambarlhac et Marmont allaient de groupe en groupe, portant partout des paroles d'encouragement. Souvent, leur voix se perdait, emportée dans les rauques hurlements du vent. A chaque instant, il fallait déplacer des compagnies, que l'engourdissement gagnait peu à peu. La *Marseillaise* qui, chantée au milieu des situations les plus critiques, faisait souvent accomplir des merveilles, expira cette fois sur les lèvres des soldats transis.

A deux heures et demie, la neige cessait de tomber ; et, graduellement, le vent s'apaisait ; mais le ciel restait noir. Or, pour appeler l'attention et relever le courage des hommes si éprouvés, les clairons sonnèrent. Instantanément, les notes aiguës provoquaient la chute d'une avalanche qui s'écroula dans la Dranse du col de Barasson avec un bruit terrible, mais sans blesser personne (1).

Le jour venu, le général Victor aperçut, d'un point élevé, des groupes échelonnés le long du torrent. La queue de la colonne avait fait deux kilomètres à peine. Lorsque le soleil levant éclairait les pics, Chambarlhac faisait battre la diane dans sa division ; et, bientôt, s'élevaient dans les rangs d'immenses acclamations.

Il fallut, au prix de quels efforts ? dégager les canons ensevelis et les havresacs, ramasser un

(1) Notes du P. Bérenfaller.

homme mort de froid, recharger les mulets et les chevaux, porter secours à vingt-deux soldats qui avaient, disaient-ils, les pieds gelés. En cinq heures d'un travail pénible, les paysans et cent auxiliaires ouvrirent un chemin dans la neige. On dut s'arrêter plusieurs fois avant d'arriver jusqu'à l'hospice où restèrent 200 hommes des 28e et 96e demi-brigades, qui devaient partir à l'arrivée de la milice helvétique. Le peloton d'hussards fermant la marche entrait dans Saint-Rémy à sept heures du soir.

Le trésor de l'armée versa, pour le transport de 76 pièces d'artillerie, traînées de Ravère à Saint-Rémy ou à Etroubles, 48.000 francs. Sur ce prix, les paysans avaient touché 3.900 francs. Le service des guides coûtait 12.844 francs (1).

Parmi les troupes de l'arrière-garde, des demi-brigades refusèrent l'argent promis. Ferey, commandant la 24e légère écrivit à Herbin combien ses troupes s'estimaient heureuses, sans recevoir un sou, d'avoir répondu à la confiance de Bonaparte (2). De même, Lepreux refusa l'argent, au nom de la 96e de ligne.

Marmont dut partir pour Bard, précipitamment.

(1) Rapport du commissaire Geoffroy.

(2) « J'ai l'honneur de vous prévenir que la 24e légère, jalouse de contribuer par tous les moyens à la gloire et à la prospérité de l'armée de réserve fait don des deux mille six cents livres qui lui avaient été accordées par le premier Consul Bonaparte pour le transport de Saint-Pierre à Etroubles de 2 pièces de 8, 1 de 4 et de tous leurs attirails.

» Elle s'estime trop heureuse d'avoir fait quelque chose qui puisse être agréable au premier Consul à qui elle donnera dans toutes les occasions des marques de son inviolable attachement. »

Chambarlhac envoya un courrier au premier Consul, pour lui rendre compte de la conduite des troupes (1).

Le passage des Alpes forcé, coup d'audace dû au génie de Bonaparte et à l'activité de Berthier, de Marescot et de Marmont; une marche rapide à travers la neige, sur la glace et sous les ouragans, d'une armée qui comptait 50.011 hommes, 10.377 chevaux, 750 mulets, 76 pièces d'artillerie et un même nombre de caissons, 49 affûts-traîneaux ou traîneaux et 103 voitures, coûtait en pertes : 3 canonniers, 1 hussard, 2 soldats de la 28e de ligne tués à l'attaque de Saint-Rémy et 1 fusilier de la 96e mort de congestion. Pour les bêtes et le matériel : 34 chevaux tués ou estropiés; 1 pièce de 8 et 5 roues de canon perdues, 3 voitures et 5 affûts-traîneaux brisés.

Mais, devant l'armée de réserve, la muraille de Bard restait debout, comme un obstacle infranchissable.

(1) «... C'est avec bien de la satisfaction, citoyen Consul, que je m'empresse de vous rendre compte du zèle que toutes les troupes qui sont sous mon commandement ont mis à transporter en deçà du mont Saint-Bernard les pièces de canon et le train d'artillerie.

»... Nul obstacle n'a arrêté leur courage et loin de laisser derrière la moindre des pièces qui leur avaient été confiées, ils ont même ramassé plusieurs roues et avant-train qui avaient été abandonnés sur la montagne.

» Qu'il était beau de voir arriver la 43e demi-brigade, parfaitement en règle et tambour battant, ayant à sa tête trois pièces de canon traînées par les grenadiers. Le restant des objets était porté par les fusiliers qui, quoique très fatigués, marchaient en vrais triomphateurs. Quel présage heureux pour le premier coup de main qu'ils vont donner.

» C'est peu, mon général, pour ces braves, d'être d'un courage à toute épreuve ; ils y joignent un désintéressement qui, jusqu'à présent, n'a pas d'exemple. »

CHAPITRE XV

SIÈGE DE BARD

Bonaparte est surpris par les Autrichiens. — Opérations du siège de Bard. — Les sommations. — Assaut meurtrier et inutile. — Un stratagème permet de faire passer l'artillerie le long de la Doire. — Le Consul franchit l'Albaredo. — Une partie des troupes françaises se dirige vers Ivrée. — Chabran et Andréossi forcent Bard à capituler.

Il y a quarante-cinq kilomètres d'Aoste à Bard par la route de Turin.

Bonaparte, que vingt-cinq chasseurs du 2e régiment escortaient, était parti d'Aoste le 4 prairial au matin. A Verrès, il devait rencontrer le général Berthier.

A la sortie du bourg de Saint-Vincent, la Doire tourne brusquement au sud pour franchir, entre des murailles escarpées, le défilé du mont Jovet.

De Saint-Vincent, le premier Consul s'avança jusqu'au col de Jou, voulant s'assurer si, par le Ranzola, l'armée francaise pouvait défiler au cas où Lannes serait battu à Ivrée (1). Déjà, les troupes de Lechi avaient ouvert le chemin de ce côté.

Au retour de cette reconnaissance, en traversant le

(1) *Siège de Bard*, par le général Olivero.

défilé du mont Jovet, Bonaparte et Duroc laissaient leurs chevaux aller au pas ; ils se trouvaient, dans une bifurcation du chemin, à trois cents mètres en avant de l'escorte et causaient, lorsque, d'un vallon qui descend à gauche à travers les hauteurs de Challant, dix pandours ou uhlans autrichiens, commandés par un lieutenant, débouchèrent au trot. Venus de Biella en reconnaissance, ils se trouvaient aventurés au milieu des lignes françaises. L'officier, qui voyait deux hommes isolés, ordonna à ses pandours de mettre le pistolet à la main.

— Rendez-vous ! cria le chef en s'adressant à Bonaparte (1).

Sans songer à se défendre, le Consul arrêta son cheval et demanda :

— Monsieur, qui êtes-vous pour nous parler ainsi ?

— Nous sommes du corps des éclaireurs de Wukassowich.

Duroc se montrait effrayé.

— Monsieur, répondit le Consul qui voulait gagner du temps, je vais consulter mon camarade ; mais, par égard pour deux officiers décidés à ne pas vous opposer de résistance, priez vos soldats de ne plus nous menacer de leurs armes.

A l'instant les pistolets rentraient dans les fontes.

Les chasseurs de l'escorte, s'étant un moment attardés dans le défilé, arrivaient au galop. Ils entouraient les pandours stupéfaits. Bonaparte s'adressait

(1) Relation du curé de Bard.

à l'officier autrichien qui, d'origine belge, s'appelait Leclerc :

— Maintenant, mon lieutenant, vous êtes le prisonnier du premier Consul.

A Verrès, Berthier communiqua au Consul les plans qu'on avait du fort de Bard, dont Jomini a fait cette description :

« Le rocher de Bard n'est qu'une chute du mont Albaredo qui faillit fermer la vallée. Le fort, construit en ellipse, d'après la forme du rocher n'a que 56 toises de largeur sur 32 de large, mais on a ajouté plusieurs tours et batteries pratiquées sur la pente et abritées contre le feu supérieur des rochers d'Albaredo par des blindages ou des voûtes. Des galeries également voûtées servent de communication entre les batteries avancées et le fort supérieur ; elles s'étendent jusque près du bourg dont elles se trouvent séparées par des coupures retranchées ; les avenues de celui-ci sont fermées par un mur d'enceinte et deux pont-levis crénelés qui prennent toute la largeur du passage. Ces ouvrages enfilent au loin les ouvrages qui passent par la rue de Bard, même. »

La garnison qui défendait la forteresse comptait 400 Austro-Sardes commandés par le capitaine Bernkopf (1). L'artillerie armait 16 pièces de gros cali-

(1) Les rapports autrichiens indiquent une garnison de 150 hommes : 100 soldats du régiment de Kinski et 50 invalides piémontais. Pourtant, on prit, à la capitulation, 386 individus. (Rapport du chef de bataillon Reste).

bre, 26 pièces de 8, quelques pièces de 3 et des fusils de rempart.

Avant d'arriver au pied de la forteresse, on trouvait des obstacles. Du côté d'Aoste, et sous le canon du château, le premier corps de garde nommé le Cornaley (1), construit au bord de la route, au pied d'un roide escarpement de la montagne, poste qui avait pour mission de barrer à l'ennemi l'accès du sentier gravissant les hauteurs d'Albaredo. Devant, une porte avec arche fermait la voie. Derrière, il y avait un fossé avec pont-levis.

Le second corps de garde s'appelait les Isserts; il avait également fossé et pont-levis. Un troisième était élevé à l'entrée du bourg Jacquemet, — faubourg de Bard, — bâtiment carré, aux murs percés de créneaux, qui commandait la ville, la rivière et le pont jeté entre Hône et Bard.

Ces obstacles ayant été facilement franchis par les troupes républicaines, le fort fut investi le 28 floréal, quelques heures après la victoire de Chatillon. 4 compagnies de la 6e légère montèrent sur les hauteurs de Porcil, à droite, pendant que le 2e bataillon du même régiment garnissait le revers de la colline d'Albaredo; les troupes ne pouvaient occuper la vallée où le feu de l'ennemi les eût décimées. D'ailleurs, 2 pièces de canon placées à découvert devant la chapelle du Péron et tirant contre les

(1) D'après la relation du général Olivero, chargé de reconstruire le fort de Bard en 1830.

ouvrages inférieurs du fort, avaient été promptement démontées. A huit heures du soir, la 40e de bataille venait renforcer les lignes d'investissement, pendant que la cavalerie cherchait aux environs des chemins où pussent passer toutes les armes ; la reconnaissance, poussée jusqu'à Donnaz, coûtait quelques chevaux, sans perte d'hommes ; les chevaux s'étaient tués aux bords des abîmes.

Berthier, arrivé le lendemain, se rendait compte que les travaux d'approche du génie, jugés nécessaires pour s'emparer du château, étaient impraticables dans l'épaisse ceinture du roc qui entourait, cela sur un large rayon, et la ville et le fort. Il craignait que, dans le boyau où elle s'était engagée, l'avant-garde de l'armée ne se trouvât entourée au premier jour. Watrin venait de trouver un chemin d'évacuation vers Ivrée, car on ne pouvait défiler le long de la Doire, sous le feu de l'ennemi.

Après avoir fait battre, à coups de canon, la porte de Bard, le général en chef reconnut le sentier d'Albaredo et découvrit, au milieu, un seul endroit dangereux à traverser pendant le jour. Et, pour éteindre, de ce côté, le feu des Autrichiens, des soldats portèrent à dos les pièces de 4 prises à Chatillon; ils mirent trente heures à gravir la montagne ; et la demi-batterie, tirant de niveau, fit fermer les lucarnes de Bard, tandis que des tirailleurs inquiétaient les assiégés insuffisamment abrités.

Les Autrichiens avaient commis l'imprudence d'abandonner les hauteurs d'Albaredo, autrefois fortifiées par ordre du duc de Montferrat; autrement, le passage eût été complètement fermé aux soldats français.

Le chemin d'Albaredo commençait à un point placé sous le feu de Bard; on porta plus loin son entrée, à l'abri d'une petite chapelle (1).

Le 30, les troupes de Boudet relevaient celles de la division Watrin qui, sans artillerie, occupaient rapidement tous les sentiers tracés entre Arnaz et Perlo, poussaient des reconnaissances vers le bourg de Donnaz, où, plus tard, elles établissaient leurs têtes de colonne, devant couvrir, par là, les demi-brigades immobilisées devant Bard et barrer le chemin aux régiments du général Haddick qui devaient manœuvrer aux environs d'Ivrée, s'ils tentaient de remonter vers le nord.

Berthier demandait à Aoste les pièces de siège dont Chabran disposait; celui-ci refusa de les faire partir; une sourde rivalité existait entre les deux généraux. Bonaparte força Chabran d'obéir aux ordres que lui donnait le général en chef de l'armée de réserve.

Dans la nuit du 30 floréal au 1er prairial, les sapeurs, appuyés par un nombre respectable de fantassins, s'approchèrent du mur cerclant la ville

(1) Olivero.

de Bard ; abrités par la hauteur du parapet contre les balles des assiégés, ils le minèrent et enfoncèrent la porte principale, dite de Curletto. Au point du jour, les Français se ruaient dans Bard, en chassaient les Autrichiens qui s'entassèrent dans le fort. D'autre part, on achevait un passage (1).

Bard fut occupé par les hommes de la division Boudet. Et la plupart des officiers croyaient que la reddition du château était proche. Le 2 prairial, Dupont sommait le capitaine Bernkopf de capituler (2). Le capitaine répondit à cette sommation : « Je ne rendrai jamais Bard. » Il fallait donc pousser activement les travaux du siège.

Le 3, à deux heures du soir, 3 pièces de 12 envoyées par Chabran, mises en batterie dans la ville haute, à 100 mètres du château, ouvrirent le feu; mais sur le rocher et au bord des fenêtres blindées, les boulets ricochaient.

(1) « Les 29 et 30 floréal, 1500 hommes travaillaient avec activité à pratiquer un chemin sur l'Albaredo. Là où la pente eût été trop rapide, des escaliers sont construits ; là où le sentier devenu plus étroit encore, se terminait à droite et à gauche par un précipice, des murs sont élevés pour garantir de la chute ; là où les rochers étaient séparés par des excavations profondes, des ponts ont été jetés pour les réunir ; et, sur une montagne regardée depuis des siècles comme inaccessible à l'infanterie, la cavalerie française a effectué son passage. » (Correspondance de Napoléon).

(2) « Monsieur le commandant. Le général en chef me charge de vous sommer de lui rendre le fort de Bard. Vous êtes investi de tous côtés. L'avant-garde de l'armée se porte en ce moment sur Yvrée et une partie de l'artillerie est en batterie contre le fort.

» L'humanité oblige le général en chef à vous faire cette sommation pour éviter une effusion de sang inutile. Vous devenez responsable des événements. »

A sept heures, Bernkopf refusa de répondre au second parlementaire que Dupont lui envoyait (1).

La situation des Français devenait critique; ils étaient sur le point de manquer de vivres. D'autre part, les habitants de Bard, bloqués depuis cinq jours et réduits aux dernières privations, suppliaient qu'on leur accordât du biscuit. On put les secourir, grâce à l'arrivée inattendue d'une division de mulets partie de Saint-Pierre avec des provisions de bouche.

A son arrivée, le 4 prairial, Bonaparte vit qu'il était impossible, en poursuivant un siège régulier, de réduire les assiégés autrement que par la famine; mais les Austro-Sardes avaient des vivres et de l'eau pour six mois. Tenter immédiatement un coup de force s'imposait.

Suivit de Marescot, du sommet d'Albaredo, le Consul chercha les points faibles où l'on pourrait aborder la forteresse; aucun défaut n'existait à la ceinture du château. Bien décidé à livrer assaut, Bonaparte chargea le général Loison de former, avant la chute du jour, trois colonnes d'attaque. Chaque colonne serait composée de 200 grenadiers ou carabiniers pris parmi les plus

(1) « Le corps qui bloque le fort de Bard est maître de la ville et des communications.

» Votre résistance n'est plus avouée par les règles de la guerre. Je vous somme, pour la seconde fois, de vous rendre.

» Si vous attendez de plus grandes extrémités, vous exposez votre garnison aux rigueurs réservées à une place prise d'assaut. »

anciens soldats. La première, sous Loison, partirait de Donnaz, bourgade située au delà des pentes d'Albaredo, loin du canon de Bard, où la vallée de la Doire s'élargit. La deuxième, commandée par Gobert, sortirait de Bard et marcherait droit au pont-levis du fort. La troisième, aux ordres de Dufour, tenterait de passer la Doire large seulement de 50 mètres au-dessous de Hône, sur un radeau, afin d'occuper l'ennemi.

On prit des échelles dans Bard. Les hommes choisis pour tenter l'assaut reçurent double ration d'eau-de-vie. A sept heures, l'artillerie française augmenta l'intensité de son feu, et se tut à neuf, la nuit étant tombée. Le canon des Autrichiens cessa de gronder.

Ce fut à neuf heures et quart que les colonnes d'attaque surgirent au pied des ouvrages fortifiés. Celle venue de Donnaz devait pénétrer dans l'ouvrage supérieur élevé du côté d'Ivrée; les grenadiers de Gobert avaient reçu l'ordre de détruire les deux enceintes à palissades qui couvraient la porte principale de la forteresse; et le radeau portant une troisième colonne allait traverser la Doire.

Les républicains appuient des échelles contre les murs de l'ouvrage supérieur ; avant que les hommes ne parviennent aux premières fenêtres, une grêle de projectiles décime les assaillants ; ils reculent. Pendant ce temps, la deuxième colonne détruit les palissades de la double enceinte du côté nord, mais au moment de briser la porte de la forteresse, elle est soudain accablée de coups par les Autrichiens occupant le flanc du demi-bastion qui commandait Bard; elle hésite. Des quartiers de roc, des obus, des grenades, tombent sur les Français du haut de la partie supérieure du fort, dite Fer à cheval. Loison et Dufour sont blessés; il faut battre en retraite, abandonner 200 hommes. Et, pendant qu'on se retire dans Bard, une bombe, roulée le long des murailles du château, éclate au milieu du radeau ayant franchi la rivière et le coule (1). Voilà l'échec auquel assista le Consul.

Bonaparte donna des instructions à Marmont avant de rentrer à son quartier général établi à Verrès, dans la maison des Augustins (2). Marmont devait à tout prix faire passer des canons à Lannes, car, laissé sans artillerie, le chef de l'avant-garde ne pouvait pas engager une bataille rangée.

En voyant qu'un orage allait fondre sur la vallée, le général fit monter, du camp abrité derrière Jacquemet, une batterie de 4 et 2 pièces de 8 appartenant à la division Watrin. On fixa des tresses de foin et de paille autour des roues des canons et des caissons; ensuite, la route longeant la Doire fut garnie d'une couche de fumier, par des auxiliaires piémontais, jusqu'à 200 mètres au delà du fort. 50 clairons et tambours allaient se poster au sommet d'Albaredo.

(1) Olivero.
(2) Notes de M. Noussan.

Sur chaque pièce de canon, Marmont ordonnait d'atteler 60 hommes, en galère. Bonaparte payerait 600 francs pour un canon et un caisson qui seraient traînés à Donnaz. Dans l'obscurité, en se défilant au pied de la forteresse, on pouvait éviter les projectiles que les Autrichiens allaient lancer des fenêtres. A minuit, l'orage éclatait. Le bruit des eaux de la Doire qui, rapidement grossies, se précipitaient de la ville haute dans la ville basse avec fracas devait favoriser la manœuvre. Une fusée partie du clocher indiquait aux clairons et aux tambours de commencer la diane; et, pendant que l'ennemi restait intrigué, les conducteurs des pièces et des caissons s'avançaient en bon ordre, sous une pluie diluvienne (1).

Au bout de quelques minutes, Bernkopf fait jeter des pots de feu qui éclairent un moment la route sur laquelle les Français défilent; il aperçoit un caisson; il crie aux armes; ses soldats descendent à la hâte du Fer à cheval; on braque les fusils de rempart; on tire au hasard; mais les pièces de 4 et de 8 sont déjà hors la portée des fusils. Seulement, des 200 hommes attelés sur 3 obusiers, et qui suivent la dernière batterie, 30 sont légèrement blessés. La fusillade nourrie et la chute de nombreuses grenades ferment la route.

Grâce au stratagème employé, lequel devait réussir

(1) **Mémoires de Marmont.**

encore, les artilleurs évitaient de démonter les pièces pour les transporter à Donnaz par le chemin tracé à travers la montagne.

Dans la matinée du 5 prairial, le général Champeaux franchissait le sentier d'Albaredo à la tête de 3.000 cavaliers. Les 58e et 60e de bataille le suivaient, chargées de cartouches.

Lannes annonçait la prise d'Ivrée ; il écrivait que, mis en possession de son artillerie, il allait joindre le général Haddick retranché sur les bords de la Chiusella.

Bonaparte faisait écrire aux consuls restés à Paris que l'armée de réserve tout entière avait enfin passé le Saint-Bernard (1).

On prévenait Berthier de l'arrivée à Verrès de Murat, du corps de Victor et du parc.

Jugeant que sa présence était nécessaire à l'avant-garde où de grands coups allaient être frappés, Bonaparte décida de quitter Verrès à une heure du soir. Il partit, accompagné d'un nombreux état-major, franchit à pied l'Albaredo, s'arrêta au pied de la montagne, à Roverey, chez M. Nicco, un riche propriétaire qui fit distribuer des vivres à la garde consulaire (2). De ce point, le Consul se rendit à cheval à Ivrée.

Berthier avait laissé au général Marmont le soin de pousser activement le siège de Bard. Le com-

(1) Correspondance de Napoléon.
(2) Olivero.

mandant de l'artillerie faisait aussitôt établir une grande batterie de 8, laquelle, à la fin de la journée, ouvrait le feu contre le château et préparait le passage de 18 pièces de canon qu'on traîna le long de la Doire. Les grenades lancées des fenêtres enflammèrent la poudre d'un caisson qui sauta. Il y eut parmi la troupe un moment d'horrible angoisse, quand les hommes attelés continuaient d'avancer au pas de course.

Dans la matinée du 6 prairial, des masses de cavalerie et d'infanterie tournaient Bard par le chemin ordinaire ; et Chabran, dont les troupes fortement appuyées d'une solide cavalerie formaient l'arrière-garde de l'armée, s'établissait autour de la forteresse (1), après avoir envoyé un bataillon au défilé de Cogne — passage qui aboutissait dans la vallée de l'Orco occupée par Haddick — un bataillon à Etroubles et placé dans la garnison d'Aoste 125 dragons et 300 fantassins. Ces dernières troupes devaient suffire au service des communications à établir entre les Français et les Suisses qui gardaient le chemin de Villeneuve, par le Grand Saint-Bernard.

(1) Le blocus était fait le 6 par : 2 bataillons de la 19ᵉ légère, 914 hommes. Les 3 premiers bataillons de l'armée d'Orient, 2.868 hommes. Le 1ᵉʳ bataillon de la 12ᵉ légère, 450 hommes. Les 2ᵉ, 3ᵉ et 20ᵉ régiments de cavalerie ou cuirassiers, 870 hommes. Les 1ᵉʳ, 8ᵉ et 9ᵉ dragons, 1.279 hommes. Les 1ᵉʳ et 11ᵉ hussards, 270 hommes. Au total : 4.232 fantassins, 2.419 cavaliers, 600 artilleurs ou auxiliaires qui servaient : 1 batterie de 8, 1 batterie de siège de 12 et 2 obusiers. Le général Andréossi était chargé de conduire les travaux d'approche ; il appelait à son aide les pontonniers campés à Verrès, auprès du parc.

Chabran s'employa activement pour obtenir la reddition du château. Mais les sacrifices en hommes et en munitions restaient inutiles. Cependant, Berthier ordonnait d'ouvrir rapidement un chemin au parc, lequel ne pouvait, comme les canons, passer la nuit, et sans le secours des chevaux. Marmont s'éloignait.

Le 11 prairial, Andréossi étant monté sur le terre-plein qui précédait, derrière le presbytère, l'église de Bard, aperçoit de ce point placé à quatre mètres au-dessous du niveau de la porte principale du château, des ouvertures assez grandes pour qu'un bon artilleur put y enfiler des bombes. On hisse, à grande peine, une pièce de 12 par les escaliers ; cette pièce mise sur affût, dans un angle dérobé à la vue de l'ennemi, est approvisionnée de 200 bombes, et le 12, un dimanche, à neuf heures du matin, malgré les protestations du curé de Bard, un habile pointeur règle le tir du canon (1).

(1) On a plusieurs fois rapporté que le canon ayant, par son tir, amené la capitulation du château, avait été placé dans une fenêtre du clocher. A ce sujet, dans sa relation du siège de Bard, le général Olivero dit justement : « Le placement du canon au pied du clocher a induit en erreur beaucoup d'historiens. Il est de fait que cet édifice n'a ni la solidité, ni la capacité requise pour recevoir dans son intérieur une pièce d'artillerie, même du plus petit calibre, pour résister à la secousse produite par l'explosion, comme aussi pour permettre la manœuvre et le recul de la pièce. Depuis la rue de Bard, pour arriver au péristyle même de l'église, il faut monter un escalier découvert, assez long, étroit et tortueux : la base du clocher appuie sur le sol du péristyle même dont il ferme l'un des côtés. Or, le canon ayant été traîné par cet escalier, pour être placé contre la base du clocher, il est très probable que toutes ces circonstances réunies aient causé l'erreur signalée. »

Terrible fut l'effet de ce bombardement ; de légères constructions qui reliaient les ouvrages entr'eux s'écroulèrent ; les assiégés durent abandonner le premier étage de l'enceinte ; et le soir, Bernkopf voyant se défiler les colonnes d'assaut des Français, arbora le drapeau blanc et envoya un parlementaire à Chabran (1).

L'officier demandait pour la garnison du fort le droit de se retirer avec les honneurs de la guerre. Chabran exigea qu'elle se rendît sans condition ; Reste, son chef d'état-major, rédigea les articles de la capitulation qu'on signa à la nuit (2).

Le 14, la division d'arrière-garde se dirigeait

(1) Il est invraisemblable, ainsi que l'ont écrit des auteurs italiens, que Bernkopf ait reçu par un nommé Joseph Cornaglia, émissaire de M. de Mélas, l'ordre de capituler. M. de Mélas ne pouvait communiquer avec les Austro-Sardes ; et les assiégés, si braves, devaient résister jusqu'à la dernière extrémité. Seulement, sur le point d'être pris et passés par les armes, ils se rendirent.

(2) Reddition de Bard. 1° Demain, 13 prairial, à sept heures du matin, les troupes de la République française, commandées par le général de division Chabran, prendront possession du château de Bard et de ses fortifications ;

2° La garnison entière sera prisonnière de guerre : officiers et soldats;

3° Tous les effets en tout genre, dépendant de la forteresse, tels qu'ils se trouvent actuellement, soit qu'ils appartiennent à Sa Majesté l'empereur ou au roi de Sardaigne seront remis entre les mains d'un officier nommé à cet effet par le général Chabran ;

4° Les officiers conserveront leurs armes, effets et bagages à eux appartenant ; les soldats conserveront aussi leurs effets personnels ;

5° La garnison déposera ses armes entre Bard et Ivrée ;

6° Ce soir, les troupes impériales évacueront la galerie inférieure qui sera occupée tout de suite par les troupes françaises ;

7° Le capitaine Bouvier sera donné en ôtage au commandant du fort qui, de son côté, enverra au général Chabran le capitaine Mitzscharling pour garantie réciproque de la présente capitulation.

Fait double à Bard, le 12 prairial an VIII.

vers Ivrée, escortant les équipages et le parc que Lannes réclamait. Le 15, pendant que la grosse cavalerie allait rejoindre la division Watrin, Chabran disséminait ses troupes le long du Pô, dont il devait garder les passages jusqu'à la fin des opérations militaires.

CHAPITRE XVI

CONQUÊTE DU MILANAIS

Prise d'Ivrée. — Combat de la Chiusella. — Lannes s'arrête à Chivasso. — Murat et Duhesme entrent à Verceil, à Novare, à Milan. — Marche sur Lodi. — Murat et Boudet occupent Plaisance. — Loison chasse Landon de Brescia pendant que Duhesme force l'entrée de Crémone et pousse les Autrichiens vers Mantoue.

Les 28, 29 et 30 floréal, la division Watrin, grossie de 1.700 hommes appartenant à la brigade Mainoni, avait poussé activement les opérations du siège de Bard. Le 30, à neuf heures du matin, la division Boudet relevait ces troupes qui, faisant demi-tour, allaient prendre, près d'Arnaz, le sentier d'Albaredo rendu praticable à l'infanterie et à la cavalerie.

Le chef de l'avant-garde s'attendait à rencontrer, avant d'arriver de nouveau sur la Doire, à Donnaz, une résistance sérieuse de la part de l'ennemi. Il devait aussi occuper, dans le col de la Cou, les sentiers conduisant à Biella et les chemins de communication de Perlo, afin de prévenir une attaque de flanc. Et, lorsque les soldats, qui croyaient ne traverser en Italie que des plaines fertiles, se trouvèrent au milieu du défilé, entre des précipices, leur enthousiasme tomba. Néanmoins, ils firent preuve du plus grand courage. Un bataillon de la 28e formait la tête, troupe éprouvée qui glissait rapidement entre les rochers. Le soir, la division occupait toutes les hauteurs qui dominent Bard, surveillait les chemins et attendait des ordres.

Stabeurath apporta les ordres de Bonaparte le 1er prairial (21 mai) à onze heures du matin. Il fallait prendre de solides positions autour de Donnaz, se retrancher pour empêcher l'ennemi qui devait attaquer avec 7 ou 8.000 hommes, de faire manœuvrer facilement sa nombreuse cavalerie et son artillerie. Et à son tour Boudet s'échelonnait dans le passage. Mais Haddick se montrait prudent; ses patrouilles battaient le pays sans vouloir s'engager dans un combat.

Pendant qu'une reconnaissance s'emparait de Donnaz, d'où elle chassait 20 pandours, Toli renseignait Lannes. Haddick mettait la place d'Ivrée en état de résister aux républicains. Avec un corps de 10.000 hommes, dont 4.000 cavaliers, des Piémontais pour la plupart, placés sous le commandement de Paffy et de La Tour, il était chargé de couvrir Turin.

Impatient de livrer une action décisive, Lannes voulait se porter en avant; les ordres formels de Berthier le forcèrent à garder l'immobilité. On lui promettait toujours la prochaine reddition de

Bard et l'envoi de son artillerie. Dans la nuit du 3 au 4 prairial, le général en chef lui laissait enfin l'initiative de ses mouvements. Il en profitait, le 4 au matin, pour faire avancer la 22e de bataille à Port-Saint-Martin.

Un stationnement trop prolongé dans la montagne, et des libations faites, faute de pain, avaient énervé la troupe. Se trouvant transportée, d'un paysage noir et inculte, dans une vallée riche, elle crut entrer au sein des pays d'abondance ; les efforts ne lui coûtèrent plus ; et Lannes put l'entraîner facilement, autant par l'exemple de son courage que par ses bons mots.

On trouve Port-Saint-Martin abandonné. Dans Vittone, il faut déloger quelques cavaliers venus en réquisition ; puis la 22e, passée sur la rive gauche de la Doire, se forme par colonne de compagnie et s'élance au pas de charge à travers les rues d'Ivrée.

La ville était défendue par 2.000 hommes ayant 15 pièces de canon. Aux premiers coups, le chef de bataillon Ferrat est tué. Ses soldats se précipitent sur les pièces, les enclouent, abordent à la baïonnette les fantassins de Briey déjà rencontrés à Chatillon, et les poussent de maison en maison pendant que le capitaine Cochet, adjudant de Malher, force les portes de la citadelle, y entre avec quelques braves, fait 500 prisonniers. A midi, Ivrée est pris. L'artillerie autrichienne reste tout entière entre nos mains. Nous avions perdu 32 hommes

(7 tués et 25 blessés). Lannes porte l'avant-garde sur la route de Turin, envoie des reconnaissances vers les défilés et se tient prêt, jusqu'à la nuit, à repousser un retour offensif dont il se trouve un moment menacé (1).

Dans la nuit, il recevait son artillerie passée sous les fenêtres de Bard ; il appelait la division Boudet à son aide et faisait communiquer ses intentions à Bonaparte qui approuvait aussitôt une marche poussée droit au Pô.

Les têtes de colonne ne s'avancèrent que le 6, à la pointe du jour. Lannes avait employé la journée du 5 à reconnaître le long de la Chiusella, un torrent, les fortes positions occupées par Haddick, et à faire afficher dans les villages la proclamation adressée aux Piémontais (2).

Haddick avait reçu des renforts de Turin. Il ne croyait point qu'une armée française se trouvât dans la vallée d'Aoste, mais seulement une division chargée d'inquiéter les brigades autrichiennes qui gardaient le Piémont ; et il se vantait de pouvoir briser son élan, grâce à de savantes dispositions promptement prises. Un corps de 5.000 fantassins, troupe aguerrie, qu'appuyait 20 pièces de canon, garnissait les retranchements ouverts derrière la Chiusella qui coupe entre Pavone et Cérione la route d'Ivrée à Chivasso. Un second corps d'infan-

(1) Rapport de Malher.
(2) Lettre de Dupont.

terie et 4.000 cavaliers occupaient plus loin les hauteurs de Romano (1).

Il fallait être audacieux pour marcher de front contre ces obstacles.

Lannes charge le général Watrin d'enlever le pont de la Chiusella. Ce pont, en bois, large de six mètres, est défendu par 4 pièces de canon abritées derrière des troncs d'arbres.

A cinq heures du matin, la 6e légère se déploie à gauche de la route ; en sortant du champ de blé qui la masque un moment, elle est accueillie par un feu violent ; le 2e bataillon, brusquement arrêté, reforme ses compagnies sous la mitraille, serre les unités, et, l'arme au bras, s'élance sur le pont, obligeant l'ennemi à précipiter sa retraite.

Les Autrichiens se retirent sur la droite, démasquent 10 pièces de canon, dirigent contre la colonne assaillante une grêle de projectiles qui permet aux régiments de Kinski et de Banate de s'avancer à la charge. Criblée de mitraille et abordée, la 6e recule, lentement, faisant des feux de salve ; elle eût été détruite sans la présence d'esprit du chef de brigade Maçon qui ordonne aux hommes de se cacher dans le torrent ; ils y restent, ayant de l'eau jusqu'au cou, mis à l'abri des balles.

En voyant la 6e s'effacer, Watrin charge Gency de marcher à son secours à la tête de la 22e, et au pas de course. Le pont est repris et le terrain

(1) *Opérations de guerre*, page 131. Turin, 1835.

situé au delà rapidement déblayé. La 6e sort de l'eau, franchit les retranchements en se battant à la baïonnette ; et, arrivée entre Romano et la route de Turin, elle va s'emparer de l'artillerie quand la cavalerie autrichienne arrive au galop. Au clairon, les bataillons dispersés se rallient derrière une ferme, forment des carrés. Les 3.000 cavaliers que Paffy conduit au combat, avec intrépidité, tourbillonnent un moment entre des murailles d'hommes inébranlables, puis ils se ruent contre la 40e de bataille. Dès qu'il les a vus déboucher, Lannes a envoyé la brigade Rivaud au secours de l'avant-garde. La cavalerie ennemie, dont les chevaux sont essoufflés et les hommes las de frapper, est culbutée, forcée de battre en retraite, criblée au passage des feux de salve commandés à la 22e par le chef de brigade Scheiberg. La réserve de cette cavalerie, le régiment de La Tour, arrive à son secours. Dans un élan, il traverse une compagnie de la 6e et pique droit sur la 40e qui le reçoit au bout de ses baïonnettes (1).

Derrière la 40e, Bonaparte, Berthier, Duhesme, Boudet et les états-majors de ces généraux, un moment menacés, mettent l'épée à la main, se préparent à charger l'ennemi qui, fusillé à bout portant et sabré à gauche par les chasseurs, se retire (2). Pourtant, il veut tenter de ressaisir la victoire;

(1) Rapport de Watrin.
(2) Notes de Duhesme. Archives de la Guerre.

il prend du champ et revient deux fois à la charge ; charges inutiles. Il doit, sous les feux de la 22 [e] accourue, se retirer, laissant sur le terrain un tiers de son effectif, c'est-à-dire 200 hommes et autant de chevaux.

Le général Paffy fut blessé mortellement au milieu de l'action. 6 officiers, 115 soldats morts et 224 blessés des troupes à pied restaient entre nos mains, et 60 prisonniers.

Nos pertes étaient sérieuses, bien que, dans son rapport, Lannes portât seulement 300 hommes mis hors de combat.

Les Autrichiens sont poursuivis dans leur retraite par le 12e hussards. Ces cavaliers ne s'arrêtent qu'à Chivasso, à quelques lieues de Turin. Haddick, épouvanté, et croyant avoir été engagé contre 20.000 hommes, se met à l'abri derrière l'Orco, envoie dire à M. de Mélas que s'il n'arrive au plus vite, le Piémont et la Lombardie vont être successivement envahis.

A son tour, la division Boudet gardait les hauteurs de Romano, Cérione, Strambino, Crotte, appuyant sa gauche à la Doire. Elle devait marcher au premier signal sur Verceil, si, de ce côté, Wakassowich se montrait. Loison s'établissait à Ivrée, occupait la route de Biella, prêt à donner la main au général Lechi qui devait déboucher sur la Sésia, dans la direction de Varello (1).

(1) A 60 kilomètres d'Ivrée, au nord.

Bonaparte rentre à Ivrée à 6 heures du soir. Il a donné l'ordre à Lannes de rester en observation devant Chivasso. Lannes voudrait s'emparer de Turin ou pousser jusqu'à Asti. Ce plan, qui peut aider à la délivrance de Masséna, aurait le grave inconvénient de laisser les Autrichiens maîtres de la Lombardie et d'abandonner Moncey, Béthencourt et Lechi, qui pourraient être enveloppés. Le premier Consul ne peut pas, ne doit pas l'adopter. Il tient, au collège royal, avec Berthier et Murat, une longue conférence. A onze heures, une nouvelle marche de l'armée de réserve est copiée par Bourrienne et Murat s'éloigne dans la nuit.

Le but à atteindre est Milan ; il faut conquérir toute la rive gauche du Pô, balayer enfin le nord de l'Italie, pousser jusqu'à Brescia et Crémone ; ensuite, réunir quatre ou cinq divisions à Plaisance, pour marcher vers Gênes, au pas de course..

Dans le nouveau plan, les divisions Watrin et Chambarlhac, la brigade Mainoni et la cavalerie Rivaud formaient le corps de droite, toujours aux ordres de Lannes. Ces troupes, en menaçant Turin, laisseraient croire à l'ennemi que leur but était de rejoindre Turreau qui, à la tête de 3.000 hommes, manœuvrait habilement entre Suse et Rivoli (1). Masquées et protégées par ce corps, les divisions

(1) Pas Rivoli, sur l'Adige, où Bonaparte remporta une victoire le 14 janvier 1798 ; mais Rivoli du Piémont, près Turin.

Boudet et Loison, sous Duhesme, marcheraient sur Crescentino et Trino, vers Casale, pour rejoindre Murat à Verceil.

Murat conduisait 4.000 cavaliers, car il avait rappelé de Bard une partie des dragons et des cuirassiers laissés à Chabran ; et, appuyé par la division Monnier forte de 5.800 hommes, il ferait occuper Biella, descendrait à Santhia, serait à Verceil le 7 avant la nuit. Un bataillon du corps de Monnier garderait Ivrée jusqu'à l'arrivée d'un détachement qui serait pris dans les troupes de l'arrière-garde.

Escorté des dragons, Bonaparte quittait Ivrée le 8, à trois heures du matin ; il allait rejoindre Lannes. Sous ses yeux, le 21e chasseurs délogeait les Autrichiens des hauteurs de Fogglizo (1). Ce coup de main une fois accompli, Bonaparte traverse les rangs de l'avant-garde ; il est rayonnant, familier avec le soldat, jusqu'à lui tirer l'oreille et s'informer de ses désirs. Il complimente et promet. « Voici la brave 22e qui a passé la première la Chiusella. Bien travaillé. Lannes est fier de vous. » A la 40e : « On ne peut pas mieux former le carré ni tirer plus justement que vous ne l'avez fait devant Romano. Vous êtes tous dignes de vos frères

(1) Berthier dit, dans son rapport « Varello ». C'est par erreur. Il faut remarquer ici que Bonaparte ne pouvait, le même jour, être aux sources de la Sésia et passer la revue de la division Watrin. Pas une pièce pour indiquer la présence du premier Consul parmi les troupes de Lechi, une fois qu'elles eurent quitté Aoste, le 3 prairial.

d'Arcole. Je ferai donner des fusils d'honneur aux plus vaillants... » Au 12e hussards : « Mais ce sont mes hussards de Chatillon ; je vous félicite mes camarades ; vous allez vous couvrir de gloire en Italie. » S'arrêtant plus longtemps au milieu de la 28e demi-brigade : « Voilà deux ans que vous passez sur les montagnes, souvent privés de tout et vous êtes toujours à votre devoir, sans murmurer. C'est la première qualité d'un bon soldat. Je sais qu'il vous était dû il y a huit jours huit mois de prêt et que cependant il n'y a pas eu une seule plainte. Je veux qu'à la première affaire, vous soyez à l'avant-garde, preuve de mon estime (1). »

Bonaparte couchait à Chivasso, au presbytère ; il rentrait à Ivrée le 9, où il recevait des nouvelles de Paris ; il quittait Ivrée le 10, suivit de sa garde à cheval, pour aller à Verceil. Le 11, il est à Novare. Là, Toli envoie par un homme sûr des renseignements qui confirment d'ailleurs ceux que Suchet a déjà fait passer au Consul.

M. de Mélas, ayant refusé de croire à l'arrivée dans le Piémont d'une armée française — nouvelle que lui envoyait le commandant du fort de Bard, — entendait à Nice, quand il commençait l'invasion promise à Vienne et à Londres, le rapport verbal d'un officier des dragons de La Tour qui, près de

(1) Correspondance de Napoléon.

Romano, s'était trouvé assez près de Bonaparte pour le reconnaître. Cette information, jointe à celle de la déroute qu'avait éprouvé Haddick, forçait le généralissime autrichien de suspendre sa marche en Provence, de repasser au plus vite le col de Tende, pour se rendre en poste à Turin, afin d'organiser la défense de la Lombardie, car il ne doute point que les projets de Bonaparte sont d'aller secourir Gênes ; il faut l'empêcher, à tout prix, de passer sur la rive droite du Pô. Et, pour assurer l'exécution de ses desseins, de Mélas se fait suivre, à marches forcées, par les troupes qui avaient poussé Suchet au Var : les corps de Marsein, de Weisenfeld, les grenadiers de Lattermann, et de toute la cavalerie d'Elnitz.

Un autre espion donnait à Bonaparte et les forces et les emplacements occupés par les Autrichiens qui défendaient, d'Arona à Pavie, les bords du Tessin, forces placées sous le commandement du général Landon (1).

L'arrivée des divisions autrichiennes obligeait Bonaparte de faire activer la marche que Watrin devait opérer vers Plaisance ; mais, au lieu d'aller à Plaisance, Lannes prendrait position à Pavie ; ensuite, il agirait d'après les événements.

Le 12, Bonaparte portait son quartier général à

(1) 3 bataillons du régiment de Bussy, 4 de Wurtemberg, la division Lobkowitz ayant 5.000 dragons de Toscane, 1.000 chasseurs à pied du Loup et 30 pièces de canon.

Turbigo; le 13, à sept heures du soir, il entrait à Milan, trois heures après les cavaliers de Murat qui avaient précédé le corps de Monnier.

Une marche si audacieuse, si rapide, à travers le Milanais, pays coupé de rivières, bien défendu par un ennemi courageux et abondamment pourvu, quand les Français qui manquaient souvent de pain, de munitions, traînaient des pièces de canon de petit calibre et mal servies, faisait honneur autant à la hardiesse de Murat qu'à l'activité de Duhesme.

Voyons l'œuvre que les deux généraux avaient accomplie et leurs opérations par la suite.

Le 7 prairial, à cinq heures du soir, les 2e et 15e chasseurs à cheval, après avoir fourni une marche de 60 kilomètres, culbutent au bord de la Sésia une brigade de cavalerie autrichienne qui s'enfuit vers Mortara; les Français prennent possession de Verceil où ils sont bien accueillis des habitants fatigués de payer à l'ennemi de lourdes contributions (1).

Duhesme arrive avec son infanterie le 8 à midi. Monnier, qui l'a devancé, vient d'apprendre que les troupes autrichiennes revenues de la stupeur ayant causé, la veille, leur débandade, s'échelonnent sur la rive gauche de Sésia. Elles vont en disputer le passage à nos soldats. Sur quel point les républicains pourront-ils l'effectuer? car les

(1) Rapport de Murat.

ponts ont été partout détruits, et ils marchent sans équipages de pont.

Dans la nuit du 8 au 9, Murat et Duhesme se mettent à la recherche d'un gué ; deux paysans les guident. Ils voient qu'à la hauteur de Verceil, les Autrichiens établissent des batteries. Duhesme ordonne à Paulet, son adjudant-général, de mettre 8 pièces à l'abri derrière un épaulement pour combattre ces batteries. A minuit, on commence les travaux dans une obscurité profonde et sous la pluie. Au point du jour, l'ennemi aux aguets craint d'être battu en brèche ; il s'effraie surtout à la vue des bateaux rassemblés et des levées de terre qui abritent notre infanterie. Rapidement, la sienne s'avance, ouvre un feu très vif mais inutile. A sept heures, des hussards lui apportent la nouvelle que, à gauche, la cavalerie française, et à droite, des masses d'infanterie ont déjà passé la rivière. Craignant d'être enveloppé, il commence à effectuer sa retraite. Paulet embarque deux compagnies de grenadiers qui, bientôt jetées sur la rive gauche, poursuivent les fuyards, des émigrés de la légion de Bussy. Ces compagnies vont s'engager imprudemment à travers un bois, dans lequel l'ennemi tue 2 officiers, dont l'aide de camp du général Guénaud et blesse grièvement 9 hommes (1).

Le passage de la Sésia effectué, la garde de Ver-

(1) Rapport de Duhesme.

ceil et des routes étant assurée, les divisions françaises s'avancent rapidement dans la direction de Novare. La cavalerie légère balaie tous les postes placés dans un rayon de six lieues.

Novare est pris le 10. Le soir, Loison va occuper Vigevano et ses environs; il fait face au Tessin. Boudet s'établit en avant de Trecale. On sait que Wukassowich, retranché à Turbigo, veut défendre l'approche de Milan.

Le 11, Duhesme pousse une reconnaissance sur les bords du Tessin. Les berges sont très escarpées, le cours large et les eaux profondes. A la hauteur de Cuggiano une grêle de balles tombe dans la suite du lieutenant-général, qui, sans manifester d'effroi, met pied à terre, continue d'inspecter la rive et charge l'adjudant Levasseur de rassembler des bateaux. Plus loin, le syndic d'un village déclare aux officiers que, à dessein, les Autrichiens ont brûlé toutes les barques; mais à l'instant, Paulet voit plusieurs bateaux qu'on a cachés derrière une île; l'adjudant-général se jette dans le fleuve, résiste au courant, aborde à l'île, ramène un canot, ce qui permet à une escouade d'hussards d'aller chercher les autres. Ainsi le passage de l'infanterie pourra s'effectuer le lendemain (1).

Murat, qui voudrait entrer le premier à Milan, prend le parti de franchir le Tessin à Galliate, sans avoir prévenu Duhesme de ses mouvements.

(1) **Rapport de Duhesme.**

Duhesme est secrètement informé par les soins de Berthier. Ne voulant pas tenir compte du procédé de son collègue, craignant aussi que par son imprudence il ne se fasse écraser, afin de le seconder, le lieutenant-général du 2e corps établit un passage vis-à-vis de Buffalora, sous le feu de 3 pièces de canon brusquement démasquées par l'ennemi ; ce feu ne cesse qu'après l'attaque de 3 compagnies de grenadiers débarquées en amont.

On trouvait, sur la rive gauche, des matériaux qu'utilisèrent les soldats du génie à l'établissement d'un pont qui permit aux divisions d'infanterie de traverser rapidement le fleuve.

A droite, le corps de Murat continue de passer. Le chef de la cavalerie n'a pu se procurer que dix barques ayant quinze pieds de long. Chaque barque porte 25 hommes ; il faut un quart d'heure pour aborder à la rive gauche (1). Le 11, le 1er hussards, le 15e chasseurs et 1 escadron et demi du 8e dragons sont transportés. Une batterie de 12, armée à Novare, tire sur les Autrichiens qui osent se montrer.

Pendant la nuit, quand les barques passaient de l'artillerie, Duroc, venu apporter les ordres du premier Consul, veut débusquer une patrouille ennemie postée à peu de distance, dans les roseaux ; il saisit un fusil, entraîne avec lui quelques officiers qui dirigent un canot à la rame. Le bateau coule

(1) Lettre de Stabeurath.

à la suite d'une décharge de mousqueterie et l'aide de camp de Bonaparte faillit se noyer (1).

Le 12, la division Monnier prenait position le long de Naviglio-Grande, un canal, et restait sur la défensive en voyant de tous côtés s'effectuer des mouvements de troupes autrichiennes. A cinq heures du soir, une charge furieuse de cavalerie se brisait contre les baïonnettes de la 19e légère. Les dragons repoussés traversaient Turbigo au galop. Trois heures plus tard, la 70e de bataille cernait le bourg, prenait un bataillon de Croates et 200 blessés. Wukassowich s'était prudemment éloigné (2).

Bonaparte envoyait des instructions dans la nuit du 12 au 13. Il voulait que Murat brisât en peu de temps la résistance qu'on pouvait rencontrer à Milan. A l'instant, la cavalerie se préparait à faire une entrée triomphale, sabre au clair. Malheur aux hommes qui oseraient protester publiquement contre la domination française. Le 13, à quatre heures du soir, quand le tonnerre grondait au loin, six régiments de cavalerie entraient par la porte de Verceil, se répandaient dans la ville. Berthier les suivait, à la tête de la division Monnier « troupe disciplinée, de bonne tenue, ayant une prestance magistrale, et qui paraît capable d'accomplir la conquête du monde » (3) pour aller bloquer la citadelle où deux régiments ennemis s'étaient réfugiés.

(1) Correspondance de Napoléon.
(2) Archives communales de Turbigo.
(3) Diaro, de Minola, année 1800.

Murat croyait que Bonaparte le garderait dans la capitale de la Lombardie. A peine installé au palais archiducal, le Consul faisait dire à Duhesme de placer ses divisions à cheval, et le jour même, sur la route de Lodi ; on devait s'attendre à voir de ce côté Wukassowich attaquer avec les troupes chassées des bords du Tessin ou venues de Mantoue et de Vérone. De plus, le plan de campagne laissant Lannes faire, à Pavie ou bien à Stradella, selon les circonstances, le pivot de l'armée, il était nécessaire qu'un corps de troupes françaises occupât Plaisance et Crémone, afin d'arrêter toutes les unités qui pouvaient, de l'est, marcher au secours de M. de Mélas.

Duhesme avait l'énergie et le talent indispensables pour mener à bonne fin les plus difficiles entreprises. Loison et Boudet étaient des lieutenants fidèles et résolus à tout braver. Murat les rejoignait le 14, quand ils portaient leur avant-garde sur Melagnano. Les Autrichiens, occupés dans ce bourg à festoyer, crurent voir dans nos hussards lancés en éclaireurs leurs alliés sardes ; ils se mirent à chanter ; mais la joie des ivrognes fut de courte durée ; les sabres s'abattirent.

Melagnano occupé, il fallait livrer un second combat au passage du Lambro, dont le pont était défendu par 2 pièces de canon. La 9e légère s'approcha, en colonne serrée, les officiers généraux à sa tête et délogea l'ennemi. Un grenadier tua les six canonniers chargés du service de la première pièce, puis, se mettant dessus à califourchon, il ne consentit à quitter cette position que le soir.

La troupe avait débouché dans la plaine lorsque les dragons de Toscane descendus d'un coteau poussèrent des hurrahs et des charges aussi furieuses qu'inutiles; et la division Boudet, électrisée, allait chasser l'ennemi de la crête d'une colline et y planter ses drapeaux. Un peu plus tard, la légion de Bussy voulut arrêter la marche du 11e hussards, à Tivazzano; elle dut se retirer dans le plus grand désordre. A la nuit, l'ennemi précipitait sa retraite. Nos pertes étaient de 60 tués et de 200 blessés. Les Autrichiens avaient perdu 600 hommes et ils abandonnaient 150 prisonniers, dont 5 officiers de la légion de Bussy, des émigrés.

Le 15, on devait marcher sur Lodi. Un rapport y signalait la présence d'un prince autrichien chargé d'organiser la résistance. Sur le terrain où nous avions été vainqueurs en 1796, la cavalerie et l'infanterie allaient rivaliser de zèle; tout le monde voulait marcher au premier rang. La division Boudet, formant encore la tête, s'arrêtait à deux kilomètres de la ville. Loison déployait ses bataillons à droite pour garder la route de Plaisance. La cavalerie se tenait entre les deux divisions et préparait une charge. Ce déploiement de forces effraya les Autrichiens qui reculèrent, firent sauter le pont de l'Adda et groupèrent des tirailleurs et de l'artillerie derrière la rivière.

Boudet arrive, précédant 6 pièces de canon qui, rapidement mises en batterie, tirent à mitraille, déciment les volontaires du corps de Bussy ; puis l'adjudant-général Paulet fait rétablir le pont ; Boyé, aide de camp de Duhesme, le franchit avec trois compagnies de grenadiers qui poussent l'ennemi en retraite vers Créma, lui font seulement 10 prisonniers. La prise de Lodi ne coûta pas une goutte de sang aux Français.

Des instructions de Berthier, arrivées le 16, modifiaient les plans adoptés par Duhesme qui voulait aller à Mantoue au pas de course ; la prudence commandait au général en chef de ne pas trop élargir le cercle des opérations afin de pouvoir, si un échec nous entamait, rassembler promptement les corps chargés d'agir isolément pour les joindre à la grosse masse de l'armée devant offrir la bataille à M. de Mélas.

Berthier jugeait que la division Loison, ayant plus de 7.000 hommes d'infanterie, 8 pièces de canon, à laquelle Murat doit laisser les 5e et 9e dragons et le 2e régiment de chasseurs, cavalerie grossie des 3e, 14e et 22e cuirassiers, ces deux dernières unités venues de l'armée du Rhin, pouvait partout résister victorieusement à Wukassowich et garder les deux rives du Pô, de Crémone à Plaisance (1).

(1) Ordres de Berthier.

Murat et Boudet allaient se porter à Plaisance, intercepter les communications de l'ennemi, relier notre extrême gauche à la droite du corps aux ordres de Lannes.

Passé sur la rive gauche de l'Adda, Duhesme avait devant lui Pizzighettone et Crémone, deux villes bien défendues. Toutefois, avant de bloquer ou de prendre ces villes, il devait, en bon tacticien, couvrir sa gauche, vers Brescia, occupé par les chasseurs du Loup repoussés des bords du Tessin. Alors, pour éviter une surprise et appuyer la marche du général Lechi qui s'avançait vers Parme, il envoya sa cavalerie s'emparer de Créma et d'Orzinovi. Lui-même, il arrivait à Créma le 17 (1). Mais, pendant qu'il obliquait à gauche, le général Broussier, longeant l'Adda à la tête de la 60e de bataille et de deux escadrons de cavalerie, allait mettre le siège devant Pizzighettone où 2.000 Autrichiens s'étaient renfermés.

En arrivant à Créma, Duhesme comptait pouvoir y rassembler les deux derniers régiments de la division Loison (13e légère et 58e de bataille) et se porter à Crémone. Or, Loison, laissé libre de ses mouvements, avait marché d'Orzinovi à Brescia; il ne restait de sa troupe que trois bataillons de la 58e et 600 chevaux. Ce départ contrariait Duhesme. Néanmoins, il voulait s'emparer de Crémone avant que

(1) Rapport de Duhesme.

l'ennemi ait eu le temps de faire évacuer ses magasins. Rapidement, il réunissait les compagnies disponibles, plus 800 chevaux, et se portait à Castel Leone, culbutait les Autrichiens établis là, leur prenait un officier et 30 hommes. Le 19, il marchait avec l'infanterie, donnait 500 cavaliers à Paulet et 200 à son aide du camp Ordonneau. Paulet irait droit à Crémone. Ordonneau, longeant l'Adda à partir de Pizzighettone, passerait entre le Pô et la ville à prendre, attendrait que l'action soit engagée pour charger (1).

Les Français devaient éprouver la plus vive résistance. A deux kilomètres en avant de Crémone, une garde nombreuse défendait l'approche de plusieurs fossés très profonds. Il fallut manœuvrer pendant trois heures pour obliger l'ennemi à battre en retraite. Encore, le fit-il en bon ordre. Le 2e chasseurs et le 5e dragons reçurent à deux reprises les chocs d'une grosse cavalerie. Ordonneau était arrêté à son tour. Et l'on trouvait devant la ville une seconde ligne de cavaliers rangés en bataille, appuyés d'une artillerie qui commençait à tirer des obus.

Nos bataillons, épuisés de fatigue, étaient numériquement faibles. Le 2e chasseurs, après une première charge, reculait en désordre. Pour sauver la troupe surmenée, Paulet rassemble les esca-

(1) Rapport de Duhesme.

drons des 5e et 9e dragons, des 3e, 14e et 22e de cavalerie, sur six lignes. En tête, le 5e dragons commandé par le chef d'escadrons Domangé ; en queue, le 2e chasseurs ; et, pendant une heure, cette troupe essuya le feu des canons, donna à l'infanterie le temps de se rallier, de s'approvisionner en vivres et munitions, de se reposer ; puis la charge sonna au 5e dragons qui s'élança sur le pont d'une petite rivière, sabra l'artillerie autrichienne, repoussa un régiment de hussards et resta maître de la plaine, laissant aux bataillons le temps de traverser le cours d'eau. Ces bataillons trouvaient devant eux 400 chasseurs du Loup commandés par le major irlandais Mac Burke qui avait reçu de Barko l'ordre de sacrifier jusqu'à son dernier homme si cela devenait nécessaire pour arrêter la marche des Français.

Burke opposa une résistance désespérée. Il eût peut-être gardé ses positions si, au plus fort de l'action, les dragons du 5e à droite et le 2e chasseurs à gauche ne l'avaient enveloppé. Il dut se rendre. Ses officiers brisèrent leurs épées, ne voulant pas les remettre.

Un déserteur avait annoncé à Duhesme que les Autrichiens pillaient depuis midi les magasins de Crémone ; on craignait qu'ils ne les incendiassent. Berthier avait surtout recommandé qu'on s'emparât de ces magasins. Pour sauver des objets et des effets nécessaires à notre armée, le lieutenant-général donna de nouveaux ordres à Paulet.

Les sapeurs ouvrirent une brèche dans le mur de la ville où l'adjudant-général entra à la tête des cuirassiers haletants et couverts de poussière. Ce fut une charge épique des escadrons de fer parmi les Autrichiens surpris de cette irruption et hachés à coups de latte ; les soldats de François II s'enfuirent par la porte de Plaisance ; ils rencontrèrent les cavaliers d'Ordonneau, obliquèrent à gauche en poussant d'horribles clameurs et se noyèrent dans le Pô, pour la plupart.

Les autres combattants ralliés sous nos sabres par Barko et conduits, plus loin, par Wukassowich, se retiraient vers l'Oglio, en si bon ordre, qu'on ne put parvenir à les entamer.

La prise de Crémone nous coûtait cher : 5 officiers tués, 11 blessés, 300 hommes hors de combat. Nous avions fait 800 prisonniers, dont 12 officiers et pris 80 chevaux.

Parvenus au point extrême de notre conquête, Duhesme devait se contenter de garder les positions si rapidement occupées.

En effet, les magasins de Crémone renfermaient des quantités de vivres, des armes et des équipements neufs. Vite, on habillait les soldats, on chargeait 200 chariots pour les troupes de Murat et de Boudet ; plus tard, 50.000 paires de souliers seraient envoyées à Lannes. Des blessés autrichiens encombraient les hôpitaux de la ville.

Le 20, l'ennemi se présentait en force le long du Pô. Il menaçait de se glisser vers l'embouchure de l'Adda, de prendre Broussier à dos. Duhesme partait en reconnaissance, repoussait les Croates à Ceziollo et trouvait tout à coup devant lui une réserve forte de 2.000 fantassins, de 3.000 chevaux et de 8 pièces de canon. Ne voulant plus sacrifier d'hommes, il tenait cette réserve en respect, laissant à Paulet et à l'adjoint Deschamps, le soin de commencer le passage du Pô avec quelques barques prises par réquisition. L'ennemi, peu nombreux, qui occupait sur ce point la rive droite, surpris au cantonnement, s'enfuit dans la direction de Guastalla. A peine étions-nous maîtres du passage que la réserve autrichienne se retirait en bon ordre.

Loison arrivait le même jour à Crémone, le matin. Il ramenait des troupes bien fatiguées. Ces troupes, ayant quitté Orzinovi dans la nuit du 16 au 17, quand elles devaient retourner à Créma, s'étaient portées à Logrado, où leur chef apprenait que le général Landon soulevait les habitants de Brescia contre les Français et les forçait de s'équiper pour défendre leur ville. Landon est surpris dans Brescia. Il ne doit son salut qu'à la bravoure et au dévouement d'une escorte qui se sacrifie pour assurer la fuite du général (1). La ville reçoit une

(1) Rapport autrichien intercepté à Plaisance par Murat.

garnison française ; et, la défense organisée, Loison, va rejoindre Duhesme ; il le quitte de nouveau, le 20 au soir, pour se rendre à Plaisance.

Le 23, Duhesme reçoit l'ordre d'évacuer Crémone ; Berthier craint qu'il ne s'y trouve enveloppé par les détachements ennemis qui se forment à Mantoue et à Parme. De plus, Bonaparte veut concentrer toutes ses divisions entre Plaisance et Alexandrie. Le lieutenant-général quitte à regret une solide position, laisse 300 hommes devant Pizzighettone, écrit à Berthier que l'état-major commet une faute en abandonnant les postes avancés. Le général en chef se rend à ses raisons et lui ordonne, le 24, d'occuper de nouveau la ville si précipitamment abandonnée.

Notre retraite avait d'abord étonné l'ennemi ; il nous croyait vaincus vers Turin ; il nous suivait pas à pas ; il débloquait Pizzighettone. Contre lui, Broussier se heurtait de nouveau au passage de l'Adda. Le combat, très sanglant, obligea une partie de nos adversaires à se réfugier sous le canon de la forteresse, tandis que Duhesme, conduisant toujours les 3 bataillons de la 58e, longeait le Pô, le 25, par la rive gauche, et, appuyé d'une troupe de 400 chevaux des 5e dragons et 2e chasseurs, il délogeait les postes ennemis, arrivait en vue de Crémone où 600 volontaires de Bussy s'étaient barricadés. Un furieux assaut les jetait hors les murs ; mais on les retrouvait rangés en bataille sur la route de Mantoue, à côté des hussards de Toscane au nombre de 800. Les volontaires, formés en carré, s'avancèrent contre la cavalerie française et montrèrent une rare bravoure; ils eussent réussi à la repousser sans l'arrivée de deux pièces légères qui, tout à coup portées sur leurs flancs, se mirent à vomir la mitraille, à rompre les compagnies, couvrant la voix des chefs. Puis, un peloton de dragons pénétra par la brèche ouverte, tailla à grands coups dans la vivante muraille, laquelle, assaillie de tous côtés, battit en retraite, non sans garder une belle attitude.

Au tour des hussards de Toscane à combattre. C'est une troupe d'élite, bien montée. Elle est prévenue par nous. Duhesme la charge avec son état-major, les chasseurs et les dragons. Quatre fois enfoncée, elle se rallie toujours, nous causant des pertes sensibles. Enfin rompue, elle se retire à la droite des chasseurs de Bussy qui se préparent à recommencer la lutte.

C'est que, devant nos soldats criant : victoire ! M. de Curtius, commandant en second la légion des émigrés et le général Barko, qui ne veulent point subir, auprès de Wukassowich, l'humiliation ordinairement réservée aux vaincus, jurent sur leurs drapeaux de rester maîtres du champ de bataille ou de périr. Ils se mettent à la tête des troupes, ils chargent avec fureur ; les deux états-majors se rencontrent au milieu d'une prairie, s'abordent ; le capitaine Excelmans, aide de camp de Broussier, se trouve en face de M. de Curtius, lui porte trois coups de sabre à la tête et à la poitrine. L'émigré abandonne les rênes, crie : « Vive le roi ! » Aussitôt, ses bras se détendent ; il roule à terre ; il est foulé aux pieds des chevaux. On cherche Barko parmi les hussards, dans l'horrible mêlée ; un dragon le blesse ; dix de ses hommes se dévouent pour le sauver ; oubliant son serment, il s'échappe, grâce à la poussière soulevée sur la route ; il a derrière lui nos cavaliers mêlés aux siens et frappant de rudes coups, faisant deux lieues avec les Italiens et ne s'arrêtant, près de Toglio, que lorsque leurs sabres ébréchés sont devenus des armes inutiles.

Donc, le soir, le régiment émigré de Bussy n'existait plus. Des 800 hussards de Toscane, 300 étaient morts ou faits prisonniers ; nous avions pris deux drapeaux. Les survivants se réfugièrent dans Mantoue. Duhesme, rentré à Crémone, rendit compte à Berthier, par lettre, du résultat de ses opérations.

Les troupes se reposaient le 26. Le 27, à huit heures du soir, une estafette venait annoncer que la convention d'Alexandrie suspendait les hostilités dans la Péninsule.

CHAPITRE XVII

OCCUPATION DE MILAN

Entrée de Bonaparte à Milan. — Ouverture des prisons et nomination d'une nouvelle municipalité. — Les projets de M. de Mélas sont connus. — Proclamation au peuple cisalpin. — Nouvel ordre du jour à l'armée. — Capitulation de Gênes. — Organisation de la défense des territoires conquis.

Petiet, conseiller d'Etat, arrivait à Turbigo le 12 prairial. Bonaparte l'avait appelé pour prendre part à la nouvelle organisation d'une République Cisalpine, l'ancienne ayant cessé d'exister le 23 mai 1799, à l'arrivée des Russes que commandait Souvarow.

Le premier Consul voulait faire à Milan une entrée triomphale ; non pas arriver à cheval en conquérant qui vient exiger une rançon, mais plutôt en prince qui force le respect des citoyens, qui efface d'un coup le luxe du gouverneur autrichien ; et il donna, au sujet du cérémonial, des instructions à M. Pfister, son intendant.

M. Pfister trouvait dans Buffalora, que les troupes de Wukassowich avaient si promptement évacué, un grand carrosse chargé de dorures, ayant appartenu au marquis Del Monte. On faisait dessus quelques réparations ; et le 13, à deux heures du soir, la voiture attelée de six chevaux blancs que dirigeaient trois postillons, conduite par un homme du pays somptueusement habillé et à côté de qui Hambart, le valet de chambre du Consul se tenait, s'arrêta devant l'hôtel de la Couronne de fer (1).

Le Consul, en tenue de général, monta avec Petiet et Bourrienne. La voiture ne partit qu'à trois heures, enlevée au grand trot des chevaux. A cinq heures, avant d'entrer à Quarta-Cagnino, un orage éclate ; l'eau traverse la toiture disjointe du carrosse, inonde les voyageurs. Il fallut se réfugier dans une ferme, près de San-Piétro-in-Sala. Bonaparte, enveloppé d'un manteau, interroge les paysans étonnés de voir à leur porte un pareil équipage et la garde à cheval des Consuls qui cerne l'habitation.

Bonaparte repart à six heures. Un nuage crève encore, rend fâcheuse la situation des trois hommes. L'état-major qui suit est en piteux état. A six heures et demie, les chevaux franchissent, au pas, la porte de Verceil.

Murat avait fait annoncer l'arrivée du Consul ; sa cavalerie s'échelonnait sur tout le parcours que le quartier général devait suivre (2). Une foule nombreuse occupait les rues ; mais cette foule, de qui

(1) Archives communales de Turbigo.
(2) Rapport de Murat.

Bonaparte attendait des vivats, une grande manifestation enfin, à cause des libertés qu'on lui apportait, resta muette (1). Seule, la curiosité dominait ce peuple ; on lui avait dit que Bonaparte était mort, ou le prisonnier des Anglais (2). Il voulait voir qui prenait son nom.

Cependant, place du Dôme, plusieurs personnes le reconnurent, sans l'acclamer. Il arriva furieux au palais archiducal que les Autrichiens avaient dévasté avant de quitter Milan, au point que les domestiques durent aller chercher du bois dans les maisons voisines pour garnir les cheminées.

Marchant à grands pas dans la salle du Conseil, il s'informait auprès de Melzi (3) accouru offrir ses services en quelles mains était l'administration de la ville et des causes de l'indifférence des habitants à son égard. On lui dit les craintes de la population qui pouvait revoir au premier jour M. de Mélas vainqueur et s'exposer, en prenant trop ouvertement parti pour les républicains, à de terribles représailles. Informé de ce qui avait été publié sur ses soldats, il écrivit : « Le caractère et l'ambition de Thugut (4) se retracent dans tous

(1) Giornal stor et Diaro, 1800, de Minola.

(2) Le n° 8 du *Foglio Lombardo* publia le 22 juin 1799, la nouvelle suivante : « Le général Bonaparte a été forcé de se livrer avec son état-major, aux mains de l'amiral anglais Smith ; il est interné pour longtemps. »

(3) Le comte Melzi d'Eril, l'un des fondateurs de la république Cisalpine, ensuite son représentant au congrès de Rastadt.

(4) Gouverneur de la Lombardie pour l'empereur d'Allemagne.

les actes du gouvernement autrichien; parce que ce gouvernement avait obtenu quelque succès sur les armées françaises, il n'y a pas d'extravagances où il n'osât prétendre. Les troupes françaises n'étaient plus que des barbets; leurs généraux des gens sans aucun talent. C'est surtout sur l'armée de réserve que s'exerçaient leurs plaisanteries; ils en avaient fait des caricatures. La cavalerie était montée sur des ânes; l'infanterie composée de vieillards invalides et d'enfants armés de bâtons avec des baïonnettes au bout; l'artillerie consistait en deux espingoles du calibre d'une livre. Ils commencent à bien changer de langage (1). »

Murat fit porter à Bourrienne la correspondance des Autrichiens saisie à la poste; il ne s'y trouvait aucune indication pouvant être utile à l'armée (2). Le premier acte de Bonaparte fut de suspendre les pouvoirs de la municipalité. Ensuite, il envoya chercher l'archevêque Visconti qui se présenta en tremblant, pour mettre aux pieds du vainqueur son respect et son dévouement — après avoir fêté tour à tour l'entrée des Russes et des Autrichiens. Puis le Consul ordonna de faire délivrer les prisonniers politiques; parmi eux se trouvaient le sénateur Caprera, de Bologne, Fontana, le célèbre mathématicien, et nombre de citoyens illustres par leur savoir; et des libéraux n'ayant commis, en fait de crime, aux yeux

(1) Correspondance de Napoléon, 15 prairial an VIII.
(2) Rapport de Berthier.

des oppresseurs, que celui de parler à haute voix des principes de la Révolution française (1).

A minuit, Bonaparte avait une cour. Il désignait les membres d'une nouvelle municipalité que Petiet devait aider de ses conseils et chargeait le général Dominique Pino d'organiser la garde nationale, puis de recruter une brigade d'infanterie qui prendrait part aux opérations militaires (2). Le Consul se retirait à deux heures du matin, après avoir dicté à Bourrienne, pour ses collègues, que « Milan lui avait fait une manifestation spontanée et touchante. »

Quelques murmures s'élevaient le 3 juin contre l'occupation française ; les mécontents allaient tenter de soulever le peuple. Berthier donnait à Vignolle le commandement de la place ; Hulin lui était adjoint. Ces deux hommes sauraient diriger une répression si les circonstances l'exigeaient. Bonaparte apprenait bientôt d'où partait l'agitation. C'était le cardinal Visconti qui voulait lui créer des difficultés. Lauriston prévint le prélat que des mesures sévères seraient prises le jour même contre lui s'il n'observait pas, tout de suite, une neutralité bienveillante ; et le premier Consul appelait au palais Gasparet Schiafinati et Michaël Rosa, deux prêtres ayant eu, en 1797, la confiance du général. Dupont leur signait des passeports (3). Ils

(1) Actes administratifs de la ville de Milan.
(2) Zanoli. *Histoire des milices de la République Cisalpine.*
(3) Note de Berthier. Archives de la Guerre.

devaient convoquer les évêques et les curés des environs à une assemblée qui se tiendrait le 5 juin. Là, les agissements de Mgr Visconti seraient démasqués, s'il n'avait pas fait sa paix à temps.

Bonaparte recevait Toli à onze heures.

— Tu n'es pas encore fusillé? lui dit-il, montrant cette familiarité qu'il prenait quelquefois avec les gens de basse condition capables de le servir aveuglément (1).

— Général, je suis également utile aux deux armées. Pourquoi désirer ma mort?

— Allons, je te souhaite longue vie. Tu as quitté ton ami Wukassowich?

— Mais, général, j'arrive de Turin.

— Bah! Cela m'intéresse davantage.

— J'ai laissé le général Lannes à Chivasso pour m'aboucher avec Haddick qui, me trouvant un auxiliaire précieux, m'envoya trouver M. de Mélas. Je n'ai rien tiré du généralissime autrichien, personnage très défiant, mais j'ai vu beaucoup de choses, écouté aux portes, pris des notes...

Le Consul avançait la main.

— Permettez, général, dit Toli, j'ai donné ma parole à M. de Mélas de retourner auprès de lui après m'être assuré du nombre de vos soldats et reconnu les positions que vous occupez. Donc, je vous livre mes documents à la condition de recevoir ceux attendus.

(1) *L'Art de l'espionnage.*

Bonaparte ne se fâcha point de ces exigences.

— Soit... Mais je peux te tromper.

— Cela m'importe peu d'induire votre adversaire en erreur.

Le général fit écrire par Marroi :

« L'armée française, forte de quatre-vingt mille hommes se trouvait cantonnée le 4 juin : 6.000 hommes à Ivrée; 20.000 à Chivasso; 10.000 à Pavie; 12.000 à Milan; 10.000 à Lodi; 4.000 à Novare; 18.000 à Côme, avec 200 pièces de canon. »

— Ce billet, reprit l'espion, me rapportera 20.000 francs, de l'argent facilement gagné. Je pourrai vous rejoindre, général, dans cinq ou six jours. A quel endroit?

— A Pavie, le 10, si tu ne m'as pas trahi.

— Général, ma fidélité envers vous est entière. Je suis Italien et patriote avant tout.

Bonaparte lui faisait changer son passeport et donner 50 louis. Les notes de Toli indiquaient que M. de Mélas allait concentrer toutes ses forces entre Alexandrie et Tortone. Lannes devait manœuvrer pour arriver au bord de la Scrivia, sans laisser aux Autrichiens le temps de s'y retrancher, et s'ouvrir ensuite, par une action audacieuse, la route de Gênes.

Le quartier général était sans nouvelles de Gênes depuis le 10. On savait seulement par une lettre de Suchet que Nice avait été pris le 9 prairial; Berthier comptait que l'armée d'Italie ferait, ou pour avancer, ou pour se maintenir dans ses positions, des prodiges de valeur, afin de faciliter la tâche qu'entreprendrait l'armée de réserve.

Voulant faire oublier au Consul la froide réception des Milanais, le 13, les gens de son entourage, qui le savaient très sensible aux acclamations, même de commande, organisèrent une manifestation au théâtre de la Scala. Lorsqu'il parut, à dix heures du soir, au bord de sa loge tendue de draperies aux couleurs françaises, devant la salle comble, les spectateurs lui donnèrent une ovation. Aux cris de : « Vive Bonaparte! » se mêlèrent les cris de : « Vive le libérateur de l'Italie! » On lui porta des fleurs et des adresses tout comme à un souverain. Après le spectacle, des citoyens voulaient dételer les chevaux de sa voiture et la traîner. Il refusa, serra les mains tendues et dit, en élevant son chapeau : « Vive l'Italie! (1) »

Il faisait, le 5 juin, sa paix avec le cardinal Visconti, par l'entremise du vicaire général. Le premier Consul obtenait le concours de l'archevêque dans tous les actes civils, à la condition de faire achever le Dôme, en construction depuis quatre siècles (2). Paix nécessaire pour réunir, l'après-midi, au palais, des évêques et 200 prêtres, devant lesquels le grand capitaine protesta de son dévouement à

(1) Cahier d'un officier d'état-major.
(2) Actes du diocèse de Milan.

la religion catholique (1), car il ne pouvait froisser, au moment de recruter des auxiliaires partout, les sentiments religieux des Milanais. Et, en sortant de cette sorte de synode, il adressait une proclamation au peuple cisalpin, où il exaltait les malheurs de ce peuple, tout en essayant de réveiller son patriotisme resté trop longtemps endormi (2).

(1) Son discours commençait ainsi : « J'ai désiré de vous voir tous rassemblés ici afin d'avoir la satisfaction de vous faire connaître par moi-même les sentiments qui m'animent au sujet de la religion catholique, apostolique et romaine. Persuadé que cette religion est la seule qui puisse procurer un bonheur véritable à une société bien ordonnée et affermir les bases d'un bon gouvernement, je vous assure que je m'appliquerai à la protéger et à la défendre dans tous les temps et par tous les moyens. Vous, les ministres de cette religion qui certes est aussi la mienne, je vous regarde comme mes plus chers amis ; je vous déclare que j'envisagerai comme perturbateur du repos public et ennemi du bien commun, et que je saurai punir comme tel, de la manière la plus rigoureuse et la plus éclatante, et même s'il le faut de la peine de mort, quiconque fera la moindre insulte à notre commune religion ou qui se permettra le plus léger outrage envers vos personnes sacrées. »

Il se terminait par ces paroles : « ... Je n'ignore pas ce que avez souffert, tant dans vos personnes que dans vos biens ; vos personnes, encore une fois, seront sacrées à l'avenir et respectées de tout le monde. Quant à vos biens, j'aurai soin de donner les ordres nécessaires pour qu'ils vous soient rendus, au moins en partie, et je ferai en sorte qu'on vous assure pour toujours des moyens d'exister honorablement.

» Je désire que l'expression de ces sentiments reste gravée dans vos esprits et j'approuverai qu'on en fasse part au public par la voix de l'impression. » (*Allocuzione del Primo Console.* Geneva, anno VIII).

(2) « Le peuple français, pour la seconde fois, brise vos chaînes.

» La naissance des États est sujette aux orages, aux vicissitudes ; les malheurs que vous avez éprouvés ne seront pas inutiles pour vous.

» Vous avez appris à connaître les pièges des ennemis de votre bonheur. Ils vantaient leur respect pour les propriétés, et ils ont dépouillé de nombreuses familles ; un beau zèle pour la religion, et ils ont livré l'Italie aux hérétiques, aux infidèles même.

» Citoyens de la Cisalpine, courez aux armes, formez votre garde nationale et mettez vos villes à l'abri des incursions des troupes légères de l'ennemi.

Dans la matinée du 6, accompagné de Vignolle, de ses aides de camp Duroc et Bruyère, il allait reconnaître les abords de la citadelle de Milan. Les soldats de Monnier, chargés du siège, ou plutôt de l'investissement, voyaient sortir de la place à chaque instant des déserteurs piémontais. La garnison était réduite à 1500 hommes, dont 600 émigrés de la légion de M. de Rohan. Elle avait pris l'engagement de ne pas tirer sur la ville, à la condition qu'on lui évitât les horreurs d'un bombardement, et d'attendre que les événements décidassent de son sort (1). Le général Nicoletti la commandait.

Bonaparte adresse aux troupes un ordre du jour qui doit augmenter leur ardeur (2).

» Pourriez-vous être insensibles à l'honneur de former une nation indépendante ?

» Oubliez donc toutes vos querelles. Qu'il n'existe parmi vous qu'un seul désir : celui de consolider un Etat libre. Je ne connaîtrai pour amis de la liberté que ceux qui savent observer les lois, éteindre les haines, honorer le malheur.

» Peuple cisalpin, dès que votre territoire sera délivré de l'ennemi, la République sera réorganisée sur les bases de la religion, de la liberté, de l'égalité et du bon ordre. Hâtez ce moment par votre énergie. »

(1) Rapport de Monnier.

(2) « Soldats ! un de nos départements était au pouvoir de l'ennemi ; la consternation était dans tout le midi de la France.

» La plus grande partie du territoire du peuple ligurien, le plus fidèle ami de la République, était envahi.

» Soldats ! vous marchez... et déjà le territoire français est délivré ! La joie et l'espérance succèdent, dans notre patrie, à la consternation et à la crainte.

» Vous rendrez la liberté et l'indépendance au peuple de Gênes ; il sera pour toujours délivré de ses éternels ennemis.

» Vous êtes dans la capitale de la Cisalpine.

» L'ennemi épouvanté n'aspire plus qu'à regagner ses frontières ; vous lui avez enlevé ses hôpitaux, ses magasins, ses parcs de réserve.

» Le premier acte de la campagne est terminé.

Le 27, Moncey arrive, ayant marché rapidement depuis Côme.

En voyant l'armée du Rhin prête à pousser M. de Kray vers Ulm, le corps de Moncey s'était porté à Altdorf. Le passage du Gothard, du village de Goëschenem à Airolo présentait, sous la pluie, les plus grandes difficultés. Arrivés le 7 prairial à Biasca, les soldats républicains sont épuisés de fatigue et sans vivres. Moncey, qui a reçu à Faido les dernières instructions de Berthier, charge le général Lapoype de porter l'avant-garde sur les troupes de Dédowich établies dans les deux châteaux qui, à droite et à gauche du Tessin, dominent la ville de Bellinzona. Un rude combat s'engage sur ces points. Lapoype, menant des fusiliers, reçoit une balle au milieu du front, demeure un moment étourdi, se relève, dirige habilement des hommes mourant de faim, emporte le premier château, et se précipite à la suite des Autrichiens épouvantés (1). Il ne s'arrête qu'à Locarno, où des nouvelles de Lechi lui parviennent.

» Des millions d'hommes, vous l'entendez tous les jours, vous adressent des actes de reconnaissance.

» Mais aura-t-on impunément violé le territoire français ? Laisserez-vous retourner dans ses foyers l'armée qui a porté l'alarme dans vos familles ?... Vous courez aux armes ! Eh bien, marchez à sa rencontre ; opposez-vous à sa retraite ; arrachez-lui les lauriers dont elle s'est parée ; et par là, apprenez au monde que la malédiction du destin est sur les insensés qui osent insulter le territoire d'un grand peuple.

» Le résultat de tous nos efforts sera : gloire sans nuage et paix solide. »

(1) Rapport de Moncey.

Lechi déployait une grande activité. Ayant passé la Valdora le 15 prairial, il prend Riva le 16, passe précipitamment la Sésia et tombe à Varello sur les troupes du prince de Rohan qui se débandent dans le val Sésia, laissant à la légion italique : 1 pièce de canon, 50 morts et 350 blessés ; elle avait, dans cette affaire, 2 officiers et 4 soldats tués, et 12 blessés.

Pour assurer la conquête des bords du lac Majeur et donner la main au général Béthencourt, Lechi arrive le 18 à Sesto. On lui apprend que l'ennemi s'est fortifié dans Lecco ; il y court, essuie le feu de 5 barques canonnières, fait tourner les Autrichiens par un bataillon de 300 hommes, prend les barques, passe l'Adda, poursuit les lieutenants de Landon, vers Bergame et se porte à Brescia, qu'il doit occuper (1).

Moncey amenait à Bonaparte des soldats aguerris. Les 44e et 101e de bataille devinrent une division de 3.200 hommes dont Gardanne aurait le commandement (2). Cette troupe formerait, avec la division Chambarlhac, le corps du lieutenant-général Victor, car la division Loison devait rester à Plaisance et à Crémone sous la direction de Duhesme à qui Dupont envoyait une partie de la cavalerie venue de l'armée du Rhin (division d'Helvétie).

Dampierre servirait en qualité d'adjudant-général

(1) Lettre de Berthier au premier Consul.
(2) Gardanne venait de Gênes, où il avait servi dans le corps de Marbot.

auprès de Gardanne. Lapoype commanderait les 1re légère, 29e de bataille et 91e et relèverait la division Monnier tant autour de la citadelle que sur la route de Novare ; il se mettrait en communication avec Chabran et Duhesme. Le général Lorges, conduisant les 12e légère, 1re et 67e de bataille, resterait à la diposition du général en chef.

Le 18, Bonaparte réunissait 6.000 hommes au Castello, les passait en revue. Pendant le défilé, la garde consulaire qui, augmentée, comptait 600 grenadiers, 400 carabiniers et 200 chasseurs à cheval, mêlait ses acclamations à celles des Milanais accourus pour contempler le spectacle (1). Le soir, à onze heures, Bourrienne entrait dans la chambre du Consul, l'éveillait, lui apprenait que le courier de M. de Mélas, intercepté à Plaisance par Murat, annonçait la capitulation de Gênes. Bonaparte apparaissait aussitôt les traits bouleversés et disait :

« — C'est impossible ! La lettre est en allemand; vous ne savez pas traduire l'allemand (2). »

Il se fit lire la lettre. Le maréchal de Mélas écrivait au conseil aulique à quelles conditions l'évacuation de Gênes par les Français était acceptée (3).

(1) *Gazette de Milan.*
(2) Mémoires de Bourrienne.
(3) « Le général Mélas, à M. le comte Tige, général de cavalerie et propriétaire d'un régiment de dragons, et vice-président au suprême conseil aulique de Sa Majesté l'Empereur et Roi, à Vienne.

« Turin, 5 juin 1800.

» J'ai laissé au blocus de Gênes le corps de M. le général feld-maréchal lieutenant baron d'Ott, jusqu'à l'approche du corps de

Et il donnait divers renseignements sur la marche de son armée, qui allait reconquérir l'Italie avançait le généralissime (1).

Bonaparte voyait diminuer tout à coup ses chances de vaincre, car les assiégeants de Gênes, une force de 20.000 hommes, et des meilleurs soldats de l'Empire, allaient grossir l'armée de M. de Mélas. Tout devait être tenté pour déjouer la tactique d'un pareil adversaire. Le Consul savait que Masséna et Suchet, dont les troupes avaient beaucoup souffert, ne pouvaient lui apporter de secours avant dix ou douze jours, par conséquent trop tard. Berthier étant parti rejoindre Lannes, Bonaparte faisait réveiller Dupont et ses aides de camp; Bourrienne écrivait. Au jour, dix courriers emportaient des ordres. La défense des territoires conquis

M. le général feld-maréchal baron d'Elnitz, pour marcher ensuite avec toutes mes forces réunies contre l'ennemi qui a pénétré par l'Allemagne. Cette opération a eu pour l'armée les suites les plus favorables. La capitulation de Gênes, commencée le 2 juin, par le général en chef Masséna a été terminée hier. Cette place a dû être évacuée ce matin par l'ennemi. La garnison armée sera escortée jusqu'aux avant-postes ennemis et là pourra servir de nouveau.

» Tous les prisonniers autrichiens faits pendant les opérations sur les côtes de Gênes seront rendus et pourront également reprendre du service.

» Le général Masséna a quitté Gênes dans la nuit du 4 au 5 et a fait voile sur les côtes ennemies sur une frégate anglaise. La première colonne de la garnison est sortie ce matin; les troupes stationnées auprès de la ville en ont pris possession ainsi que des forts; et les Anglais sont entrés dans le port. »

(1) Le point de concentration des troupes autrichiennes est à Alexandrie. Selon toute probabilité, Ott quittera Gênes le 6 au matin, et, conduisant 9.000 hommes, ralliera le corps de Kaim, resté longtemps à Savigliano pour arriver le 9 au soir à Voghera. D'Elnitz et ses 7.000 cavaliers camperont le 10 au soir à Acqui. Haddick, avec 6.000 soldats sera le 11 devant Alexandrie.

était organisée et placée sous la direction du général Moncey (1).

Mais la proclamation de la République Cisalpine est ajournée. Petiet reçoit des instructions pour agir, au cas où des soulèvements éclateraient en Lombardie, avec la dernière rigueur, contre les adversaires d'un gouvernement libéral.

(1) Le général Lorges, avec les 2.000 Cisalpins de Lechi, un bataillon de la 12e légère, 2 bataillons de la 67e et 400 chevaux de la cavalerie venue de l'armée du Rhin, formera un camp volant destiné à couvrir Brescia et Crémone. Il se tiendra entre la Chièse et Orzinovi, pour manœuvrer selon les circonstances. Les troupes de Moncey en arrivant successivement, renforceraient ce corps.

Un second corps formé de 1600 Cisalpins, un bataillon de la 12e légère et un bataillon de la 1re de bataille serait chargé de bloquer Pizzighettone et le château de Plaisance.

Le troisième corps (un bataillon de la 12e, un de la 1re, un de la 27e) bloquerait la citadelle de Milan.

Un bataillon avec deux cents cavaliers se tiendrait sur le Tessin, pour observer Buffalora, jusqu'à Sesto et tendrait la main au général Béthencourt.

Pour garder le Tessin entre Pavie et Buffalora, on placera une petite division qui, au besoin, se porterait au secours de l'armée principale.

CHAPITRE XVIII

MARCHE VERS ALEXANDRIE

Le premier Consul va rejoindre Lannes. — Arrivée de Desaix à Stradella. — Marche des troupes vers Alexandrie. —Bonaparte monte sur la tour de Marengo. — Le quartier général est installé à Torre di Garofolo. — Nouvelles de Masséna.

Bonaparte quitte Milan le 20 prairial à huit heures du matin. Entouré de sa garde à cheval, il prend la route de Pavie. Ayant déjeuné au château de Binasco, il arrive à Pavie à deux heures du soir, se rend aux magasins, y trouve le commissaire Dubreton et Marmont occupés à classer les objets. Marmont voulait monter des batteries avec les pièces italiennes ; il n'en trouvait, sur trois cents, qu'un petit nombre en état de servir.

Le général en chef avait marché vers le Pô, au bruit du canon grondant depuis le matin à cinq ou six lieues de la ville. Le premier Consul, étonné de n'avoir pas déjà été prévenu de ce qui se passait, se portait rapidement à Stradella, trouvait la place encombrée de blessés, quand la bataille dite de Montebello livrée contre Ott finissait. Il poussait jusqu'à Casteggio, rencontrait Lannes et se faisait, dans une auberge, présenter quelques braves.

Parmi eux, un soldat répondant au nom de Coignet avait sauvé le capitaine Merle, délivré son sergent et tué huit Autrichiens. Bonaparte lui met la main sur l'épaule (1).

— Combien as-tu de services?

— Général, c'est le premier jour que je vais au feu.

— Mon brave, voilà un bon début. Je veux te récompenser..... Voyons...

— Général, je ne demande rien.

— Berthier, faites-le inscrire pour recevoir un fusil d'honneur. Tu voudrais peut-être entrer dans ma garde?

Le soldat hésitait à répondre. Bonaparte lui tira fortement l'oreille.

— Allons, parle sans crainte.

— Oui, général, je voudrais entrer dans la garde.

— Il faut quatre campagnes, sans quoi tu y serais incorporé dès demain; mais je ne t'oublierai pas si tu continues à montrer l'intrépidité qui t'amène aujourd'hui devant moi.

— Général, je tâcherai de vous faire plaisir.

Ensuite, Bonaparte félicita le capitaine de la compagnie à laquelle Coignet appartenait (1re du 1er bataillon de la 96e demi-brigade) d'avoir conduit au feu un pareil soldat.

(1) Etats de service du capitaine Coignet, de la garde impériale.

Le 21, le Consul voyait des soldats mal vêtus et sans souliers, les commissaires ayant gaspillé ou détourné une partie des prises. Il faisait écrire, de Broni, à Petiet, le résultat de la bataille livrée la veille et réclamait instamment des chaussures pour la troupe.

Desaix l'attendait à Stradella; Desaix qui avait reçu une lettre datée de Lausanne où Bonaparte disait : « ...je vous ai voué toute l'estime due aux hommes de votre talent, avec une amitié que mon cœur, aujourd'hui bien vieux et connaissant trop profondément les hommes, n'a pour personne (1). »

Ils dînèrent seuls et passèrent la nuit à causer: et des affaires d'Egypte où notre domination allait finir, par les fautes de Menou, après l'assassinat de Kléber, et du voyage de Desaix (2).

(1) Correspondance de Napoléon.

(2) Desaix avait quitté Alexandrie à bord de *La Madone de Grâce*, bâtiment appartenant au port de Raguse. Muni de passeports délivrés par le grand-vizir, d'un sauf-conduit du commandant anglais devant Alexandrie, ayant à bord un officier anglais chargé de le protéger, il croyait pouvoir se rendre à Toulon au plus vite, mais, arrêté à la hauteur de Gênes par l'amiral Keith, il fut conduit à Livourne, mis au lazaret dans une espèce de prison. L'amiral Keith, refusant de lire les passeports de Desaix, d'écouter les réclamations de l'officier anglais chargé de veiller sur sa personne, insulta le prisonnier, exigea qu'il s'arrangeât à pourvoir à ses besoins avec vingt sous par jour, cela sous prétexte que l'égalité proclamée en France lui interdisait de le mieux traiter que les soldats qui recevaient la même somme. Desaix se vit, ensuite, refuser des journaux et des livres; il dit à son bourreau : « Délivrez-moi de votre présence; mais faites donner de la paille aux blessés qui sont avec moi; les Turcs et les nègres avec qui j'ai traité n'insultaient pas les gens dans le malheur. »

Il sortit de Livourne sur un bateau espagnol, dut subir à Toulon une quarantaine de huit jours, remonta le Rhône, passa le Petit

Berthier mettait à l'ordre, le 22, que Desaix prenait le commandement des troupes formant le deuxième corps (divisions Boudet et Monnier). Le même ordre indiquait que les divisions Gardanne et Chambarlhac composaient le troisième corps, sous Victor. Bessières, chef d'escadrons à la garde consulaire, donnait un cheval au nouveau lieutenant-général; Rapp et Savary restaient auprès de lui en qualité d'aides de camp; Dalton devenait son adjudant-général; lui, agité par de sombres pressentiments, avait dit au capitaine Eugène de Beauharnais: « Les balles autrichiennes me connaissaient autrefois, mais j'ai bien peur qu'elles ne me connaissent plus aujourd'hui (1). »

Toli faisait, au quartier général, à Montebello, une courte apparition. Il venait annoncer que M. de Mélas, découragé après l'échec subi par Ott, ne savait trop quel parti prendre. Ses généraux lui conseillaient d'opérer, pendant qu'il était temps encore, une prompte retraite.

Le Consul veut, sans tarder, aller offrir la bataille à l'ennemi. Il se porte à Voghera le 23 à cinq heures du matin, occupe la maison communale, y reçoit à dix heures deux officiers autrichiens, des parlementaires proposant l'échange des prison-

Saint-Bernard le 18 prairial, fut attaqué le 20, à quatre heures du matin à San-Germano, entre Ivrée et Verceil, par des bandits piémontais qui tuèrent un homme de sa suite, en blessèrent trois, prirent ses bagages. Il amenait cinq officiers, un domestique et deux petits nègres, un cadeau du roi du Darfour.

(1) Correspondance militaire du prince de Beauharnais.

niers, mais qui, en réalité, ont le dessein de se livrer à l'espionnage. Bonaparte refuse d'accepter leurs propositions; l'un d'eux connaît Desaix ; ils sont placés au balcon pendant que défile, sous les fenêtres, la division Monnier qui occupe la ville; puis on les reconduit, les yeux bandés, jusqu'au bord de la Scrivia.

Le soir, Berthier rendait compte au Consul des opérations entreprises par les généraux Turreau et Béthencourt (1). Le premier menaçait Turin; une

(1) La division formant l'extrême gauche de l'armée d'Italie, placée sous les ordres de Turreau, occupait le passage du Mont-Cenis depuis le 24 germinal. Forte de 5.800 hommes, elle avait envoyé 2.500 soldats, des bataillons de l'armée d'Orient, à Chabran. Ainsi réduite, elle attaquait, le 2 prairial, Lamarsaille retranché à Suse, marchant d'abord sur le poste de Gravère dont les hauteurs étaient coupées de retranchements, ceux-ci garnis de canons. 800 hommes de la 28e légère et 150 hommes de la 15e sont conduits à l'assaut par l'adjudant-général Liébault; sous un feu violent, ils hésitent. Turreau appuie cette opération avec 3 compagnies de carabiniers, 4 de grenadiers, 1 obusier et 1 pièce de 8, tandis que la 26e demi-brigade entre en ligne avec 100 sapeurs, tourne le fort Saint-François, oblige l'ennemi à évacuer le village de Gravère. Les troupes marchent ensuite vers La Brunette qui capitule à dix heures du soir. Les Autrichiens avaient perdu 300 hommes, laissé 1.500 prisonniers, abandonné 800 fusils. Les Français comptaient 64 tués et 256 blessés. Ensuite, Turreau descendait la Doire pour s'arrêter à Rivoli. (Rapport de Turreau).

Béthencourt avait reçu le 6 prairial l'ordre de franchir le Simplon. Sa troupe était forte de 1.000 hommes des 44e et 102e de bataille et de 3 compagnies des milices helvétiennes qui traînaient 2 pièces de 3, et 3 pièces de 4, 2 obusiers et 2 pièces de 8. Le 7, les troupes de la 102e et les Suisses partaient. Il n'y avait plus de neige dans la montagne, mais les avalanches avaient rompu les chemins et emporté au point culminant du passage les pièces de bois posées sur le rocher, pont couvrant un abîme. Un volontaire s'offrit à tendre une corde en marchant le long de la paroi. Ensuite, Béthencourt passa le premier, suspendu par les bras, et après lui la troupe chargée de ses armes et de ses bagages. Le soir, les sapeurs jetaient un pont, faisaient avancer l'artillerie. Des chiens de montagne marchaient avec l'avant-garde qui trouvait le 8 les postes autrichiens endormis, repoussait le gros de

partie des troupes du second avait rejoint Lannes à Belgiojosa; l'autre était attendue. Dès lors, Bonaparte ne craint plus qu'une chose : que M. de Mélas ne se dérobe habilement. Et, en examinant les positions qu'occupent les deux armées, il voit trois routes encore ouvertes au généralissime autrichien : la route de Turin qu'on ne peut pas lui fermer car il a, de ce côté, assuré sa ligne de retraite; la route de Gênes, — ville où le général de Hohenzollern tient garnison — en remontant le cours de l'Orba, pour arriver à Bobbio et suivre le cours de la Trebbia; et la route de Valenza, pour passer le Pô, longer la rive gauche du fleuve, traverser nos faibles lignes, aller jusqu'à Mantoue.

De nouveau, Berthier doit montrer au Consul, sur la carte, les positions qu'occupent les corps français isolés. La troupe ayant fortifié Ivrée, afin d'en faire au besoin une base de retraite, s'est avancée jusqu'à l'Orco, a établi des postes à Chivasso (1). Chabran garde la rive gauche du Pô entre l'embouchure de la Doire et Valenza. Lapoype relie le corps de Chabran aux bataillons que Moncey a dissé-

leur troupe, les chassait de Domo d'Ossala, s'établissait à Lésa, et, laissant Lechi garder le nord de la Lombardie, descendait le Tessin afin de pouvoir rejoindre Gardanne avant qu'il n'ait passé le Pô.

Le 16 prairial, le chef de brigade Sandeur, commandant le bataillon de la 44e, gravissait le Simplon à son tour, sans rencontrer d'obstacles ni d'ennemis ; et il hâtait sa marche vers le gros de l'armée. (Rapport de Disjonval, chef d'état-major de l'expédition du Mont-Simplon).

(1) Détachement de la 28e, laissé à Sion après le départ de Mainoni.

minés autour de Plaisance et vers Bobbio. Duhesme occupe Crémone, assiège la garnison de Pizzighettone, surveille Peschiera et Mantoue. Lechi, posté à Brescia, empêche Landon de rejoindre Wukassowich. Des escadrons battent le pays sur les bords du Tessin et de l'Adda. Milan est tranquille. Masséna doit remonter le cours de la Bormida. Suchet s'avance vers Acqui. Donc, l'armée autrichienne va succomber entre des forces qui, au premier signal, peuvent la presser vigoureusement.

Dans la nuit du 23 au 24, l'ordre de pousser une grande reconnaissance est donné. Victor en tête, Lannes formant le soutien avec les régiments de cavalerie de Kellermann, Duvigneau, Champeaux et Rivaud, passeront la Scrivia le 24 au matin ; appuyés par une batterie de 24 pièces, ils marcheront droit devant eux ou obliqueront à gauche pour aller trouver l'ennemi qui occupe Saint-Julien le vieux, sur la route de Plaisance à Alexandrie. Desaix ira se poster à Pontecurone avec la division Boudet et deux escadrons. La division Monnier gardera Voghera. Un bataillon d'infanterie surveillera la garnison de Tortone. Le passage du Pô, près de l'embouchure de la Scrivia sera préparé, afin que la division Monnier laissée en réserve puisse, si cela devenait nécessaire, se porter vers Pavie, se réunir à Chabran et arrêter la retraite de l'ennemi s'il tentait de s'échapper dans la direction de Valenza ou de Casale.

Le 24, à dix heures du matin, Bonaparte était à Saint-Julien le neuf. Il avait devant lui les champs de Marengo.

La plaine, dite de Marengo, formant un quadrilatère, est nettement limitée: à l'est, par la Scrivia qui arrose des champs fertiles ; à l'ouest par la Bormida et l'Orba son affluent; au nord, par le Tanaro ; au sud, par la vieille route reliant Oviglio à Torre di Garofolo. Le terrain est onduleux sur une circonférence de quatre kilomètres environ, qui enserre Saint-Julien le neuf, le hameau de Ghilini et la cassine Pagelli. Plus loin, une seconde ligne d'ondulations décrit des zigzags de Castel Ceriolo au hameau de Cassina-Grossa ; coupée par la route d'Alexandrie à Plaisance, elle finit devant Saint-Julien le vieux.

A Marengo, un ruisseau, le Fontanone, coule vers le nord et va se perdre dans le Tanaro. Parallèlement à ce ruisseau, et à quatre cents mètres plus loin, le ru de Marengo prend naissance au milieu des terrains marécageux qui rendent souvent inabordable l'approche de l'embouchure de l'Orba ; il décrit des sinuosités avant de porter ses eaux à la Bormida, en aval d'Alexandrie. Ces deux ruisseaux sont peu larges et point profonds, et souvent à sec.

En 1800, sept bourgs ou villages étaient bâtis dans la plaine. Au nord, Guazzera, Salé, Lobi et Castel Ceriolo. Au nord-est, Saint-Julien le neuf. A l'est, Torre di Garofolo. Au sud, Saint-Julien le vieux. Quatre hameaux : La Ghilini, propriété des marquis de ce nom, à gauche de Saint-Julien le neuf; Cassina-Grossa, devant Saint-Julien le vieux, à gauche de la route; la Spinetta sur la même ligne, non loin de la Bormida; et Marengo à l'ouest.

Marengo, ancienne villa des rois Lombards, placé à gauche de la route reliant Alexandrie à Saint-Julien le vieux, comptait alors trois maisons : une grande ferme-magnanerie, ayant dans ses dépendances la tour carrée du Guide, haute de vingt mètres, laquelle domine les environs, et deux habitations de laboureurs (1).

Sept grandes fermes étaient disséminées dans la plaine couverte de vignes et de blés, sauf un vaste espace laissé en jachères entre Castel Ceriolo et l'exploitation de la Buzana : la Buschetta, à quinze cents mètres de Saint-Julien le vieux et à droite de la route de Tortone, près d'un bois de chêne de trois hectares; la Ventolina, à six kilomètres environ de Saint-Julien le vieux; la Buzana, à gauche de Castel Ceriolo et en arrière; la Barbotta et la Rana, près du Fontanone, à la hauteur de Castel Ceriolo; la Stortigliana, sur la rive gauche du ru, devant la Spinetta et à gauche de Marengo, et la Piétrabona à la même hauteur, mais à droite de Marengo.

Trois routes traversaient la plaine: d'Alexandrie à Castel Nuovo di Scrivia par Castel Ceriolo, Lobi et Salé ; d'Alexandrie à Plaisance par Marengo, Saint-Julien le vieux, Torre di Garofolo et Tortone;

(1) P. Oliva. *Marengo antique et moderne.*

celle d'Oviglio à Tortone qui rejoignait la route d'Alexandrie à la hauteur de Cassina-Grossa; ces deux dernières étaient bordées d'ormes (1).

Il y a 18 kilomètres de la Bormida à la Scrivia, par Marengo, Saint-Julien le vieux et Torre di Garofolo ; 12 kilomètres de Marengo à Saint-Julien le vieux ; 4 kilomètres de Saint-Julien à Torre.

Un grand chemin reliait Salé à Novi, par Saint-Julien le neuf et Saint-Julien le vieux.

Pour arriver à Alexandrie, on passait la Bormida dans un bac ; et les deux routes principales aboutissaient à ce passage.

Ott faisait jeter là un pont le 11 juin, pour rejoindre de Mélas; et il en faisait établir un deuxième, en aval, à la hauteur de Castel Ceriolo, le 12, afin de pouvoir déboucher rapidement vers Salé, si l'ennemi se montrait de ce côté (2).

En voyant arriver la division Gardanne, les Autrichiens évacuèrent Saint-Julien le vieux ; mais ils se défendirent longtemps devant Marengo. A la nuit, ils repassèrent la Bormida.

Un paysan, conduit à onze heures du matin devant le premier Consul, lui annonça que M. de Mélas se préparait à diriger ses troupes vers Gênes. Déjà, affirmait-il, d'Elnitz ouvrait la marche. Or, cette indication donnée à dessein par un homme à la

(1) Indications du capitaine de génie Huart, attaché à la division Watrin.

(2) Rapport de l'état-major autrichien, imprimé à Vienne en 1816, page 29.

solde de l'état-major autrichien, et la retraite qu'opérait l'ennemi, laissaient Bonaparte un moment perplexe. Il fit porter l'ordre à Desaix de conduire au plus vite la division Boudet à Novi, de pousser des reconnaissances à l'ouest et au sud, d'appeler à son secours la division Monnier, s'il le jugeait nécessaire, pour arrêter la marche d'Elnitz (1).

Bonaparte s'étonna que les Autrichiens n'aient pas mieux défendu la plaine de Marengo, où leur nombreuse cavalerie pouvait évoluer à l'aise; il la traversa sous une pluie d'orage. A Marengo, monté au sommet de la tour, il aperçut le deuxième pont que l'ennemi avait jeté sur la Bormida. Lauriston reçut l'ordre d'aller le faire sauter, afin de nous couvrir contre une attaque possible pendant la nuit; Lauriston partit avec un escadron de la garde consulaire et du canon ; en arrivant au bord de la rivière, il vit que l'ennemi retirait le pont ; il ne l'inquiéta point.

Descendu de son observatoire, près de la source du Fontanone, le Consul faisait allumer des fagots, séchait ses vêtements et interrogeait un prisonnier, officier dans la légion de Bussy.

Plus tard, ayant questionné un laboureur et sa fille égarés parmi nos troupes, il demandait à l'Italienne de lui donner à boire (2). Elle allait rem-

(1) Rapport de l'adjudant-général Dalton.

(2) Notes de M. Delavo qui, en 1845, a fondé le Musée de la villa Marengo, et inscription indiquant ce fait.

plir un gobelet de fer-blanc et le portait au général. A neuf heures et demie, remonté à cheval, précédant sa garde, il se portait sur les vedettes, au delà du ru, voulant voir les feux de l'ennemi; mais un épais rideau de saules et de mûriers masquait leurs bivouacs établis de l'autre côté de la Bormida.

Arrivé à Saint-Julien le vieux, à onze heures, Berthier apprend par Marroi que la Scrivia est débordée, infranchissable. Il demande au Consul de s'arrêter à Torre di Garofolo, chez le baron de Garofolo, dans une grande maison élevée à cinquante mètres de l'église. Là, on leur sert à souper; ils reçoivent plusieurs rapports : de Savary, ayant poussé jusqu'à Novi une reconnaissance sans apercevoir les Autrichiens ; de Lauriston, qui annonce la disparition du deuxième pont de la Bormida ; de Moncey et de Chabran, lesquels continuent à bien tenir leurs postes.

Bonaparte veut retourner le lendemain à Voghera où la garde consulaire à pied est restée. Il se couche tard, dort mal, est réveillé à cinq heures du matin, le 25, à l'arrivée d'un envoyé de Masséna qui lui remet une lettre (1). Le général en chef de

(1) « Au quartier général de Finale, le 13 juin.

» Mon général,

» L'adjoint Gratiani doit vous avoir remis, avec ma lettre du 15 prairial, un exemplaire de la convention relative à l'évacuation de Gênes. Jusqu'à présent, son exécution n'a éprouvé aucune difficulté.

» Si à mon arrivée ici j'avais trouvé quelque peu d'artillerie et de munitions, je me serais mis de suite en marche. Ma position

l'armée d'Italie indique ses positions et l'état de la troupe qu'il commande.

A sept heures, le bruit d'une forte canonnade parvient à Torre. Bonaparte déclare que l'ennemi va se ruer en masse contre nos divisions, car il commence son attaque ; il envoie Berthier sur le champ de bataille ; il rappelle les troupes cantonnées à Voghera ; il écrit à Desaix : « Je croyais attaquer l'ennemi ; il m'a prévenu ; revenez, au nom de Dieu, si vous le pouvez encore (1). » L'aide de camp Bruyère emporte l'ordre. De huit heures à onze heures des nouvelles arrivent à chaque instant de Marengo. La division Monnier et la garde à pied venues de Voghera défilent à onze heures devant Saint-Julien le neuf. Le premier Consul monte à cheval pour conduire ces régiments au secours des corps de Lannes et de Victor déjà fort éprouvés.

y est plus difficile qu'elle ne l'a jamais été. Je manque de tout, absolument de tout.

» Je compte avoir dans sept ou huit jours le peu d'artillerie et de munitions qui me sont indispensablement nécessaires et alors je marcherai sur Asti pour me réunir à vous le *plutôt* possible. J'aurai de dix à onze mille hommes d'infanterie.

» J'occupe en ce moment les hauteurs de Savone, Montenotte, Carcare et Dégo.

Salut et respect. »

(1) *Campagne de 1800*, par le duc de Valmy.

CHAPITRE XIX

BATAILLE DE MONTEBELLO

Marche des troupes obéissant à Lannes. — Prise de Pavie et passage du Pô à San-Margharita. — Arrivée des divisions Gardanne, Monnier, Boudet et de la cavalerie conduite par Murat. — Bataille de Montebello. — Passage de la Scrivia et premier combat de Marengo. — Positions occupées par les troupes françaises le 13 juin au soir.

La divison Watrin, qui avait formé l'avant-garde de l'armée de réserve de Saint-Maurice du Valais à Chivasso, restait en observation près de cette ville pendant que les Autrichiens, voyant Turin sérieusement menacé, brûlaient les ponts sur l'Orco, creusaient des tranchées, armaient leurs partisans; la cavalerie de Rivaud se portait à Gerbido et prenait dans le coude que décrit le Pô à sa sortie du bourg, 38 barques chargées de munitions.

A dessein, Lannes publiait la nouvelle de sa prochaine réunion avec les troupes du général Turreau descendues du Mont-Cenis. Haddick et Skal s'employèrent à établir de grands postes autour de Volpiano et vers Asti, dont les républicains pouvaient s'emparer par surprise.

Dans la nuit du 9 au 10 prairial, trois lignes de feux de bivouac sont allumés en avant de Fogglizo et entretenus par un bataillon de la division Chabran. Watrin, Chambarlhac et Mainoni conduisent leurs troupes à travers l'obscurité et sous la pluie ; ils passent la Doire, traversent Crescentino, Trino et entrent à Verceil (1).

A Verceil, Lannes apprend la reddition de Bard, et Bonaparte lui fait donner de nouvelles instructions ; il prépare un hardi coup de main ; en se défilant à travers les postes autrichiens nouvellement formés entre Casale et Vigevano, il occupe Mortara, Garlasco, pour franchir le Tessin devant cette dernière ville. Le 14, à neuf heures du soir, la 22e de bataille entre précipitamment dans Pavie et surprend la garnison qui met bas les armes. La 22e est suivie par la division Chambarlhac. On trouve dans les magasins : 300 pièces de canon de fabrication piémontaise et cent milliers de poudre ; il y a 1200 blessés ou malades à l'hôpital (2). La place peut servir de base d'opérations, étant reliée par de grandes routes à Plaisance, à Milan, à Verceil et à Gênes.

Marmont et Gassendi, arrivés le 15, recrutent un personnel civil qui travaille à la fabrication d'un million de cartouches. A côté d'eux, le commissaire Geoffroy met les vivres en rations. M. de Cayrol

(1) Rapport de Watrin.
(2) Etat des prises. Archives de la Guerre.

organise des hôpitaux, recrute des ambulanciers et des brancardiers.

Lannes, grisé par ses succès, veut se porter à Gênes sans perdre un instant. Il croit pouvoir y parvenir facilement en exécutant une marche rapide avec deux belles divisions, après avoir rejeté à droite sur Alexandrie et à gauche sur Plaisance les troupes autrichiennes qui tenteraient de lui barrer le chemin. D'abord, il faut passer le Pô sans tarder. Les pontonniers ont trouvé quelques barques dans les chantiers de Pavie ; les eaux du fleuve sont basses. Les 16 et 17, des groupes de cavalerie et d'artillerie se portent vers Valenza, inquiètent et canonnent vigoureusement les postes ennemis, engagent une action des deux côtés de la route de Pavie à Casteggio, attirant de grandes forces devant ce passage qu'on ne franchira point.

Mais Gênes a capitulé. Les divisions Gardanne et Monnier vont arriver à Pavie. Il faut être en force avant d'aller provoquer M. de Mélas à Tortone ou bien devant Alexandrie. Et à compter de ce jour, Lannes marchant en tête va forcément assumer de lourdes responsabilités ; ces responsabilités ne l'effraient point ; il a, dans l'issue de la lutte, cette aveugle confiance des gens sans peur, confiance qui les rend presque toujours victorieux dans la bataille ; il dit à ses soldats : « que le moment de conquérir les trésors de l'Italie est arrivé (1). » Et

(1) Cahier d'un officier d'état-major.

les soldats sont tous impatients de livrer bataille avec lui.

Une reconnaissance fut poussée par un escadron du 12e hussards à Belgiojosa ; elle indiquait, à quatre lieues de Pavie, sur un anneau que forme le Pô, et dans un pays aux rives basses couvertes de roseaux, un point où le fleuve pouvait être facilement franchi.

Watrin et Marmont étudièrent le terrain, firent tracer un chemin aboutissant à un ancien gué. Le colonel d'artillerie Allix porta, dans la nuit du 16 au 17, à la droite de San-Margharita et au point culminant d'une sorte d'éperon dominant les alentours, deux batteries de 8. Le 17, à trois heures du matin, les pontonniers établissent un passage avec des barques apportées de Pavie. Une crue du Pô, subitement survenue, rend la traversée périlleuse. Néanmoins, la 28e et la légion helvétique peuvent débarquer sur la rive droite sans que l'ennemi se soit montré. Ces troupes se portent en avant, le long des digues et à travers les marais, derrière Saint-Cypriano.

Un bataillon de la 22e venait les renforcer à une heure du soir. Deux heures plus tard, l'avant-garde était attaquée par 2.000 hommes des régiments de Kinski et de Cravates, venus de Turin et de Casale, avec Molitor et le prince de Taxis ; une forte artillerie soutenait les Autrichiens.

Surpris dans les marais, les Français reculent ;

leur centre va se débander sous une attaque bien conduite quand Mainoni, à pied devant la 28e, agite son épée, fait battre la charge et marche résolument à l'ennemi qui résiste au premier choc; mais le bataillon de la 22e s'élance à la baïonnette, fait des prodiges de valeur. Les Autrichiens reculent, laissant sur le terrain 80 tués, 223 blessés et 2 caissons chargés de munitions. Nous avions perdus 150 hommes (1).

Le 19, à cinq heures du matin, l'infanterie du corps de Lannes et 4.000 hommes de la division Chambarlhac avaient passé le Pô. Le capitaine du génie Huart faisait construire un bac, ce qui allait permettre de transporter, le même jour, l'artillerie de l'avant-garde et le 12e hussards; puis Marmont parvenait à établir 2 ponts volants le 20.

Mainoni, conduisant la 28e, traversait le bourg de Stradella, arrivait devant Broni où l'ennemi avait concentré 3.000 hommes; bon tacticien, il appelle à son aide la 40e de bataille et lui fait exécuter sur la droite un mouvement tournant. Ce mouvement ayant réussi, Mancune, aide de camp de Watrin, se précipitait dans les rues à la tête d'un groupe de tirailleurs, était blessé, mais il forçait les Autrichiens à lâcher pied. Dans leur retraite, ils abandonnaient 200 hommes.

L'armée française n'avait, sur la rive droite du

(1) Rapport de Berthier à Bonaparte.

Pô, que le tiers de son corps de bataille lorsque Lannes apprenait l'arrivée à Casteggio, c'est-à-dire devant lui, du général Ott qui, après la reddition de Gênes, avait fait trois marches forcées pour porter à Voghera un corps de 15.000 hommes. Des détachements isolés, 5.000 hommes environ, venaient de le rejoindre. Avec une troupe d'élite, il allait tenter d'arrêter les Français.

Lannes trouvaít enfin l'occasion de livrer une bataille. Dût-il sacrifier la moitié de sa troupe, il voulait s'ouvrir le chemin d'Alexandrie. Pourtant, la prudence lui commandait d'attendre l'arrivée des divisions Monnier et Gardanne et de prendre les conseils de Berthier. Le 20, avec 12.000 hommes, 400 chevaux du 12e hussards et 20 pièces de canon, il engageait l'action ou plutôt deux actions successivement conduites par Watrin et par Rivaud (1), dont voici les rapports adressés au général Dupont :

« D'après les ordres du lieutenant-général Lannes, la division que je commande est partie à six heures du matin de la position qu'elle occupait à Broni pour venir attaquer l'ennemi à Casteggio et sur les hauteurs en avant de ce bourg. La 6e légère, conduite par le général Gency a trouvé les avant-postes autrichiens à la villa de San-Giuletta et les a repoussés jusqu'à Rivetta-Gan-

(1) Le général Chambarlhac était resté à Saint-Cypriano. Rivaud, commandant une brigade d'infanterie, s'appelait Olivier Rivaud de la Raffinière ; il avait 24 ans.

dolfi. L'ennemi, déployant alors des forces considérables et nous faisant un feu bien vif d'artillerie et de mousqueterie, je mis en bataille deux bataillons de la 6e légère sur la droite de la route avec ordre de tourner les pièces de l'ennemi, tandis que l'autre bataillon et la 40e conduite par le général Malher s'emparaient des hauteurs de Casteggio pour tourner ce bourg. Le mouvement de la 40e étant trop long et m'apercevant que les Autrichiens étaient en force sur les hauteurs, je détachai de suite un bataillon de la 22e pour s'en emparer tandis que le reste de ce corps restait en bataille des deux côtés de la route avec l'artillerie consulaire, celle de ma division et un escadron du 12e hussards.

» Le bataillon de la 22e marchait au pas de charge sur l'ennemi qui tenait ferme dans les montagnes, lorsqu'accablé par un nombre bien supérieur de troupes, il fut forcé de se retirer. Notre gauche était déjà tournée. Mais la 40e de bataille qui arrivait en ce moment est tombée sur l'ennemi avec vigueur et l'a forcé d'abandonner les hauteurs dont il s'était rendu maître ; ces positions furent vivement attaquées par nos troupes et défendues avec opiniâtreté par l'ennemi. La 28e de bataille arriva alors et la réunissant avec les 22e et 40e, je parvins à entrer dans Casteggio par les derrières et à chasser entièrement de ce bourg et des hauteurs les Autrichiens qui les ont abandonnés dans le plus grand désordre, laissant le champ de bataille couvert de leurs morts et de leurs blessés.

» Pendant ce temps-là, le général Lannes s'emparait du bourg par la grande route (1) et le général Gency repoussait avec la 6e légère l'ennemi qui tenait encore sur sa droite (2). Il y avait déjà 5 heures que nous étions aux prises avec l'ennemi lorsque la division Chambarlhac arriva. Alors, toutes les troupes réunies sont tombées sur l'ennemi avec fureur et l'ont poursuivi jusqu'à Voghera. 5 pièces de canon, 3 caissons, environ 5.000 prisonniers parmi lesquels plusieurs colonels et officiers de marque sont tombés en notre pouvoir. Cette journée a détruit à l'ennemi près de dix mille hommes des corps des généraux autrichiens Ott et Vogelsang. Notre perte peut être de 300 à 400 tués ou blessés.

WATRIN. »

« Je partis le 20, à onze heures du matin à la tête des 43e et 96e demi-brigades, de Stradella où ma brigade avait bivouaqué ; je marchai sur Broni pour soutenir l'attaque formée par l'avant-garde commandée par le général Lannes. Dès que je fus dépassé Broni je reçus l'ordre de presser le pas et je marchai au pas de course avec ma brigade pendant une heure. Je reçus l'ordre du lieutenant-gé-

(1) Route de Plaisance à Alexandrie.
(2) En réalité, la 6e légère était tournée, sur le point d'être enveloppée et mitraillée.

néral Victor de me porter sur la gauche de Casteggio et d'y attaquer avec la 43e un groupe de montagnes sur lesquelles trois mille Autrichiens étaient avantageusement postés et y avaient deux pièces de canon et un obusier. Je jetai le 1er bataillon sur ma gauche et le 2e bataillon sur ma droite en tirailleurs et je marchai avec le 3e bataillon en colonne, au centre. Dans cet ordre, je formai mon attaque ; je contins d'abord l'ennemi qui repoussait très vivement quatre bataillons des 22e, 28e et 40e et menaçait de s'emparer du chemin de Casteggio à Broni et couper ainsi la retraite aux troupes de l'avant-garde du général Lannes. Je fis rallier ces quatre bataillons, mais ils se trouvèrent trop fatigués pour reprendre l'avant-garde. Ils marchèrent derrière moi afin de me soutenir si j'en avais besoin. Je continuai mon attaque de la montagne, à la gauche de Casteggio et faisant toujours marcher le 3e bataillon en colonne au centre des deux autres bataillons en tirailleurs, j'emportai la position et j'y fis cinquante prisonniers que j'envoyai de suite sur les derrières. Je poursuivis l'ennemi qui se retira sur un autre coteau et j'éprouvai une nouvelle résistance très vive ; mais malgré le feu de l'infanterie et celui du canon et de l'obusier de l'ennemi, je marchai toujours à la tête du 3e bataillon et sur le centre de l'ennemi sans tirer un coup de fusil pendant que les deux autres bataillons de la 43e attaquaient en tirailleurs à droite et à gauche ;

j'emportai de nouveau la position ; j'y tuai beaucoup de monde ; j'y fis quelques prisonniers. Dans cet ordre de bataille, j'ai successivement enlevé six montagnes, coteaux ou mamelons sur lesquels l'ennemi se retirait et je suis parvenu jusqu'au château de Jordone qui a été cerné et attaqué par deux compagnies du 3e bataillon ; il a été forcé ; on y a tué 150 hommes et pris un pareil nombre ; une pièce de canon qui m'incommodait fort sur mon centre a été tournée par des compagnies du 2e bataillon, et la pièce a été prise. J'ai continué de marcher en avant et de chasser l'ennemi qui s'affaiblissait par des pertes considérables en tués, en blessés et en prisonniers. Enfin, à 8 heures du soir, je me suis arrèté à 3 mille (1) en avant de Montebello et à 6 mille du point d'où j'étais parti. Je n'avais plus devant moi rien qui résistât.

» Pendant qu'avec la 43e, j'éxécutais ces opérations, les 1er et 2e bataillons de la 96e ont reçu l'ordre de marcher sur la grande route de Voghera par le village de Casteggio. Dès que ces deux bataillons ont eu passé le village de Casteggio, le chef de brigade Lepreux les a formés en colonne serrée par pelotons et a marché à leur tête malgré un feu d'artillerie qui a emporté beaucoup d'hommes. Ces deux bataillons ont battu le pas de charge, marché en avant avec beaucoup d'intrépidité et

(1) Trois mille mètres.

repoussé un mille l'artillerie et la cavalerie ennemies. Après cette charge, les deux bataillons ont été jetés en tirailleurs à droite et à gauche de la route de Casteggio à Voghera et ont repoussé l'ennemi sur tous les points. La nuit a arrêté la poursuite.

» Ma brigade a tué ou blessé 1500 hommes à l'ennemi, en a pris autant et une pièce de canon. J'ai, d'après des rapports, 300 hommes tués ou blessés.

RIVAUD. »

La bataille fut plus sanglante que ne l'indiquent ces rapports. Pour enlever tant de positions, les Français durent subir des pertes énormes, car « les Autrichiens disposaient d'une nombreuse artillerie et ils tiraient à mitraille tandis que les républicains chargeaient à la baïonnette » a écrit un témoin oculaire (1). On jeta 4.000 cadavres dans une fosse sur laquelle passe aujourd'hui un chemin appelé *via dei morti* (2). Lannes, qui s'était couvert de gloire, revint le soir à Casteggio dévasté, ses habits déchirés, les mains et le visage ensanglantés, et il dit à Bourrienne qui l'interrogeait : « C'était chaud, très chaud ; les os de mes grenadiers craquaient sous les balles autrichiennes comme un vitrage sous la grêle (3). »

(1) *Histoire d'Italie*, par Botta.
(2) Cadastre de Montebello.
(3) Mémoires de Bourrienne.

Quant au 12e hussards, resté longtemps groupé sur la route de Plaisance, trois escadrons avaient été attaqués, à deux heures, entre Casteggio et Montebello, par des chevau-légers ; attaque vivement repoussée. Le soir, il suivit l'ennemi en retraite, à distance. Si Lannes avait eu une nombreuse cavalerie, il enveloppait le corps d'armée d'Ott et le forçait de mettre bas les armes.

L'artillerie avait tiré 240 coups de canon.

Bonaparte, qui ne manquait pas d'informer les Consuls du moindre succès de ses troupes, fit rédiger un bulletin de victoire qu'on expédia au plus vite à Paris ; les blessés devaient être conduits à Pavie et les prisonniers à Milan.

Les hommes chargés de relever les blessés tirèrent quelques coups de fusil entre un hameau et Casteggio. Dupont courut s'informer ; les Français, marchant sans bruit, avaient surpris des bandits qui, à la faveur des ténèbres, dépouillaient les morts, achevaient parfois les blessés osant leur résister (1). Ces bandits, des Piémontais pour la plupart, enrôlés de force en 1799 par Souvarow, avaient déserté, emportant armes et bagages, et s'étaient organisés, renforcés des voleurs de grands chemins, en bandes partout redoutables qui tenaient la montagne ou se retranchaient dans les châteaux abandonnés. Ils suivaient notre armée depuis Chi-

(1) Cahier d'un officier d'état-major.

vasso, au nombre de deux cents; pris, ils se déclaraient nos alliés ; on les fusillait impitoyablement. Poursuivis, ils passaient à l'ennemi.

Le 21, Berthier voulut donner aux troupes qui avaient été engagées un repos nécessaire. Dans de bonnes positions, on attendit les divisions Gardanne et Monnier. L'avant-garde campait sous des mûriers, en avant de Montebello. Le 12e hussards poussait très loin des reconnaissances. Derrière Gardanne et Monnier, les cavaliers de Murat et les fantassins de Boudet arrivaient (1).

Desaix réunit à Casteggio les deux divisions dont Bonaparte lui a donné le commandement ; il les passe en revue le 22 avant de les diriger vers Voghera, pour suivre le mouvement général de l'armée. Dans cette marche, Gardanne formait l'avant-garde ; et les équipages de pont, envoyés par Chabran, marchaient derrière le parc (2).

(1) Murat et Boudet avaient quitté Duhesme à Lodi, le 17. Le même jour, la cavalerie s'emparait de la tête du pont de Plaisance défendu par 600 hommes et 20 pièces de canon du corps d'O'Reilly : mais l'ennemi était en force du côté de la ville. Il fallait chercher un passage à droite, tourner les Autrichiens. Murat trouva des barques qui lui servirent à transporter la 9e légère et la 59e de bataille. Ces troupes attaquaient Plaisance le 18, y entraient de vive force, prenaient le courrier de M. de Mélas et des magasins, faisaient 600 prisonniers, tandis que la cavalerie ennemie se réfugiait dans la citadelle.

Or, la ville était à peine occupée qu'on signalait à Boudet la marche d'une colonne qui, partie de Parme, venait former la garnison de Plaisance. 2 bataillons de la 59e et le 11e hussards se portaient à sa rencontre, la joignaient, lui tuaient 50 hommes, prenaient les autres : 29 officiers, 900 soldats avec un drapeau, 2 canons et des caissons.

A l'arrivée des troupes de Moncey, Murat et Boudet se portaient à Stradella.

(2) Rapport de Dupont.

A cinq heures du soir, la 44e de bataille, bien éclairée par le 12e chasseurs, débusquait les avant-postes de l'ennemi échelonnés le long de la Scrivia. Desaix occupait Pontecurone avec la division Boudet. Monnier entrait à Voghera, suivi de la garde consulaire. Watrin, Chambarlhac et Gardanne s'échelonnaient le long du Curone, la cavalerie poussant jusqu'au Pô. Le parc restait à Montebello. Les troupes de Béthencourt (un bataillon de la 102e et trois compagnies suisses, environ 800 hommes) allaient s'établir devant Tortone où Ott avait laissé 3.000 soldats à la garde du château.

Un état dressé par Dupont indiquait que l'effectif de l'armée de réserve était de 55.982 hommes (*h*). Bonaparte, arrivé à Voghera, donne l'ordre de jeter un pont sur le Pô, non loin de l'embouchure de la Scrivia et en face de Gannazzaro. Chabran doit porter son avant-garde sur la rive gauche du fleuve, à la hauteur de ce pont, afin d'arrêter M. de Mélas qui pourrait chercher à se dérober vers Pavie. Le pont est établi dans la journée du 23. Deux escadrons du 11e hussards et un bataillon de la légion italique détaché de la brigade Mainoni en ont la garde.

Le 24, à trois heures du matin, l'armée française est mise en marche, sauf la division Monnier et la garde consulaire à pied chargées de garder et Voghera où le parc vient d'arriver, et le quartier général. D'abord, Boudet s'avance au delà de Pontecurone pour aider, au besoin, Béthencourt à réduire

Tortone. Victor, conduisant les divisions Gardanne et Chambarlhac fait jeter un pont sur la Scrivia, à Dora. Plus à droite, Lannes franchissait le Curone et chargeait la 28e de prendre Castel Nuovo di Scrivia. Après avoir résisté pendant une heure, l'ennemi battait en retraite vers Alexandrie, laissant dans le bourg 1500 malades et 600 hommes qui, blessés autour de Gênes, devaient au premier jour reprendre leur place dans le rang. Ensuite, Lannes obliquait à gauche, passait la Scrivia et se rangeait, à la hauteur de Saint-Julien le neuf, derrière le corps du général Victor.

On rapporte à Berthier que l'ennemi est en force et pourvu d'une grosse artillerie autour de Saint-Julien le vieux. Le général en chef fait avancer Marmont qui établit une batterie de 12 pièces sur l'éminence dominant la Buschetta et la route de Tortone.

Un duel d'artillerie va s'engager quand, à trois heures, un violent orage vient ravager la plaine. M. de Cayrol a fait établir un hôpital à Saint-Julien le neuf. A cinq heures, lorsque la pluie cesse de tomber, on voit les bataillons ennemis qui battent prudemment en retraite à travers les blés. Déjà, Gardanne occupe Saint-Julien le vieux. La 24e légère suit les Autrichiens, pas à pas, sur la route d'Alexandrie. Dans Marengo, Ott déploie des forces ; il ne veut plus reculer pour laisser à ses canons le temps de repasser la Bormida à la hauteur de Castel

Ceriolo ; il accable un moment la 24e ; il va l'envelopper, mais la 44e de bataille arrive ; la brigade Champeaux (8e dragons et 1er escadron du 9e) charge le long du Fontanone ; le chef de brigade Mossel amène 6 pièces. Une lutte très vive s'engage. Accablé, menacé d'être tourné par la 101e, l'ennemi bat en retraite, lentement, sur un terrain que la pluie a détrempé ; il disparaît entre les ormes, nous ayant tué 50 hommes ; Marmont fait avancer de l'artillerie devant son pont ; 3 de nos pièces sont démontées au cours de l'action (1).

Berthier ordonnait à ses divisions de prendre immédiatement position sur le terrain conquis.

Gardanne échelonna sa troupe derrière le ru de Marengo, la droite appuyée au Fontanone, la gauche arrêtée à six cents mètres de la Bormida, ses avant-postes placés à la ferme de Piétrabona. Chambarlhac se massait derrière sa gauche. Les 2e et 20e de cavalerie et le 8e dragons obéissant à Kellermann se plaçaient en avant de la Spinetta. La division Watrin et la brigade Mainoni s'arrêtaient à droite de la ferme de la Buzana, à quinze cents mètres à gauche de Castel Ceriolo ; vers Castel Ceriolo campaient : la brigade Champeaux nouvellement formée des 9e dragons et 15e chasseurs ; la brigade Duvigneau, 6e dragons et 12e chasseurs (2). Et Murat rappelait la brigade Rivaud cantonnée au bord de la Scrivia.

(1) Rapport de Marmont.
(2) Plans de la guerre et rapport de Victor.

Les troupes au bivouac, mouillées, sans vivres, car les voitures chargées des subsistances n'avaient pu suivre les mouvements des colonnes, se couchèrent sur le sol humide, espérant goûter le lendemain un jour de repos, quand elles devaient livrer la plus sanglante bataille.

CHAPITRE XX

MARENGO

M. de Mélas ordonne d'attaquer les Français à Marengo. — Gardanne, Chambarlhac, Watrin et Kellermann soutiennent la lutte jusqu'à midi. — Marengo est évacué; première retraite. — Arrivée de la division Monnier et de la garde consulaire à pied qui entrent en ligne. — Deuxième retraite vers la réserve de Desaix. — La division Boudet et la cavalerie de Kellermann assurent la victoire. — Les Autrichiens, écrasés, repassent la Bormida.

Dans Alexandrie, au premier étage d'une grande maison sise au n° 1 de la rue Faa di Bruno, où M. de Mélas avait établi son quartier général depuis cinq jours, le 13 juin à dix heures du soir, un conseil de guerre extraordinaire était tenu (1).

Avec un adversaire tel que Bonaparte, la situation de l'armée autrichienne, pourtant supérieure en nombre aux troupes françaises, était critique. Toute retraite serait désastreuse. Il fallait donc prendre le parti de risquer une dernière bataille et d'arrêter, fût-ce au prix des plus grands sacrifices, l'offensive des Français.

Les troupes autrichiennes s'étaient échelonnées en ligne, derrière la Bormida, sans allumer de feux, ce qui eût trahi leur présence. Le pont jeté à la hau-

(1) Archives d'Alexandrie.

teur de Castel Ceriolo, promptement enlevé, serait reconstruit à côté du premier pont remplaçant le bac, ce qui donnerait à l'armée deux débouchés, débouchés faciles, puisque les républicains avaient commis l'imprudence de ne pas occuper jusqu'à la rivière afin d'éviter toute surprise de ce côté.

Zach, chef d'état-major, donnait des instructions : pendant qu'une troupe de cavalerie longerait la rive gauche de l'Orba, pour surveiller la gauche de l'ennemi, on ferait défiler des éclaireurs et deux batteries de canons qui s'établiraient en face de Marengo, à droite d'un plant de mûriers. A sept heures, l'artillerie ouvrirait le feu, protégerait la marche du général O'Reilly conduisant 3.000 fantassins et celle de la cavalerie Pilati qui prendraient la Spinetta. A gauche, le général Ott, avec 8.000 hommes et la cavalerie d'Elnitz, occuperait Castel Ceriolo, obliquerait ensuite à droite, renouvellerait le mouvement tournant qui avait causé à Novi la perte des soldats de Joubert. Au centre, M. de Mélas conduirait le corps de bataille formé par les divisions Haddick, Kaim, Morgue et Lobkowitz : 20.000 hommes et 100 pièces de canon ; il marcherait à la source du Fontanone, attendrait l'attaque des colonnes tournantes pour accabler l'ennemi. L'objectif à atteindre dans la marche en avant était Saint-Julien le vieux ; on devait manœuvrer, quelle que soit la résistance des Français, pour y arriver à deux heures du soir. En cas d'échec, les troupes se rallieraient derrière le Fontanone et la cavalerie d'Elnitz se sacrifierait, au besoin, pour sauver l'armée qui irait s'enfermer dans la citadelle d'Alexandrie (1).

Le 14 juin, à la pointe du jour, l'avant-garde autrichienne passait la Bormida ; elle attendait ses 12 canons derrière les têtes de pont, et se portait, à travers les sinuosités du terrain, vers un plant de mûriers de cinq hectares, lequel cachait la vue de Castel Ceriolo ; les batteries une fois établies, le corps d'O'Reilly traversait les fossés creusés le long du ru de Marengo, se cachait dans les herbes hautes d'un mètre, puis arrivait devant la ferme de Piétrabona, d'où les avant-postes de la division Gardanne étaient délogés à sept heures.

Aux premiers coups de fusil tirés, l'artillerie autrichienne ouvrait le feu sur la droite de la 101e qui, surprise au bivouac, prenait les armes. Victor faisait appuyer à droite la division Chambarlhac et envoyait prévenir Berthier. La 24e légère combattait O'Reilly qui rétrogradait, s'arrêtait sous le couvert des ormes et donnait au colonel Frimont, menant la tête du corps de bataille, la direction de Marengo qu'il devait enlever à tout prix. Mais Frimont perdit trente minutes à déployer ses compagnies ; ce déploiement, pro-

(1) Plans de l'état-major autrichien, imprimés à Vienne en 1809.

tégé par le feu d'une nouvelle batterie, devait lui permettre de couvrir un large espace de terrain; seulement, il laissait à Gardanne le temps de prendre une bonne position derrière le ru, de faire obliquer quelques compagnies, de bien abriter ses canons et de diriger contre l'assaillant un feu si vif qu'il dut s'arrêter (1).

D'autre part, le mouvement que devait exécuter d'Elnitz était retardé par Zach. Lannes arrivait et démasquait sa batterie. A huit heures, quarante pièces la foudroyaient; il fallut retirer les 6 canons, dont la moitié des servants était tuée.

A huit heures et demie, les deux tiers de l'armée autrichienne avaient passé la Bormida; et M. de Mélas pressait vivement ses lieutenants d'agir. En voyant que, devant lui, Marengo était la clef de la position, il donnait l'ordre au général Haddick d'y parvenir. Haddick se met à la tête des troupes de Bellegarde. Marchant sur un terrain découvert, ses colonnes serrées et allant l'arme au bras, il arrive au bord du Fontanone; là, il essuie un feu terrible d'infanterie et d'artillerie. Gardanne et Chambarlhac, qui ont pris une solide position, la droite au village, la gauche à la Bormida, l'accablent de coups; ses soldats ne peuvent longtemps résister; et, blessé mortellement, il donne le signal de la retraite pendant qu'on le descend

(1) Rapport de Victor.

de cheval. Mais, à l'instant, la division Kaim remplace les troupes de Haddick décimées ; elle s'avance au pas de course ; elle croit pouvoir culbuter les Français qui se battent depuis trois heures. La division Chambarlhac va plier sous la mitraille quand la division Watrin se range à droite de Marengo, dirige sa fusillade sur la tête de la colonne ennemie, l'oblige à s'arrêter, à riposter, puis à battre en retraite.

Les Français poussent des acclamations et chantent la *Marseillaise*. Sans l'ouragan de fer que continue de vomir l'artillerie autrichienne, ils eussent franchi le Fontanone, pour jeter dans la Bormida l'ennemi si rudement éprouvé dans ces trois assauts.

Berthier se tenait, depuis neuf heures du matin, à la tête de la garde consulaire à cheval, à gauche de la ferme de la Buzana (1). Du lieu qu'occupait le quartier général, il voyait tous les mouvements que faisaient les deux partis. Redoutant une diversion de la part de l'ennemi, il envoyait l'ordre au 12e chasseurs de passer derrière le corps de Victor, de longer l'Orba, d'empêcher les Autrichiens de franchir la rivière à notre extrême gauche ; plus tard, informé que la garnison de Tortone s'approchait de la Scrivia, il faisait diriger vers Salé, les 12e hussards et 21e chasseurs, (brigade réduite à

(1) Positions occupées à Marengo. Archives de la Guerre.

700 cavaliers) afin de prêter main-forte, si cela devenait nécessaire, à la légion italique gardant le pont du Pô, ou aux troupes du général Béthencourt.

Au milieu de l'action, la division Gardanne, toujours placée en première ligne, s'était tassée et rapprochée de Marengo. O'Reilly attendait, masqué par des arbres, que cette faute fût commise ; il laissa passer la troupe de Pilati, 2.000 chevaux des dragons de l'empereur, troupe destinée à paralyser, à gauche, les mouvements de notre cavalerie. Pilati, arrivé à la hauteur de la Spinetta, sort de la partie boisée de la vallée, rassemble ses escadrons et va les lancer contre la 44e de ligne qui ne l'a point aperçu encore.

Kellermann, en bataille devant la Spinetta et masqué par des vignes, a vu les mouvements de Pilati. Il le laisse s'avancer loin des fossés et lui envoie le 8e dragons. Le choc des dragons français est terrible. Étonnés, les Autrichiens dont l'effort a été tout à coup brisé, font demi-tour, se rallient et reviennent au trot. Kellermann doit parer au danger; 15 escadrons vont sabrer les siens ; le général, conduisant les 2e et 20e de cavalerie, des géants, fait ordonner au 8e dragons de démasquer l'ennemi et de passer derrière les cuirassiers. La manœuvre s'exécute rapidement. Les soldats de Pilati sont ramenés, jetés dans les fossés ou poussés sur l'infanterie d'O'Reilly qui reste encore immobile. Le 20e fait 100 prisonniers.

On se fusille toujours au bord du Fontanone et près de Marengo ; mais à onze heures, le centre des Autrichiens s'arrête, garde ses positions le long du ru rempli d'eau. Le feu cesse. De chaque côté on ramasse des blessés et l'on s'observe. M. de Mélas fait établir de nouvelles batteries (1).

Dans ce temps, des secours en vivres sont donnés par les pourvoyeurs du train aux troupes françaises.

A midi, les canons autrichiens recommencent à tirer pour masquer le mouvement qu'exécute la cavalerie d'Elnitz qui s'est portée sur Castel Ceriolo, suivie des chasseurs tyroliens et du Loup et des grenadiers de la réserve aux ordres du général Ott. D'Elnitz envahit Castel Ceriolo, dépasse le village, y laisant les chasseurs du Loup, pendant que les grenadiers de Ott, changeant deux fois de direction à droite, doivent à une heure assaillir les troupes de Lannes.

En même temps, vers notre gauche, O'Reilly s'ébranle, attaque le 2e bataillon de la 44e de bataille ; et le général Kaim, appuyé par 80 pièces de canon, dirige un quatrième assaut sur Marengo. Contre le torrent qui s'avance pour ouvrir ses lignes, la division Gardanne essaie encore de lutter ; mais les soldats n'ont plus de cartouches. Il leur faut reculer pas à pas, en tenant la baïonnette haute, dans la plus fière attitude.

(1) Rapport de Kellermann.

Le 1er bataillon de la 44e se réfugie dans la ferme de la Stortigliana, traînant une pièce de 4 chargée à mitraille; il la place derrière une fenêtre et tire à bout portant sur un régiment de cavalerie qui s'avançait au pas; le régiment se débande à l'instant; voyant le terrain déblayé, le bataillon va rejoindre sa division; il passe devant le front des troupes d'O'Reilly qui n'osent pas l'aborder (1).

Il fait depuis le matin une chaleur insupportable. Les Français exténués et accablés de toutes parts demandent des munitions. Quelques conscrits s'enfuient, pris de terreur; les officiers ont beaucoup de peine à maintenir les autres à leur rang. A droite, Lannes a lancé la brigade Champeaux sur la division Ott; Champeaux tombe mortellement frappé; ses cavaliers sont repoussés; la cavalerie d'Elnitz s'approche. Les Autrichiens ont passé le Fontanone; ils mettent en ligne 100 pièces de canon. Sénarmont n'a plus à leur opposer que 20 canons mal servis. La 6e légère prend une solide position dans les vignes; et Lannes fait appuyer la division Chambarlhac par les 22e et 40e demi-brigades (2). De son côté, Mainoni repousse l'assaut furieux des cavaliers de Lobkowitz, force Ott à s'arrêter; mais on dirige sur ses troupes le feu de 25 canons. Gardanne et Rivaud battent en

(1) Lettre de Dampierre.

(2) Le général Chambarlhac abandonne sa division, sans être i blessé ni malade.

retraite ; ils sont loin de Marengo. Pour ne pas être enveloppé, le corps de Lannes doit suivre le même mouvement ; il se dirige, obliquement, vers la Buzana.

Le 3e bataillon de la 43e se réfugie dans une grange entourée de murs ; un régiment des dragons de Lichtenstein l'entoure, lui fait mettre bas les armes ; on le conduit à Alexandrie ; il y est insulté par la populace (1).

Une estafette traverse les rangs, annonce l'arrivée du renfort. Bonaparte arrive. Il voit toute l'étendue du désastre. Quand Berthier lui a rendu compte de notre situation, il ordonne à la division Monnier, qui le suit, de prendre l'offensive à droite. Carra Saint-Cyr va enlever, avec la 19e légère, Castel Ceriolo aux chasseurs du Loup ; à sa gauche, Schilt, conduisant la 70e de bataille fera reculer d'Elnitz. La 72e ira soutenir la division Watrin. A une heure, le corps de Victor fait demi-tour ; approvisionné de cartouches par 800 auxiliaires qui suivaient la garde consulaire à pied, il se prépare à barrer le chemin aux Autrichiens. Kellermann échelonne ses cavaliers à la gauche de Gardanne. Le 6e dragons, dernière unité de la brigade Duvigneau marche derrière la division Monnier (2).

L'armée française s'est arrêtée à deux kilomètres de Marengo. Le premier Consul, Berthier et leurs

(1) Relation du grenadier Petit.
(2) Duvigneau avait quitté sa troupe dès le matin.

états-majors se portent derrière la Buzana ; et, de ce point, lorsque le mouvement ordonné à Monnier a été exécuté, Bonaparte voit qu'un espace reste ouvert entre Schilt et Mainoni ; il y envoie la garde à pied, précédée de la brigade Champeaux; mais Spléný met cette cavalerie en déroute. Quand la garde consulaire a pris position, les dragons de Lobkowitz poussent sur elle à la charge ; ils se brisent contre les baïonnettes ; toutefois, les dragons permettent au général Ott d'arriver avec ses grenadiers. Pendant quarante minutes, les 600 hommes de la garde arrêtent l'élan de 4.000 grenadiers autrichiens ; au premier rang, le porte-drapeau Aune agite son étendard ; les officiers ramassent les fusils des morts et bouchent les trous percés dans la muraille humaine. Les Autrichiens durent amener du canon pour avoir raison de cette troupe ; et le colonel Frimont, la tournant, s'empara de ses pièces. Rompue, elle battit en retraite, laissant 258 hommes sur le terrain (1).

A droite, les boulets écrasaient la division Monnier. Menacée par d'Elnitz et par les chasseurs tyroliens, elle évacuait Castel Ceriolo, les 19e et 70e marchant en colonne sur la route de Salé. Notre gauche perdait toujours du terrain. Bonaparte était forcé d'ordonner la retraite, une retraite en échiquier à travers les blés et les vignes. Les Autri-

(1) Relation du grenadier Petit.

chiens, ramassant les coiffures de nos soldats tombés, les élèvent au bout de leurs fusils et crient « Victoire! » 80 de leurs canons sont encore en ligne. Le Consul reste pendant vingt minutes au milieu de la 72e de bataille, sous les obus; il veut même charger à la tête d'une compagnie; les officiers et les soldats s'y opposent (1).

Laissant Berthier diriger la retraite, Bonaparte se rend à Saint-Julien le neuf où il rencontre le marquis de Ghilini occupé à soigner nos blessés; le marquis conduit Bonaparte sur la plate-forme du clocher; et, de ce point, les deux hommes aperçoivent, dans la plaine qui s'étend entre Saint-Julien le vieux et Rivalta, la division Desaix marchant à grand pas; cette division qui allait ramener la victoire (2).

(1) Rapport de Berthier au ministre de la guerre.

(2) Le 14 juin, à 9 heures du matin, l'adjudant-général W. Dalton adressait à Berthier le rapport suivant : « Le lieutenant-général Desaix donna ordre à la division (Boudet) de partir de Pontecurone pour se rendre par Sarzana (Sarrezano) à Rivalta et se diriger ensuite sur Seravallo. Il était déjà midi lorsque la division reçut cet ordre. Elle se mit en marche de suite, mais il survient des pluies très abondantes qui rendirent la route très difficultueuse. La 9e légère avec le 1er hussards qui marchaient en tête arrivèrent sur les bords de la Scrivia sur les 5 heures. On tenta le passage de cette rivière qui était très grosse en ce moment, et on ne put parvenir à passer quelques hommes d'infanterie qu'en leur faisant prendre la queue des chevaux. Plusieurs de ces hommes furent entraînés par le courant ; on les sauva avec peine, mais ils perdirent leurs armes. Le général se trouva forcé de faire essayer plus à droite. Les 30e et 59e de ligne étaient restées sur la montagne de Farzano, sous les ordres du général de brigade Guénaud pour protéger l'artillerie qu'on eut beaucoup de peine à faire passer et ce ne fut qu'à l'aide de 20 paires de bœufs qu'on réussit à la faire arriver sur les bords de la Scrivia, le 25 à 9 heures du matin.

» Pendant la nuit, on s'était occupé à rétablir une barque et à passer la 9e légère. On se servit de ce moyen pour toute l'in-

L'armée française continuait son mouvement rétrograde. A la droite du corps de Victor, Kellermann tenait sa cavalerie en bataille sous le feu d'artillerie le plus meurtrier, couvrant habilement la retraite de l'infanterie, « lui donnant le temps de se rallier, se retirant en pelotons au pas en faisant de distance en distance promptement demi-tour à droite, sans permettre que l'ennemi fît un seul prisonnier sur ce point, et déployant dans cette circonstance ce courage froid qui voit le danger, la mort, l'attend avec constance (1). » Lannes, les gardes consulaires à pied et à cheval, se rapprochaient de Saint-Julien le vieux.

Berthier venait d'arrêter le quartier général en

fanterie, des découvertes furent envoyées dès le soir et pendant la nuit sur Seravallo, puis les deux rives de la Scrivia, au moment que l'ennemi occupait ce poste. Ces découvertes nous apprennent aussi que quelques troupes républicaines occupaient Novi. »

En réalité, Boudet avait marché, de Ponteeurone, pour éviter Tortone, sur la rive droite du torrent La Grua jusqu'à Sarrezano; là, en obliquant à droite, dans la direction de Novi, il arrivait à Carezzano et non Sarzano comme l'indique Dalton : puis, descendu à Villaverma, il avait tenté le passage de la Scrivia ; 3 hommes s'étant noyés, il faisait essayer à droite, près de Castellar Ponzano. Les hussards seulement et un bataillon de la 9e passèrent dans la soirée du 13. Le 14, à 7 heures du matin, Desaix entendit le canon vers Marengo; il rappela les troupes dirigées vers Novi et envoya Savary auprès du premier Consul ; à 8 heures et demie, il reçut la dépêche de Bonaparte. Mais les 30e, 59e, les cuirassiers et l'artillerie se trouvaient à Carezzano. Or, pour passer la Scrivia, le curé de Castellar Ponzano réunit une partie de ses paroissiens ; on établit des radeaux, on employa des barques. A 1 heure du soir la division Boudet était sur la rive gauche. 17 kilomètres la séparaient de Saint-Julien le vieux. Pendant qu'elle marchait, Desaix, monté sur la tour du château de Rivalta, voyait commencer la retraite des troupes de Victor dans la plaine de Marengo. La division ayant : 4.850 fantassins, 120 hussards, 123 cuirassiers et 110 artilleurs arrivait à Saint-Julien avant 5 heures.

(1) Rapport de Kellermann.

arrière de la Buschetta. Marroi lui portait l'ordre de faire exécuter une volte-face aux troupes. Desaix allait prendre position devant Saint-Julien le vieux ; la division Chambarlhac se placerait derrière lui, sur la route; la division Gardanne à sa gauche, en face de Cassina-Grossa ; Kellermann à la droite de Desaix ; la cavalerie de la garde consulaire à la droite de Kellermann et un peu en arrière ; Lannes, au milieu de la plaine, ayant la garde à pied massée à sa droite et derrière lui les réserves de cavalerie ; Monnier garderait la route de Salé à Castel Ceriolo (1).

A troix heures, M. de Mélas qui, devant Marengo, avait eu deux chevaux tués sous lui et reçu une contusion au bras gauche, se croyant vainqueur, chargeait Zach d'achever la déroute des Français ; et, soutenu par deux hussards, il rentrait à Alexandrie, pour envoyer des courriers annoncer à François II et à ses alliés la défaite de Bonaparte.

Au lieu de se ruer vivement sur les troupes républicaines, Zach s'attarde à prendre de nouvelles dispositions qui doivent empêcher, croit-il, les Français de se rallier à Saint-Julien le vieux et de cheminer vers Novi, seule retraite qui leur éviterait d'être acculés à la Scrivia. Il porte l'infanterie d'O'Reilly et 300 chevaux à droite de Cassina-Grossa ; il s'avance de sa personne sur la route de

(1) Rapport de Berthier.

Plaisance avec les régiments de Walli, les brigades Saint-Julien et Lattermann, 12 bataillons. A deux mille mètres en arrière, Kaim tient également la route, marchant à la tête des brigades Bellegarde, Weisenfeld, Lamarsaille et Knesewich, 16 bataillons. A droite de Kaim manœuvrent 4 bataillons des régiments de Bricy et de Steker. 9 régiments de cavalerie marchent à la gauche de ces colonnes, brigades Lobkowitz, Lichtenstein, archiduc Jean et Pilati. A la hauteur de Zach, mais dans la plaine, et faisant face au général Lannes, la division Haddick s'avance déployée. Ott et son soutien de grenadiers sont devant la Buzana. D'Elnitz, en ligne, couvre Castel Ceriolo et se prépare à charger Carra Saint-Cyr (1).

La fatigue des troupes, la chaleur torride, une marche difficile à travers les vignes font ralentir, vers quatre heures et demie, le pas aux Autrichiens, ce qui permet à Berthier de former l'ordre de bataille prescrit par le Consul. Le feu a cessé. Bonaparte passe entre les rangs des divisions, s'écrie : « Soldats ! rappelez-vous que j'ai l'habitude de coucher sur le champ de bataille. Ma réserve arrive (2). »

Déjà, les munitionnaires distribuent des cartouches. Le Consul, Berthier, Murat et Marmont se portent à la rencontre de Desaix. Une conférence est tenue à cent mètres de Saint-Julien le vieux.

(1) Relation de l'état-major autrichien.
(2) Cahier d'un officier d'état-major.

Desaix peut arrêter les Autrichiens très fatigués et n'ayant plus de réserves; il dit : « Le succès est encore possible ; mais il faut qu'un feu vif d'artillerie impose à l'ennemi avant de tenter une nouvelle charge, sans quoi, elle ne réussira pas. Il nous faut absolument un bon feu de canons (1). » Bonaparte interroge le chef de l'artillerie. « Je n'ai plus que 10 pièces, » répond Marmont. Boudet en ramène 8 bien approvisionnées, 4 de 4 et 4 de 8. Le commandant Duport fait diriger ces canons vers la dernière batterie de Sénarmont quand Boudet échelonne sa division en avant de Saint-Julien le vieux, dans un pli de terrain, à l'abri derrière les vignes, la 9e légère en tête, les 30e et 59e, par bataillons en masse forment la seconde ligne. Le 2e escadron du 1er hussards et les 123 hommes du 3e de cavalerie vont rejoindre Murat.

Kellermann ayant rallié, à quatre heures et demie, 150 chevaux seulement, appelait à lui le 6e dragons et 2 escadrons du 8e de la même arme; cela faisait, avec la cavalerie que ramenait Desaix, un corps respectable qui se porta à 250 mètres à droite de la 9e légère, derrière la batterie que Marmont établissait sur un petit monticule, batterie masquée et chargée tout de suite à mitraille (2).

A cinq heures, l'armée française avait en ligne : 11.000 hommes d'infanterie, 1200 cavaliers et

(1) Mémoires de Marmont.
(2) Rapport de Kellermann.

18 canons. Elle semblait attendre l'ennemi de pied ferme (1).

En voyant notre ligne arrêtée, craignant que Bonaparte n'ordonnât un retour offensif, Zach fait déployer le régiment de Walli, et met derrière, en soutien, les grenadiers de Lattermann. Par exemple, il néglige d'établir des batteries dont le feu pouvait décimer les Français; 8 canons restent à sa gauche. Ses troupes marchent avec confiance, l'arme sur l'épaule. Le régiment de Walli trouve, au bord d'une crête, la 9e légère qui le fusille tout à coup.

Desaix s'est porté derrière la gauche de la 9e que le général Musnier dirige; il a autour de lui : Rapp, Savary, Lebrun et Lefebvre-Desnouettes. De son point d'observation, apercevant les masses autrichiennes, il dit à Savary : « Vous voyez l'état des choses; je ne puis différer d'attaquer sans m'exposer à l'être moi-même avec désavantage; si je tarde, je serai battu, et je ne me soucie pas de l'être. Allez donc au plus vite prévenir le premier Consul de l'embarras que j'éprouve; dites-lui que je ne puis plus attendre, et que je n'ai pas de cavalerie et qu'il est indispensable qu'il dirige une bonne charge sur le flanc de cette colonne pendant que je la heurterai de front (2). »

Savary pousse son cheval au galop. Rapp et Lebrun vont porter des ordres à Boudet et à l'adju-

(1) **Lettre de Dupont.**
(2) **Mémoires de Savary.**

dant-général Colin ; la 9e ouvre le feu au moment où un tonnerre éclate à droite. La mitraille des pièces de Marmont frappe de biais la brigade Saint-Julien, ouvre un large sillon dans son flanc gauche. Savary arrive derrière les 3 pièces commandées par le lieutenant Conrad. Un boulet vient de couper une jambe à cet officier. Ses doigts se crispent aux jantes de la roue d'un caisson. — « Commandant ! crie-t-il à l'aide de camp. » — « Tout à l'heure, on va vous faire emporter ; prenez patience. » Le blessé sourit. — « Ce n'est pas cela, reprend Conrad ; faites-moi le plaisir de dire à mes canonniers de tirer un peu plus bas (1). » Quel héroïsme chez cet homme que la douleur accable. Savary s'acquitte de cette mission et rejoint Bonaparte qui ordonne à Murat de préparer une charge ; et quand l'aide de camp arrive à la hauteur de la Buschetta, derrière la division Boudet, Desaix avait disparu (2).

La 9e légère, après avoir essuyé le feu du régiment de Walli, le chargeait à la baïonnette et le voyait disparaître entre les intervalles des grenadiers de Lattermann. Ces grenadiers arrêtent l'offensive des Français ; ils ne sont point ébranlés par

(1) Actions d'éclat à Marengo. Archives de la Guerre.

(2) Desaix était tombé aux premiers coups de feu, frappé au cœur d'une grosse balle. Dans le bruit de la fusillade et au milieu de la fumée, nul ne remarqua sa chute. Vêtu de bleu, n'ayant ni parements ni galons, il resta parmi les cadavres, sans être vu ni par la 30e ni par les troupes de la division Chambarlhac. Ses deux domestiques noirs l'attendaient, le soir, à Saint-Julien le vieux.

la grêle de boulets que Marmont fait pleuvoir sur eux ; ils abordent la 9e et vont la culbuter ; mais, à l'instant, Kellermann s'étant avancé à la droite de l'artillerie, choisit le moment favorable où les Autrichiens ont leurs fusils déchargés ; les régiments de cavalerie les prennent en flanc, sabrent et piétinent deux bataillons du régiment de Walli, écrasent la brigade Saint-Julien surprise, se rabattent à gauche et font une horrible brèche parmi les hommes qui résistent ; ils parviennent jusqu'à l'état-major autrichien, l'enveloppent. Le cavalier Riche, du 2e cuirassiers, saisit Zach à la gorge et le désarme (1). Cernés, les Autrichiens se rendent. La division Chambarlhac entoure les 4.000 prisonniers, reçoit 12 drapeaux et 6 pièces de canon (2).

Kellermann rassemble ses pelotons, se porte à la droite de la route d'Alexandrie, laissant un vaste champ ouvert à l'artillerie française qui s'était rapidement avancée ; et il marche, au pas, à la cavalerie de Kaim.

A notre gauche, la division Gardanne venait de recevoir un secours inespéré : un bataillon de la 44e demi-brigade, commandé par le chef de brigade Sandeur, descendu du Simplon ; 500 hommes portant chacun 60 cartouches ; ils avaient franchi la Scrivia devant Torre di Garofolo (3). Gardanne,

(1) Rapport de Kellermann.
(2) Rapport de Kellermann.
(3) Rapport de Disjonval.

renforcé, chassait O'Reilly de Cassina-Grossa, puis il se rabattait à droite pour prolonger la chaîne de la division Boudet. Au centre, la garde consulaire à cheval rejoignait Kellermann (1). La division Watrin, la 28e et la 72e de ligne forçaient les troupes d'Haddick à reculer. La garde à pied et Monnier allaient accabler d'Elnitz resté trop longtemps immobile.

Kaim veut ressaisir la victoire ; il fait avancer la brigade de cavalerie Lichtenstein qui, abordée par les grenadiers à cheval de la garde consulaire, enfoncée, est prise de panique, se jette à travers la cavalerie de Pilati et l'entraîne. A la suite de ces hommes, une partie de l'infanterie autrichienne se débande sous les boulets de l'artillerie de Marmont et devant les baïonnettes de la 30e de bataille. Dans la déroute, les officiers de Lichtenstein tuent leurs chevaux et veulent, à pied, résister aux Français, donnant au moins l'exemple du devoir accompli (2). Beaucoup sont tués ; plusieurs restent prisonniers. A ce moment, Bonaparte marchait derrière la division Boudet.

La division Haddick s'est enfuie. Ott ordonne un mouvement pour tenter de percer notre flanc ; mais il voit la 9e légère reprendre Marengo ; craignant d'être enveloppé, il suit d'Elnitz qui n'a pu résister à Monnier devant Castel Ceriolo.

A huit heures du soir, 6 bataillons conduits par

(1) Lettre de Bessières.
(2) Mémoires du marquis de Faverges.

Weisenfeld se sont retranchés derrière la Spinetta (1). O'Reilly les soutient; ils ont encore, pour appui, du canon et de la cavalerie. Watrin et Boudet les attaquent ; Kellermann les charge, les entame. Ils peuvent se dérober à la faveur de la nuit, en sacrifiant leur arrière-garde, et repasser la Bormida.

Il n'y a plus, alors, un seul Autrichien, sauf les prisonniers, les blessés et les morts, dans la plaine de Marengo. Le premier Consul demande Desaix ; il veut l'embrasser sur le champ de bataille ; on lui répond qu'il a disparu ; Savary est envoyé à sa recherche (2).

(1) *La campagne de* 1800, par le duc de Valmy.

(2) Savary, accompagné de quatre chasseurs, se porte à l'endroit où la 9ᵉ légère a repoussé le régiment de Walli. Dans la nuit, l'aide de camp chercha longtemps parmi les cadavres couchés du bas au sommet d'un petit tertre, non loin de Cassina-Grossa ; il ne reconnut Desaix qu'à sa longue chevelure et aux blessures reçues à Lauterbourg et au second passage du Rhin, car les bandits l'avaient déjà dépouillé de ses vêtements. On chercha, avec un mouchoir, à étancher le sang resté dans la blessure qui était horrible. Le manteau d'un cavalier lui servit de premier linceul. Les soldats le transportèrent. sur un brancard rapidement improvisé, à Saint-Julien le vieux ; de ce point, il fut transporté à dos de cheval à Torre di Garofolo, au quartier général. Bonaparte le trouva dans un fauteuil et le pleura. Un médecin fut chargé d'embaumer le corps. A cinq heures du matin, le 26, on le plaçait dans une charrette de paysan, à ridelles ; il était seulement enveloppé d'un drap et recouvert d'un manteau. Un escadron du 12ᵉ chasseurs escortait le convoi que M. de Cayrol dirigeait. Le Consul demanda des canons pour saluer d'une salve de 101 coups, au départ, le corps de Desaix. Il n'y avait pas d'artillerie à Torre. La dépouille, arrivée à Milan, fut enfermée dans un double cercueil et déposée provisoirement dans la chapelle du couvent San-Angelo. Le 17 juin 1806, on la transportait au couvent du Grand Saint-Bernard, dans un tombeau élevé par Moitte. Berthier, qui présidait la cérémonie de la translation, disait devant la députation d'officiers venue rendre les honneurs militaires : « Voilà l'homme que l'Orient salua du nom de *Juste;* sa patrie du nom de *Brave;* son siècle du nom de *Sage;* et que Napoléon a honoré d'un monument. »

M. de Mélas avait engagé dans cette journée : 28.000 fantassins, 9.000 cavaliers et 115 pièces de canon dont le feu assurait d'abord son succès (1). Les Français lui opposèrent, y compris la division Boudet et le bataillon amené à six heures par Sandeur : 26.550 soldats d'infanterie, 2.760 cavaliers, 618 artilleurs et 38 pièces de canon (2).

Des deux côtés, les pertes étaient énormes. Berthier annonçait 800 tués, 2.000 blessés et 1500 prisonniers (3). Le rapport autrichien indique 9.402 hommes mis hors de combat (4).

(1) Rapport autrichien.

(2) Marmont écrit dans ses mémoires que l'artillerie était de 36 pièces — 6 par division, sauf Boudet qui en avait pris 2 au corps de Béthencourt — et 3 en réserve. Or, 3 canons ayant été démontés le 13, à la première affaire de Marengo, il restait 38 pièces à opposer aux 115 canons des Autrichiens.

(3) Berthier ne donne pas exactement les pertes subies. Ainsi, le corps de Lannes a eu : 14 officiers tués, 300 sous-officiers et soldats tués, 1800 blessés ou disparus. Rivaud déclare, pour ses 6 bataillons (43e et 96e) 82 officiers tués ou blessés, 1900 sous-officiers et soldats manquant à l'appel. Seule, la 24e légère avait 10 officiers tués et 24 blessés. La garde consulaire perdait 300 hommes. La cavalerie 800 tués ou blessés et autant de chevaux. Maintenant, il faut compter les pertes des divisions Gardanne, Monnier, Boudet, et de l'artillerie, dont les rapports ne sont pas aux archives de la Guerre. 2.500 hommes de ces troupes furent mis hors de combat. Ce chiffre joint aux pertes portées dans les rapports : 5.263, donne plus de 7.700. Des officiers généraux atteints, on signalait : Desaix, tué ; Champeaux, blessé mortellement ; Berthier, Rivaud, Malher et Mainoni blessés.

(4) *La Gazette militaire de Vienne* imprimait ces chiffres : 963 tués, dont 14 officiers ; 5.518 blessés, dont le général Haddick qui mourut le 18 ; et les généraux Bellegarde, Lattermann, Lamarsaille, Vogelsang, Gottesheim et 238 officiers supérieurs. 2.921 prisonniers, dont Zach et 74 officiers supérieurs. 1.493 chevaux tués ; 12 canons, 1 obusier et 13 fourgons pris par les Français.

Mais le chiffre de 14 officiers tués sur un si gros effectif d'hommes frappés paraît trop faible. Déjà, 16 officiers des dragons de Lichtenstein sacrifièrent leur vie. Quant à la colonne de Zach faite prisonnière, elle était de 4.000 hommes. Les Autrichiens avaient perdu 12.000 hommes environ dans la bataille.

Bonaparte rejoignait Berthier, dont le quartier général s'était arrêté dans un champ de vignes, à droite de la vieille route de Tortone et en avant de la Ventolina ; là, il ordonnait aux commissaires des vivres de ravitailler les troupes, au plus vite, car il fallait qu'elles se trouvassent, le lendemain, en état de se battre.

L'armée française fut placée dans l'ordre suivant : la division Gardanne au delà du Fontanone, faisant face aux ponts de la Bormida, sa gauche à Piétrabona. A sa droite, et à la même hauteur, la brigade Champeaux. Derrière la cavalerie, la 72e de ligne isolée. Dans Castel Ceriolo, la 70e. En avant du village, la 19e légère. A l'extrême droite, placés en potence, les 12e hussards et 21e chasseurs. Sur deux lignes, de Marengo à la Spinetta et coupant les routes, Watrin, Boudet et Chambarlhac, dont Kellermann prolongeait la gauche. L'artillerie devant les ponts et sur la route d'Alexandrie. Le parc à Saint-Julien le vieux. La garde consulaire à Torre di Garofolo où Bonaparte arrivait à onze heures.

Dupont écrivait au ministre de la guerre : « L'armée a remporté aujourd'hui une grande victoire. La bataille de Marengo coûte à l'ennemi six mille prisonniers de guerre, un grand nombre d'hommes tués et blessés, environ 20 bouches à feu et plusieurs drapeaux (1). »

(1) Archives de la Guerre.

CONCLUSION

M. de Mélas s'était trop pressé d'annoncer à Vienne un succès qui devait terminer la campagne et de faire élever, par les habitants d'Alexandrie, des portiques enguirlandés de fleurs pour recevoir ses soldats victorieux. A sept heures, prévenu de ce qui se passait par un aide de camp de Kaim, il se portait sur le champ de bataille où le désastre de son armée lui apparut irrémédiable. Le feld-maréchal fit de grands efforts pour arrêter les troupes vaincues ; il ne parvint qu'à sauver une partie de l'artillerie et il repassa la Bormida l'un des derniers.

D'Elnitz n'avait pas soutenu la retraite comme il le devait faire ; au lieu d'entrer dans la ville d'Alexandrie, de se réfugier ensuite dans la citadelle, les troupes occupaient leurs bivouacs de la veille. Il ne restait pas, de la belle armée partie le matin, dix mille hommes valides; et ces hommes démoralisés seraient incapables de résister aux Français victorieux s'ils prenaient l'offensive.

Toutefois, dans le conseil de guerre tenu chez le

maréchal, quand la population d'Alexandrie demandait instamment qu'on traitât avec Bonaparte, afin d'éviter les horreurs d'un siège, M. de Mélas parla d'honneur à sauver, de résistance nécessaire, lorsque, l'armée autrichienne cernée entre le Pô et la Bormida, Chabran, Lapoype, Duhesme et Masséna pouvant accourir au premier signal et l'accabler, elle était perdue.

Les lieutenants du généralissime lui montrèrent la véritable situation dans laquelle on se trouvait, le supplièrent d'obtenir la conclusion d'un armistice, de sauver les drapeaux, les armes et les bagages. Il se rendit enfin à leurs prières.

Le 26 prairial, à quatre heures du matin, le général Skal, accompagné de deux capitaines, se présentait aux avant-postes français. Gardanne les reçut assez mal, craignant qu'ils ne vinssent, comme les officiers introduits à Voghera le 23, étudier la position des troupes; mais, après avoir lu le billet de M. de Mélas qui demandait la suspension des hostilités, il les envoyait escortés de dragons à Torre di Garofolo. Ils arrivèrent quand le Consul était déjà prévenu. La victoire avait rendu Bonaparte hautain ; il dit à Skal qui lui demandait toute la considération d'une âme élevée pour des vaincus : « Monsieur, arrangez vos affaires avec M. le général en chef. Moi, j'aurais préféré continuer la bataille ; mais si vous ne traitez pas promptement, ce soir mes soldats achèveront de venger la capitulation de

Gênes par vous si hautement publiée en Europe (1). »

Berthier, moins arrogant, se rendait à Alexandrie sur la demande que lui faisait, à midi, le général prince de Lichtenstein ; il trouvait M. de Mélas accablé du funeste coup porté à sa réputation et à ses troupes. Une convention était signée à dix heures du soir (*i*). Aux termes de cette convention, l'armée autrichienne se retirait librement. Cantonnée entre le Pô et le Mincio, elle attendrait là que les propositions de paix portées à François II aient abouti ; mais les généraux ne pourraient faire de détachements pour l'Allemagne ni recommencer les hostilités sans avoir prévenu les Français dix jours au moins à l'avance. Les Français allaient occuper toutes les places fortes du Piémont et du Milanais, y compris Plaisance, Gênes et Savone ; c'était mettre l'Italie entre leurs mains.

Savary et Rapp devenaient, à compter du 26 prairial, les aides de camp du premier Consul qui, le 27, après avoir donné à ses généraux des marques d'admiration, passait devant Saint-Julien le vieux la revue des troupes, les soldats étant couronnés de feuilles de chêne. Ensuite, il écrivait à l'empereur d'Allemagne, pour demander l'exécution, dans la paix devenue nécessaire, du traité de Campo-Formio. (2).

(1) Rapport autrichien.
(2) « J'ai l'honneur d'écrire à Votre Majesté pour lui faire connaître le désir du peuple français de mettre un terme à la guerre

Le 28, il rentrait à Milan, cette fois par la porte de Ticinèse, accompagné de Lannes et de Murat, escorté des chasseurs de la garde et précédé de hérault qui criaient : « Victoire ! Victoire ! Voici le Consul ! » La foule acclamait ; elle ne craignait plus le retour des Autrichiens.

L'archevêque avait quitté la ville. Néanmoins, Bonaparte ordonnait, pour le 29 prairial, la célébration d'un *Te Deum* au Dôme. Il voulut, à cette occasion, relever le trône archiducal qu'il occupa. On le vit aller du palais à la cathédrale, en tête d'un état-major nombreux et éblouissant, au milieu des milices nouvellement armées.

Puis il s'employa à l'organisation administrative de la République Cisalpine dont le rétablissement était proclamé le 22 juin. Un conseil de neuf membres, à la tête duquel siégeait Petiet, devait en diriger les affaires.

Le 22, Masséna arrivait à Milan. Bonaparte le félicitait chaleureusement pour sa belle défense

qui désole nos pays. L'astuce des Anglais a empêché l'effet que devait naturellement produire sur le cœur de Votre Majesté ma démarche à la fois simple et franche.

. . . .

» C'est sur le champ de bataille de Marengo, au milieu des souffrances et environné de 15.000 cadavres, que je conjure Votre Majesté d'écouter le cri de l'humanité et de ne pas permettre que la génération de deux braves et puissantes nations s'entr'égorge pour des intérêts qui leur sont étrangers. »

Il termine :

» Je prie Votre Majesté de lire cette lettre avec les mêmes sentiments qui me l'ont fait écrire et d'être persuadée qu'après le bonheur et les intérêts du peuple français, rien ne m'intéresse davantage que la prospérité de la nation guerrière dont, depuis huit ans, j'admire le courage et les vertus militaires. »

de Gênes et le nommait commandant en chef, à la date du 25, de la nouvelle armée d'Italie que devait grossir l'armée de réserve.

En commémoration des événements remarquables qui venaient de se passer, on donna des fêtes et des soirées de gala où parurent, à côté du Consul, son frère Joseph, des ministres et des généraux, formant la cour qu'eût envié de posséder un prince ; mais des lettres de Lucien Bonaparte, alors ministre de l'intérieur, pressèrent Napoléon de partir pour Paris.

Ayant reçu le 25 la réponse de François II qui ratifiait les conditions de l'armistice signé entre M. de Mélas et Berthier, le premier Consul annonce son départ. Il quitte Milan le 26, s'arrête à Turin, le temps nécessaire pour visiter la citadelle et signer un décret nommant le général Dupont représentant extraordinaire de la République française auprès du gouvernement piémontais, et Turreau, commandant militaire de la province ; il passe le Mont-Cenis, arrive à Lyon, reçoit des ovations ; et, rentré à Paris, son premier soin fut d'inviter le Tribunat à porter, dans la journée du 16 messidor, le deuil de Desaix, et de faire accorder des sabres d'honneur à ses plus vaillants capitaines : Lannes, Victor, Murat, Watrin et Gardanne. Berthier était oublié.

Pendant que les morts de Marengo restaient sans sépulture (1), M. de Mélas évacuait Alexan-

(1) Lettre de Marentini, secrétaire des affaires intérieures du

drie. Sa première colonne en partait le 18 juin. Les Français, rangés sur son passage, rendaient les honneurs dus au courage malheureux.

Des deux côtés, les articles de la convention furent scrupuleusement exécutés ; mais, avant de conclure la paix sollicitée par le vainqueur, il fallut que Moreau eût remporté à Hohenlinden, le 3 décembre 1800, une grande victoire sur l'archiduc Jean.

Joseph Bonaparte et le comte de Cobentzel signèrent, le 9 février 1801, le traité de Lunéville, confirmation de la paix de Campo-Formio, lequel nous assurait la possession de la rive gauche du Rhin, la Belgique, le Piémont et Gènes, enfin les territoires de la République Cisalpine. François II accordait sur ses terres des compensations aux grands ducs de Toscane et de Modène dépossédés, lorsque le duc de Parme allait régner à Florence avec le titre de roi d'Etrurie. Nous laissions la Vénitie à l'empereur d'Autriche.

Par ce traité, notre prépondérance était de nouveau établie en Europe, prépondérance qui effrayait surtout l'Angleterre obstinée à rester notre seule ennemie jusqu'à la paix d'Amiens.

gouvernement piémontais, à la municipalité d'Alexandrie. Archives d'Alexandrie.

FIN

APPENDICE

(a) Rapport du général Clarke à Bonaparte.

« Châlon, le 14 ventôse, an VIII de la République.

» Je n'ai trouvé à Châlon que les bataillons complémentaires de la 9e et 75e demi-brigade.

» J'ai vu moi-même ces corps. Il ne sont l'un et l'autre qu'à la moitié de l'effectif; les bataillons auxiliaires qui y ont été incorporés étaient réduits à un quart de leur force.

» Leur habillement est loin d'être au complet. Leur armement est nul. Ils n'ont que quelques mauvais fusils achetés à vil prix par les administrations centrales.

» Ces deux corps sont organisés. Ils ont un conseil d'administration et leur comptabilité est arrêtée.

» Les officiers sont à peu près au complet ; ceux des bataillons auxiliaires ont été réunis à ceux qui existaient dans les dépôts ; parmi ces derniers, plusieurs servent depuis très longtemps et sont peu suceptibles d'entrer en campagne. Il conviendrait d'assurer leur existence en leur donnant leur retraite.

» Dans les corps respectifs, quelques hommes seulement ont déjà servi. Les autres ont été pris dans les nouveaux bataillons ; c'est par ce moyen que les escadrons seront portés au complet. La difficulté est de les mettre en état d'entrer en campagne ; tous les moyens manquent pour cela.

» On peut dire qu'aucun des hommes de ces divers corps n'est habillé.

» Il en est de même pour l'armement.

» Enfin, on ne compte que 50 chevaux. Ce dénuement provient : 1° De ce que depuis très longtemps ces divers dépôts n'ont rien reçu. 2° De ce que, à mesure que quelques détachements y ont été formés, ils ont été sur-le-champ envoyés dans d'autres corps. Ces détachements ont été détruits ou ne sont pas encore rentrés.

» D'après cet aperçu, vous jugez, général, que la 1re division de l'armée de réserve n'existe encore que de nom. Le général Chabran, jaloux de répondre à la confiance dont vous l'avez honoré en lui donnant le commandement, en appelle à votre sollicitude pour lui procurer les moyens de remplir vos intentions.

» Je dois vous représenter également l'état de pénurie dans lequel se trouvent les officiers de ces divers corps, privés de solde depuis longtemps. Ils sont réduits à tout vendre pour exister.

» Salut et respect,

» L'aide de camp du général Clarke.

TOURNÉ. »

(b) Première formation de l'armée de réserve.

Le 10 floréal (1er mai) le ministre de la guerre faisait remettre aux Consuls le tableau suivant, indiquant la composition de l'armée de réserve :

Général en chef : Alexandre Berthier;

Chef d'état-major général : Dupont, divisionnaire;

Employé à l'état-major : Vignolle, brigadier;

Adjudants-généraux employés à l'état-major : Léopold Stabeurath, Lacroix, Pannetier;

Lieutenants du général en chef : Duhesme, Victor, Murat.

PREMIÈRE DIVISION D'INFANTERIE

Divisionnaire : Loison;
Brigadiers : Gobert, Broussier;
Adjudant-général : Merriage.

Troupes :

13ᵉ légère, comptant.....	2.611	hommes.
58ᵉ de bataille, comptant.	2.530	—
60ᵉ de bataille, comptant.	2.101	—
Total..	7.242	—

DEUXIÈME DIVISION

Divisionnaire : Chambarlhac;
Brigadiers : Rivaud, Herbin;
Adjudant-général : Delort.

Troupes :

24ᵉ légère, comptant.....	2.834	hommes.
43ᵉ de bataille, comptant.	2.486	—
96ᵉ de bataille, comptant.	2.568	—
Total..	7.888	—

TROISIÈME DIVISION

Divisionnaire : Boudet;
Brigadiers : Musnier, Guénaud;
Adjudant-général : Colin.

Troupes :

9ᵉ légère, comptant.....	2.542	hommes.
30ᵉ de bataille, comptant.	2.370	—
59ᵉ de bataille, comptant.	2.379	—
Total..	7.291	—

QUATRIÈME DIVISION

Divisionnaire : Watrin ;
Brigadiers : Gency, Malher ;
Adjudant-général : Hulin.

Troupes :

6e légère, comptant.....	2.093	hommes.
22e de bataille, comptant.	1.835	—
40e de bataille, comptant.	1.880	—
Total..	5.808	—

DIVISIONS EN FORMATION

La cinquième.

Divisionnaire : Chabran.
Brigadiers : Seriziat, Vaufreland.

Troupes :

Demi-brigades en organisation.. 4.194 hommes.

La sixième.

A pourvoir au commandement.

Troupes :

19e légère, comptant.....	1.620	hommes.
70e de bataille, comptant.	2.325	—
72e de bataille, comptant.	1.900	—
Total..	5.845	—

La Septième

A pourvoir au commandement.

Troupes :

17e légère, comptant...............	500	hommes.
2 demi-brigades (bataillons d'Orient).	2.885	—
Total.	3.385	—

LÉGION ITALIQUE

Brigadier : Lechi.

Troupes :

6 bataillons d'infanterie, comptant ...	3.130	hommes.
2 escadrons de chasseurs, comptant .	391	—
1 compagnie d'artillerie............	75	—
Total..	3.596	—

PREMIÈRE DIVISION DE CAVALERIE

Divisionnaire : Harville ;
Brigadiers : Rivaud, Duvigneau, Kellermann;
Adjudant-général : Riquin ;

Troupes :

11e hussards, comptant ..	518	hommes.
12e — — ...	596	—
2e chasseurs, comptant..	637	—
7e — — ..	410	—
15e — — ..	610	—
21e — — ..	528	—
2e de cavalerie, comptant.	277	—
3e — — .	150	—
20e — — .	280	—
8e dragons, comptant...	562	—
9e — — ...	656	—
Total...	5.224	—

(6 pièces d'artillerie légère).

DEUXIÈME DIVISION

A pourvoir au commandement.

Troupes :

1er hussards, comptant........	300	hommes.
1er de cavalerie, comptant.....	200	—
5e — —	105	—
5e dragons, comptant........	750	—
7 escadrons de l'armée d'Orient, comptant..............	1.107	—
Total...	2.462	—

(6 places d'artillerie légère).

ARTILLERIE

Chef : Marmont.

Adjoints : Andréossi et Gassendi.

Troupes :

Artilleurs à pied......	96	hommes.
— à cheval....	94	—
Ouvriers d'artillerie...	57	—
Dépôt................	150	—
Parc..................	413	—
Train d'artillerie.......	505	—
Total.	1.315	—

Récapitulation.....	Infanterie . .	45.249	hommes.
	Cavalerie....	7.686	—
	Artillerie....	1.315	—
	Total.....	54.250	—

N. B. — Il n'est pas fait mention, dans l'état, ni de la garde consulaire, ni du nombre des bouches à feu.

(c) Constitution définitive de l'armée.

Le 21 floréal, Berthier envoyait de Lausanne, à Bonaparte, la nouvelle composition de l'armée de réserve qui devait franchir les Alpes. Elle était divisée en quatre corps (1).

Le 1er CORPS (avant-garde), placé sous les ordres du lieutenant-général Lannes, était composé de :

	Hommes	
Division Watrin	5.808	
28e demi-brigade	1.500	
1er bataillon helvétique	600	
Bataillon italique..............	539	
Brigade Rivaud, (12e hussards, 21e chasseurs)	1.124	
Total.		9.571

Le 2e CORPS, aux ordres du lieutenant-général Duhesme :

Division Boudet............ ..	7.291	
Division Loison..............	7.242	
Total..		14.533

Le 3e CORPS, aux ordres du lieutenant-général Victor :

Division Monnier.............	5.845	
Division Chambarlhac..........	7.878	
Total..		13.723

Le 4e CORPS (cavalerie), aux ordres du lieutenant-général Murat, avec Harville, Duvigneau et Champeaux :

14 régiments.................	7.953

L'ARTILLERIE, aux ordres du général Marmont :

Conducteurs et servants.........	1.128
70 pièces de canon et 6 obusiers.	
Total.......	46.908
A Reporter..	6.908

(1) La brigade Lechi n'était pas comprise dans cet état.

Les SERVICES AUXILIAIRES :

	Hommes
Report..	46.908
Train........................	650
Muletiers.....................	600
Pontonniers	410
Ouvriers d'artillerie............	193
Ouvriers auxiliaires............	500
Service des hôpitaux	150
Total..	2.503
GARDE CONSULAIRE	600
Total .	50.011

(*d*) Bordereau général des fournitures faites à l'armée française.

Envoyé au commissaire d'Albon, le 26 messidor, et copie de celui de l'armée d'Italie remis à son secrétaire Rollin, le 13 fructidor an VIII. (1)

GARNISON DE L'HOSPICE ET PASSAGERS

Nos			
1	Du 10 ventôse, uniquement. .	12	bout. de vin.
2	Du 11 au 20 ventôse, inclusiv.	99	—
3	Du 21 au 30 —	64	—
4	Du 1er au 10 germinal......	70	—
5	Du 11 au 20 —	68	—
6	Du 21 au 30 —	123	—
7	Du 1er au 10 floréal	125	—
8	Du 11 au 19 —	117	—
9	Du 20 au 24 —	173	—
10	Du 24 floréal (aux canonniers)	76	—
	Total....	927	—

(Dix livres de chandelles.)

(1) Copié sur les registres au couvent du Grand Saint-Bernard.

ARMÉE DE RÉSERVE. — Vin.

Nos 1	Du 25 au 30 floréal..........	10.095	bouteilles.
2	Du 1er au 10 prairial........	8.229	—
3	Du 11 au 20 —	1.870	—
4	Du 21 au 30..............	109	—
5	Du 1er au 10 messidor	68	—
6	Du 11 au 20 —	99	—
	Total....	20.470	—

ARMÉE D'ITALIE. — Vin.

Nos 1	Du 21 au 30 messidor.......	195	bouteilles.
2	Du 1er au 10 thermidor......	73	—
3	Du 11 au 20 —	35	—
4	Du 21 au 30 —	24	—
	Total....	327	—

ARMÉE DE RÉSERVE. — Fromage de gruyère.

Nos 1	Du 25 au 30 floréal..........	2.758	livres
2	Du 1er au 10 prairial....... ..	207	—
3	Du 11 au 20 —	256	—
4	Du 21 au 30 —	109	—
5	Du 1er au 10 messidor	68	—
6	Du 10 au 20 —	99	—
	Total....	3.497	—

ARMÉE DE RÉSERVE. — Chandelles.

Du 25 floréal	10	livres.
En floréal, prairial et messidor...	30	—
Total...	40	—

La Chambre administrative de Sion fixa ainsi le prix des fournitures faites à l'armée française :

21.724 bouteilles de vin à 15 sols l'une.	16.293	livres.
3.497 livres de fromage à 15 sols l'une	2.622	75
40 liv. de chandelles à 22 sols 1/2 la liv.	45	20
Total....	18.960	95

(e) Lettre de Marmont à Bonaparte.

« Au quartier général de Saint-Pierre, le 19 mai 1800.

Marmont, conseiller d'Etat et général en chef de l'artillerie de l'armée de réserve.

» Au premier Consul.

» J'ai reçu ce matin, mon général, votre lettre d'hier. Si vous avez la bonté de penser à l'immensité du travail que le passage de l'artillerie nous cause et si vous calculez en même temps la faiblesse de nos moyens, vous trouverez que nous avons fait beaucoup de besogne.

» Les paysans nous ont abandonnés. La rudesse du travail les en a dégoûté. J'ai cependant prodigué l'argent pour les faire revenir.

» Je fais courir des officiers d'artillerie dans tous les villages, et l'argent à la main.

» J'ai mis en mouvement, également, le sous-préfet du district.

» Je me suis adressé encore au commissaire de la Chambre administrative, Frédéric Gard, qui est passé ici ce matin. Je l'ai si vivement pressé qu'il m'a promis pour après-demain 500 paysans.

» Je souhaite que ces moyens nous donnent des bras.

» Les canonniers sont en petit nombre ; ainsi, nous ne pouvons faire usage que de leur intelligence et non de leurs bras ; les sapeurs sont tous partis.

» Le peu de mulets d'artillerie que j'ai, m'échappe, par deux raisons : la première, c'est que le général en chef les emmène dans la vallée et les garde avec lui au lieu de me les renvoyer ; la deuxième, c'est que les muletiers pour lesquels je n'ai pu obtenir encore une paire de souliers et un habit, désertent par dizaines et se cachent dans les bataillons.

» Pour comble de malheur, nos mulets ne sont pas nourris ou plutôt meurent de faim.

» J'ai employé un bataillon de la 59e et un détachement de 600 hommes de la division Loison à monter des pièces et porter des effets d'artillerie ; ils s'en sont tirés avec une peine excessive et grâce aux coups que les officiers ont distribués ; mais ils sont si fatigués, harassés et mécontents qu'il est impossible de les faire recommencer.

» C'est beaucoup que chacun fasse une fois cette corvée.

» Les mulets sont bons et il faut en employer le plus possible, mais les hommes sont meilleurs ; ils ne craignent pas le verglas et ne laissent pas, comme les premiers, leurs charges sur la route.

» Nous ne nous tirerons jamais d'affaire sans des moyens extraordinaires. Voici ceux que je vous propose :

» Ordonnez à la division Chambarlhac en entier et par demi-brigade et les officiers à la tête, de faire porter et de traîner à Saint-Rémy l'artillerie. Faites faire la même opération à la division Monnier. Ce secours doit porter de l'autre côté des monts toute l'artillerie des divisions.

» M'autoriser à prendre dans les conscrits des demi-brigades, 50 muletiers pour remplacer les déserteurs.

» Envoyer ici par des moyens extraordinaires un approvisionnement d'avoine qui nous manque absolument.

» Faire acheter et apporter ici tous les cordages existant dans la vallée. Nous en avons fait une consommation immense. J'en attends de Genève. J'ai donné de tous côtés des ordres de remplacement ; ils me produiront sans doute, mais ne m'ont rien produit encore.

» Avec ces moyens extrêmes, mon général, je crois pouvoir répondre du succès ; sans eux, je ne vois pas de raison pour arriver à la fin.

« Salut et attachement. »

(f) Relation de l'abbé Vesenda, curé-desservant d'Etroubles.

Quelques jours avant que les Français fussent descendus du Grand Saint-Bernard, les Autrichiens avaient placé un canon au midi d'Etroubles, sur une petite éminence ; le matin du jour où les Français commencèrent à franchir la montagne, je remarquai que le canon avait disparu. Etant allé dire la messe à une chapelle située à un quart de lieue d'Etroubles, pendant que j'étais à l'autel, j'entendais au loin, dans la direction de la montagne de Menouve, des coups de fusil, sans savoir que les arrière-gardes des Autrichiens se repliaient déjà. En revenant à la maison, je trouvai les Autrichiens en alerte et se disposant à couper le pont pour ne pas être surpris, ce qui, pourtant, ne fut pas exécuté.

Je me suis transporté alors sur une hauteur voisine et j'ai vu quelques Français s'avançant en toute hâte pour éviter les balles que les Autrichiens leur envoyaient. Un quart d'heure après, je vis le gros de l'armée qui avançait drapeaux déployés. Je pris alors le parti de me réfugier à ma montagne, à une heure au-dessus du bourg.

A peine arrivé et caché dans une forêt voisine, je vis deux ou trois Français qui couraient après ma belle-sœur, aussi réfugiée dans ce bois. Je m'approchai de ces soldats qui ne m'ont point insulté et qui m'ont dit seulement que je ne devais point avoir peur et que je devais me rendre à ma maison. Je suivis ce conseil et je trouvai un officier qui me mena au général Dupont (1), lequel me prenant pour le curé d'Etroubles me blâma vivement de m'être échappé.

Ma maison était pleine de soldats, si bien que je fus réduit à habiter le galetas où je passai trois jours, n'ayant pour tout lit que deux fascines de bois d'aune sur lesquelles je me couchais.

Nous avons eu pendant quinze jours environ trente mille hommes de passage. J'ai vu des officiers couverts de boue traîner des canons placés sur des arbres creusés exprès, vers une éminence située à un quart de lieue du bourg et nommée le champ des Crêtes. A la fin du passage on a trouvé là quelques cadavres à peine recouverts de terre (2).

Après huit jours continuels de passages de troupes, Napoléon est descendu du Saint-Bernard, s'étant fait précéder par le procureur du couvent, M. Terretaz qui, ne sachant où donner de la tête pour trouver un logis et à manger à Etroubles, m'est venu trouver à mon galetas où je n'avais à lui donner que du pain de seigle très dur dont je me nourrissais.

Ennuyé de cette façon de vivre, je me retirai chez mes parents, à une demi-heure du bourg et je perdis ainsi l'occasion de voir le Consul, qui, aussitôt arrivé, voulu parler au curé d'Etroubles, lequel était en retraite au couvent de Saint-Gilles de Verrès. Il fit appeler le curé de Saint-Oyen, mais il n'eut pas avec lui une longue conversation, celui-ci n'étant pas en état de

(1) C'était sans doute le général Lannes, car Dupont n'avait pas encore franchi la montagne.

(2) Deux hommes de la 28e tués à l'attaque de Saint-Rémy et quatre soldats de la 6e légère frappés à mort entre Saint-Oyen et Etroubles.

répondre catégoriquement à toutes les questions que Napoléon aurait voulu lui faire.

Vers le soir, le Consul s'était fait porter de la paille dans la chambre avec le matelas que j'avais fait préparer la veille de son arrivée. Les officiers ne trouvant pas où se coucher s'allaient plaindre à lui. Pour toute réponse, Napoléon leur montrait la paille en leur disant : « Voilà où je dormirai cette nuit. »

Aussitôt après le départ du Consul, qui avait oublié une superbe carte géographique en soie, que le commandant fit enlever de suite, ce commandant me dit qu'il ferait débarrasser ma maison si je voulais lui préparer les repas.

Me voilà donc établi cuisinier d'un commandant de place, de généraux et d'officiers ; j'étais avec cette occupation obligé de desservir la paroisse qui se trouvait sans prêtre. J'ai risqué une fois de recevoir un coup de fusil qu'un soldat voulait me décocher pour n'avoir pas voulu le conduire moi-même au logement qu'on lui avait assigné, quoique je lui eusse indiqué la maison qui se voyait de la place où nous étions. Heureusement, il s'est trouvé des personnes derrière lui, qui l'ont empêché de lâcher son coup. (Registre du presbytère d'Etroubles).

(g) **Proclamation de Lannes.**

Le général Lannes, commandant l'avant-garde de l'armée française, aux habitants du Piémont, le 3 prairial, an VIII.

PIÉMONTAIS,

« Quand nous arrivions pour vous arracher au joug qui vous humilie et vous écrase, les émissaires de vos oppresseurs s'armaient contre nous des poignards de la calomnie. Mais elles seront impuissantes, les attaques des fauteurs de vos tyrans. Le premier Consul de la République, Bonaparte, marche à la tête des Français. Ses vertus, son courage, l'élévation de son caractère, tout, quand l'Europe le contemple, vous présage des projets dignes de sa gloire et vous garantit des bienfaits.

D'ailleurs, rapprochez les Français de vos oppresseurs. Voyez nous ramenant dans les belles campagnes qui les virent naître, dans les bras de leurs amis, de leurs enfants et de leurs épouses, dix mille de vos concitoyens formés en légions. Ils furent, vous le savez, persécutés, bannis ; et ils le furent parce qu'ils eurent de l'honneur et du courage. Ah ! ce n'est pas nous qui punissons le désir d'une noble indépendance ! Ce n'est pas nous qui entassons les hommes généreux dans les cachots infects du crime !

Relevez donc, Piémontais, relevez au bruit de nos armes, vos fronts humiliés ! Brisez les fers qui pèsent si cruellement à votre patrie. Ralliez-vous à vos compatriotes arrachés par des barbares aux affections les plus douces, les plus respectables de la nature. Marchez à côté des Français qui, au nombre de cent mille hommes viennent vous venger. Vos cités, vos campagnes, où les traces hideuses de la misère sont partout empreintes, vont jouir, protégées par un peuple ami, de la paix et de l'abondance. Vous êtes maintenant en proie à tous les maux, mais si, dignes de vous-mêmes, vous répondez au signal que nous donnons à l'Italie, bientôt votre indépendance sera reconquise, votre dignité et votre bien-être sauvés.

Imposez silence à ces hommes aussi dangereux qu'ils sont lâches, à ces hommes qui, rappelant sans cesse des erreurs inséparables d'une grande agitation politique, osent proclamer en tous lieux que c'est votre culte qu'on veut attaquer. Non, Piémontais, non ce n'est pas à des opinions consacrées par des siècles, à des opinions qui sont si chères que les Français porteront atteinte. Je donne au contraire, au nom du premier Consul de la République, l'assurance de les protéger. Vous savez si Bonaparte manque aux promesses qu'il a jurées.

Piémontais, la gloire vous appelle. L'Europe va juger jusqu'à quel point vous méritez de compter parmi les peuples faits pour honorer la terre. »

LANNES.

(*h*) **Situation et effectifs de l'armée française à la date du 22 prairial, an VIII** (11 juin) :

AVANT-GARDE commandée par le

général Lannes, lieutenant du général en chef :

		Hommes
Mainoni, gral de brigade...	28e de bataille	1.577
Watrin, gral divisionnaire. Gency, gral de brigade ... Malher, — ... Isoard, adjudant-général..	6e légère...	1.408
	22e de bataille	1.527
	40e —	2.136
	Total ...	6.648

DEUX DIVISIONS commandées par le

général Desaix, lieutenant du général en chef :

Boudet, gral divisionnaire. Musnier, gral de brigade.. Guénaud, — .. Dalton, adjudant-général..	9e légère...	1.833
	30e de bataille	1.200
	59e —	1.823
	Total....	4.856
	A Reporter..	11.504

Report... 11.504

		Hommes
Monnier, g^ral de division. Gérard, adjudant-général.	19e légère...	673
	70e de bataille	1.410
	72e —	1.900
	Total...	3.983

DEUX DIVISIONS commandées par le général Victor, lieutenant du général en chef :

Chambarlhac, gral comdant. Rivaud, gral de brigade... Herbin, — ... Delort, adjudant-général..	24e légère...	2.171
	43e de bataille	2.326
	96e —	2.067
	Total...	6.564
Gardanne, divisionnaire.. Dampierre, adjud.-général.	44e de bataille	2.248
	101e —	930
	Total...	3.178

DEUX DIVISIONS commandées par le général Duhesme, lieutenant du général en chef :

Lapoype, gral commdant...	1re légère...	852
	29e de bataille	1.032
	91e —	930
	Total...	2.814
Chabran, gral divisionnaire. Brunet, gral de brigade... Seriziat, — ...	1re demi-brigade formée des dépôts de l'arm. d'Orient	811
	2e (Même proven.)	1.066
	3e —	987
	12e de bataille	509
	1er bon du 7e chasrs	109
	Total...	3.482

A Reporter... 31.525

Report... 31.525

RÉSERVE

		Hommes
Loison, g^ral divisionnaire..		
Gobert, g^ral de brigade....	13e légère...	1.127
Broussier —	58e de bataille	2.079
Merriage, adjudant-général	60e —	2.098
	Total....	5.304

Lorges, g^ral commandant..	12e légère...	900
	1re de bataille	1.800
	67e —	1.800
	Total...	4.500

DIVISION du général Thureau, environ........ 3.200
LÉGION ITALIQUE, commandée par le g^ral Lechi. 1.704
CORPS de troupes sous les ordres de l'adj.-général Béthencourt, envir. (1). 500

TOTAL... 46.733

TROUPES à cheval, commandées par le général Murat, lieutenant du général en chef.

Murat, g^ral commandant ..	12e hussards.	340
	21e chasseurs	360
Champeaux, g^ral de brigade	3e rég. de cavalerie.	262
	5e dragons..	214
	9e — ...	150
	2e chasseurs.	445
	15e — .	249
	Total...	2.020
	A Reporter...	2.020

(1) Les compagnies helvétiques ne sont pas comptées, ni le bataillon de la 44e, resté sous les ordres de Sandeur.

Report... 2.020

		Hommes
BRIGADE de cavalerie sous les ordres immédiats du général Murat (1)......	1er hussards.	120
	18e dragons(2)	443
	2e de cavalerie	258
	20e —	191
BRIGADE du gral Duvigneau	6e dragons...	393
	12e chasseurs.	391
BRIGADE du gral Dumoulin .	1er de cavalerie	121
	5e —	127
BRIGADE sans commandant.	1er dragons..	370
	11e hussards.	481
	Total...	2.895

TOTAL DE LA CAVALERIE.	4.915
— DE L'INFANTERIE.	46.733
TOTAL DES TROUPES RÉUNIES.	51.648

Sans compter la garde des Consuls, ni l'artillerie, ni le train.

CORPS annoncés et non arrivés :

Troupes envoyées de l'armée du Rhin..........	14e de cavalerie	150
	15e —	200
	21e —	250
	25e —	280
	1er bat. de la 29e	600
	— de la 101e	600
	2e bat. de la 102e	1.200
	Total...	3.280
	A Reporter...	3.280

(1) Cette cavalerie sera placée le lendemain sous les ordres de Kellermann.

(2) L'état porte 18e dragons, par suite d'une erreur de l'officier chargé d'établir le rapport; c'est le 8e dragons.

		Hommes
	Report...	3.280
Corps annoncés par le Ministre de la Guerre	11e de cavalerie	120
	18e —	120
	9e dragons .	280
	19e —	150
	15e chasseurs (1)	384
	Total...	1.054
	TOTAL..	4.334

Ce qui devait porter l'armée de réserve à : 55.982

(*i*) **Convention d'Alexandrie, arrêtée entre le général Berthier et le baron Mélas, le 26 prairial an VIII (15 juin 1800).**

Article premier. — Il y aura armistice et suspension des hostilités entre l'armée de Sa Majesté Impériale et celle de la République Française, en Italie, jusqu'à la la réponse de Vienne ;

Art. 2. — L'armée de Sa Majesté Impériale occupera tous les pays compris entre le Mincio, la Fossa-Maestra et le Pô, c'est-à-dire Peschiera, Mantoue, Borgo-Forte ; et depuis là, la rive gauche du Pô ; et sur la rive droite, la ville et la citadelle de Ferrare ;

Art. 3. — L'armée de Sa Majesté Impériale occupera également La Toscane et Ancône ;

Art. 4. — L'armée française occupera le pays compris entre la Chiese, l'Oglio et Le Pô ;

Art. 5. — Le pays entre la Chiese et le Mincio ne sera occupé par aucune des deux armées. L'armée de Sa Majesté Impériale pourra tirer des vivres des parties de ce pays qui faisaient partie du duché de Mantoue. L'armée française tirera des vivres des pays qui faisaient partie de la province de Brescia ;

(1) Existait déjà à l'armée. Erreur commise dans le rapport.

Art. 6. — Les châteaux de Tortone, d'Alexandrie, de Milan, de Turin, de Pizzighettone, d'Arona, de Plaisance, seront remis à l'armée française, du 27 prairial au 1er messidor ou du 16 au 20 juin ;

Art. 7. — La place de Coni, les châteaux de Céva, de Savone, la ville de Gènes seront remis à l'armée française du 16 au 24 juin, ou du 27 prairial au 5 messidor ;

Art. 8. — Le fort Urbain sera remis le 26 juin, ou 7 messidor ;

Art. 9. — L'artillerie des places sera classée de la manière suivante :

1° Toute l'artillerie des fonderies et calibres autrichiens appartiendra à l'armée autrichienne ;

2° Celle des fonderies et calibres italiens, piémontais et français, sera remise à l'armée française ;

3° Les approvisionnements de bouche seront partagés : moitié sera à la disposition du Commissaire ordonnateur de l'armée autrichienne, moitié à celle de l'ordonnateur de l'armée française ;

Art. 10. — Les garnisons sortiront avec les honneurs militaires et se rendront, avec armes et bagages, par le plus court chemin, à Mantoue ;

Art. 11. — L'armée autrichienne se rendra à Mantoue par Plaisance, en trois colonnes ; la première, du 16 au 20 juin ou du 27 prairial au 1er messidor ; la seconde, du 20 au 21 juin ou du 1er au 5 messidor ; la troisième, du 24 au 26 juin ou du 5 au 7 messidor ;

Art. 12. — MM. le général Saint-Julien, de Swrtnick, de l'artillerie, du Brons, du génie, Felziegi, commissaire des vivres ; les citoyens, le général Dejean, l'inspecteur aux revues Daru, l'adjudant-général Léopold Stabeurath, le chef de brigade d'artillerie Mossel, sont nommés commissaires à l'effet de pourvoir aux détails de l'exécution de la présente convention, soit pour la formation des inventaires, soit pour pourvoir aux subsistances et transports, soit pour tout autre objet ;

Art. 13. — Aucun individu ne pourra être maltraité pour raison de services rendus à l'armée autrichienne ou pour opinion politique. Le général en chef de l'armée autrichienne fera relâcher les individus qui auraient été arrêtés dans la République Cisalpine pour opinion politique et qui se trouveraient encore dans les forteresses sous son commandement ;

Art. 14. — Quelle que soit la réponse de la Cour de Vienne, aucune des deux armées ne pourra attaquer l'autre qu'en se prévenant dix jours à l'avance ;

Art. 15. — Pendant la suspension d'armes, aucune armée ne fera de détachements pour l'Allemagne.

TABLE DES MATIÈRES

CHAPITRE VI

PASSAGE DE L'ARTILLERIE

CHAPITRE VII

A L'HOSPICE DU SAINT-BERNARD

CHAPITRE VIII

PREMIERS COMBATS

CHAPITRE IX

BERTHIER MASSE LES TROUPES

CHAPITRE X

EMBARRAS DE MARMONT

CHAPITRE XI

BONAPARTE CHEZ LES MOINES

FIN DE LA TABLE DES MATIÈRES

PARIS. — IMP. FERD. IMBERT, 7, RUE DES CANETTES.

www.ingramcontent.com/pod-product-compliance
Ingram Content Group UK Ltd.
Pitfield, Milton Keynes, MK11 3LW, UK
UKHW021100220726
13924UKWH00005B/2176